Die religiösen Feste der Welt

Wir waren bemüht, die Inhaber sämtlicher Bildrechte ausfindig zu machen. Eventuelle Auslassungen oder Irrtümer werden gerne in einer künftigen Auflage des Buches korrigiert, wenn sich die Betroffenen an den Verlag wenden.

Elizabeth Breuilly • Joanne O'Brien • Martin Palmer

Die religiösen Feste der Welt

**Wissen Sie, was Ihre Nachbarn bei Chanukka feiern?
Warum sie Ramadan halten?**

tosa

VORWORT

Sind wir Menschen darauf programmiert, Feste zu feiern? Entspricht das Feiern einem tiefen Bedürfnis unseres Wesens? Auch wenn wir diese Frage wissenschaftlich nicht bejahen können, ist es klar, dass das Feiern von Festen in der menschlichen Geschichte fast universell ist.

Mit viel Fantasie stecken Menschen überall Energie in die Pflege alter Feste oder in die Erfindung neuer. Sie können weltlich sein, was bedeutet, dass es darin nur um Dinge geht, die man leicht wahrnehmen oder erleben kann: Fußballspiele, Schönheitswettbewerbe, Wohltätigkeitsfeste oder Halloweenstreiche.

Häufiger jedoch sind die Feste religiös motiviert. Sie feiern das, was wir hinter den Dingen sehen. Sie anerkennen Götter, Engel oder Geistwesen, die jenseits unserer Wahrnehmung agieren. Doch die Menschen glauben, dass das, was wir tun, mit dem, was sie tun, irgendwie zusammenhängt, etwa durch einem Gott wohlgefällige Handlungen, private Gebete oder tiefe Meditation.

Die meisten Religionen sprechen Gruppen an. Religiöse Feste fördern das Miteinander durch Riten und Praktiken, die die Gruppen verbinden, und, wie sie finden, ihr ansonsten gewöhnliches Leben adeln.

Jeder, der sich einmal auf ein Ereignis wie eine Hochzeit gefreut hat oder stolz auf ein anderes Ereignis zurückblickt wie die Verleihung eines Preises, weiß, wie wichtig es für Menschen ist, sich mit den wirklich großen Ereignissen zu befassen, die ihrem Glauben gemäß „hinter den Dingen", jenseits unserer Wahrnehmung stattfanden.

Also haben wir Feste. Dieses Buch behandelt sorgfältig, ja fast liebevoll die Sinne – Feste, die mit gutem Essen zu tun haben, mit Düften und Räucherungen, mit Inszenierungen, die Bewunderung auslösen wollen, und mit Klängen, oft rhythmischer Natur, die zum Tanz einladen.

„Die religiösen Feste der Welt" beschreibt die Feste der großen Weltreligionen und wirft einen Blick auf einige kleinere. Es ist wichtig, dass wir Erdenbewohner, die wir immer dichter mit Menschen zusammenkommen, die andere Feste feiern als wir, oder die wir deren Feste in den Massenmedien kennenlernen, wertzuschätzen lernen, was die anderen tun. Das ist nicht leicht.

Der Philosoph Spinoza betonte, wie wichtig es ist, beim Umgang mit komplexen Wirklichkeiten nicht zu lachen, nicht zu schreien, nicht zu denunzieren, sondern zu verstehen. Missverständnisse können tödlich sein. Immer wieder hören wir von Ereignissen, bei denen Teilnehmer von Festen diese gegen andere einsetzen oder bei denen zwei Gruppen von Feiernden und ihre Interessen kollidieren, meist über die Verwendung eines heiligen Ortes. Es steht zu hoffen, dass Bücher wie dieses dazu beitragen, Konflikte zu verringern und das Verständnis für Feste und den Glauben anderer fördern.

Was dieses Buch nicht liefern kann, ist ein Verzeichnis der Plätze und Leitfiguren, die für Menschen eines anderen Glaubens interessant sind. Die meisten Leser und Benutzer dieses Buches werden wissen, dass oft bereits ein Telefonat, ein Brief, eine persönliche Anfrage zu einer Einladung führen kann, doch andere Menschen und Feste zu beobachten. Mit etwas Glück werden die Besucher sogar gebeten, mit den Feiernden gemeinsam zu speisen und zu tanzen. Die Leser dieses Buches wissen dann, was zu tun ist, wenn es zu einer Einladung kommt. Daher: Lesen Sie, und feiern Sie.

Martin E. Marty
Professor für Religion, Universität Chicago

DIE AUTOREN

Elizabeth Breuilly beendete ihr Studium an der Universität York mit einem Bachelor of Arts in Sprachen und schreibt über Religion für ein breites Publikum.

Joanne O'Brien studierte Vergleichende Religionswissenschaft und Vorderasiatische Religionen an der Universität Manchester und ist Magistra der Theologie. Sie hat viele Bücher verfasst, die die Beziehungen zwischen den Religionen und zwischen Religion und Gesellschaft behandeln. Joanne O'Brien betreibt auch die Bildagentur Circa Photo Library, die auf Fotos rund um Gottesdienste in der Gemeinde und zu Hause, religiöse Bauwerke, religiöse Kunst und Kunsthandwerk aus aller Welt spezialisiert ist. Viele Bilder von Circa finden sich in diesem Buch.

Martin Palmer studierte Theologie an der Universität Cambridge mit dem Schwerpunkt auf chinesischen und japanischen Religionen und ist ebenfalls Magister. 1983 gründete er ICOREC (International Consultancy on Religion, Education & Culture, eine internationale Beratungsagentur zu Fragen der Religion, Bildung und Kultur).

Beratender Herausgeber

Professor Martin E. Marty ist Professor für Geschichte des modernen Christentums an der Universität Chicago. Er verfasste mehr als 30 Bücher und gilt als Autorität auf dem Gebiet der heutigen Religion.

Inhalt

Feiern, Fasten und Vergnügen

Es ist kein Zufall, dass das englische Wort für Ferien, „holiday" von „holy day", also heiliger Tag stammt. Zu allen Zeiten haben überall auf der Welt Menschen die wichtigsten Tage ihres Glaubens mit Festessen, Reisen, Zusammenkünfte und Spaß gefeiert. So weit unser Wissen zurückreicht, anerkannten Menschen das Bedürfnis, die Monotonie des Alltags mit besonderen Tagen zu erleichtern – an denen das normale Arbeitsmuster durchbrochen wird und jeder die Arbeit niederlegen darf, ja soll, und sich stattdessen vergnügen soll.

Wir wissen nicht, was prähistorische Menschen gefeiert haben, aber wir wissen, dass sie feierten. Die langen Hügelgräber des Neolithikums – 5000 bis 6000 Jahre alt – zeigen deutliche Spuren der Zubereitung von Mahlzeiten und von Feiern.

Ein Überblick

Dieses Buch behandelt die Art, wie die größeren Religionen die Ereignisse und Lehren ihres Glaubens feiern. Die Unterschiede zwischen den Religionen in aller Welt sind enorm, und viele Traditionen haben sich im Laufe der Zeit verändert. Natürlich werden hier längst nicht alle religiösen Feste abgedeckt, und es gibt viele weitere Arten, die Feste zu feiern, die hier behandelt werden.

Feste sind der konkrete Ausdruck des religiösen Lebens, dem sie entspringen, und vermitteln faszinierende Einblicke in einen Glauben. Einerseits Zeiten der Entspannung, Zeiten außerhalb des Alltags, erinnern Feste andererseits die Gläubigen an die Lehren ihres Glaubens und zeigen dem Rest der Menschheit, welchen Wert diese Lehren besitzen.

Eine gute Show

In größeren Religionen erzählt der jährliche Festzyklus nicht nur eine Geschichte, sondern reflektiert die Bedeutung dieser Geschichte im Verhältnis zum Muster des Universums, zum Wesen Gottes und

Der Tanz um einen Maibaum, der in vielen Teilen Europas Sitte ist, ist vielleicht ein vorchristliches Fruchtbarkeitsfest.

den Hoffnungen, Ängsten, Schwächen und Stärken der Menschen. Als Schauspiel, Ritual, Liturgie oder Tanz wiederholen Feste die Schlüsselgeschichten des Glaubens. Dazu gehören symbolische Mahlzeiten und Aktivitäten, die Kernaussagen auf eine Weise verpacken, die sich anfassen und beobachten lassen.

Im größten Teil des Jahres werden Religionen auf ruhigere, oft verschlossene Weise ausgeübt. Doch bei den Festen ist es, als inszenierte der Glaube eine Show, bei der jeder sehen und hören darf, was seinen Anhängern am wichtigsten und wertvollsten ist. Feste wie Heiligengedenktage, Divali oder Chinesisches Neujahr sind öffentliche Ereignisse mit Prozessionen durch die Straßen der Städte, zu denen jeder kommen und am Vergnügen teilhaben kann.

Geschichten und Glaube

Obwohl jeder Glaube Prinzipien, Überzeugungen, Formulierungen und helfende Schriften entwickelt, die seine Lehren weiterreichen sollen, wurzelt er in gelebter Erfahrung, dem Erleben gewöhnlicher

Leute, ohne das er sterben würde. Nur wenige Gläubige sind Theologen. Die meisten Menschen begreifen ihren Glauben nicht durch philosophische und theologische Lehren, sondern durch deren Einbettung in Geschichten, Mythen, Legenden und Symbolen.

Geschichten sind bei den meisten Festen wesentlich. Sie werden erzählt, inszeniert, nachvollzogen, getanzt und bildlich dargestellt, gestickt oder in Stein gemeißelt. Ob ein weihnachtliches Krippenspiel im Christentum oder eine Aufführung der chinesischen Oper, die die Geschichte des Kriegsgottes Kuan Ti erzählt, der Sinn dieser Feste ist es, die Menschen regelmäßig an die Schlüsselgeschichten ihres Glaubens zu erinnern.

Manchmal ist das Publikum auf die reine Zuhörer- oder Zuschauerrolle beschränkt, doch oft sind sie aktive Teilnehmer. Beim Laubhüttenfest hört eine jüdische Familie nicht nur, wie ihre Vorfahren einst auf ihren Wanderungen lebten; sie zieht selbst in eine Laubhütte und erlebt das unsichere Gefühl eines Daches, das zum Himmel hin durchlässig ist.

Kekse in Form von Sternen, Bäumen, Glocken oder Krippenfiguren erinnern an die Weihnachtsgeschichte.

Bei jedem Sikh-Fest übernehmen fünf bekennende Sikhs die Rolle der fünf Männer, die bereit waren, für die Verteidigung ihres Glaubens zu sterben.

Die großen Themen des Lebens

GEMEINSAME THEMEN
Obgleich die Zahl der Feste in aller Welt überwältigend zu sein scheint und ihre Vielfalt verwirrend wirkt, lassen sich die meisten auf einige wichtige Themen zurückführen, die ein Bild des betreffenden Glaubens vermitteln.

F ast alle Religionen haben einen Zyklus von Festen, die die ganze Bandbreite menschlicher Gefühle und Erfahrungen so abdecken, wie sie diese Religion sieht. Von niemandem wird erwartet, dass er sich an jedem Tag aller Lehren und Inhalte seines Glaubens bewusst ist. Zyklen des Fastens und Feierns fordern die Gläubigen auf, intensiver über Kernfragen ihres Glaubens, Gründerfiguren, große Lehrer und die großen Themen des Lebens nachzudenken.

Die Jahreszeiten

Die ältesten Feste der Welt sind jene, deren Wurzeln im Feiern der Jahreszeiten liegen wie im griechischen Mythos um Demeter, der Göttin der Ernte und Früchte, und ihrer Tochter Persephone, die von Hades geraubt wurde, dem Gott der Unterwelt. Demeters Trauer brachte den Winter ins Land, bis die anderen Götter eingriffen. Sie handelten mit Hades aus, dass Persephone in jedem Jahr sechs Monate bei ihrer Mutter auf der Erde verbringen durfte und sechs Monate in der Unterwelt bei Hades, wodurch der Jahreszeitenzyklus von Sommer und Winter entstand.

Themen vieler Feste sind der Frühling und die Erneuerung des Lebens wie im christlichen Osterfest; der Herbst und der Erntedank wie im jüdischen Wochenfest Schavuot; die Wintersonnenwende und Feuer oder Licht wie in den chinesischen Neujahrsfeiern.

Geschichte

Viele Feste erinnern an historische Ereignisse des Glaubens wie die Gründung der Sikh Khalsa in Baisakhi 1699 oder die Flucht des jüdischen Volkes aus Ägypten unter Moses, die beim Pessachfest gefeiert wird.

Die Beschäftigung mit der Vergangenheit und das Lernen aus ihr ist ein wichtiger Aspekt der Religion. Vergangene Ereignisse können die Art der Beziehung zwischen den Gläubigen und der Gottheit illustrieren. Historisches und Symbolisches verbindet sich wie z. B. in der christlichen Feier von Weihnachten. Niemand weiß genau, wann Jesus geboren wurde, doch die Kirche, die die physische Geburt Jesu feiern wollte, übernahm und

Das hinduistische Divali-Fest feiert den Höhepunkt des Ramayana-Epos und fördert das Nachdenken über Themen wie Liebe, Treue, Verrat, Tapferkeit und Sanftmut.

adaptierte das alte römische Fest der Geburt des Sonnengottes am 25. Dezember.

Grundlegende Fragen

Feste sind ein Anlass, sich mit den großen Fragen des Lebens zu befassen wie dem Kampf zwischen Gut und Böse oder den Ereignissen nach dem Tod. Wenn z. B. Buddhisten über die Geburt des historischen Buddha, seine Erleuchtung und seinen Eingang ins Nirvana nachdenken, beschäftigen sie sich zugleich mit fundamentalen Fragen nach dem Sinn des Lebens, der Unausweichlichkeit des Leidens und der Art, damit umzugehen und davon erlöst zu werden. Diese Fragen sind umfassend, aufrüttelnd und tiefschürfend, doch die Rituale eines Festes wie des Wesak-Festes helfen, sich ihnen zu stellen.

Feste wie das chinesische Fest der hungrigen Geister oder Halloween mit seinen christlichen und keltischen Wurzeln laden dazu ein, sich der erschreckenden Frage der Geschehnisse nach dem Tod zu stellen und den Forderungen der Toten an die Lebenden.

Neujahrsfeiern finden in verschiedenen Kalendern zu unterschiedlichen Terminen statt, doch fast alle drücken das menschliche Bedürfnis aus, über die Vergangenheit nachzudenken, das Schlechte des vorigen Jahres hinter sich zu lassen und Beschlüsse und gute Wünsche für das neue Jahr zu formulieren.

Durch Feste illustriert jeder Glaube das Bedürfnis, nach Gott in der Welt zu streben, und zeigt, wie dieses Streben erfolgen kann. Feste bieten jedem ein Verhaltensmodell für die Kämpfe an, denen wir alle in unserem Leben begegnen.

Zu Ostern versammeln sich tausende Pilger auf dem Petersplatz in Rom, um die jährliche Osteransprache des Papstes zu hören, die das Oberhaupt der katholischen Kirche vom Balkon der Peterskriche aus hält. Sie wird meist in die ganze Welt übertragen.

Die Tage zählen

Ü berall auf der Welt bemühten sich Menschen der verschiedensten Kulturen und Religionen stets, ihren Glauben und seine Feste zum richtigen Zeitpunkt zu feiern – gleichzeitig mit anderen Gemeinden anderswo oder zu dem Zeitpunkt, der in Schriften oder von ihren Lehrern festgelegt ist.

Moslems suchen am Himmel nach der ersten zunehmenden Mondsichel, mit der ein neuer Monat beginnt, und Regeln legen fest, wessen Wort als verlässlich gilt, wenn von einer Sichtung die Rede ist. Juden außerhalb von Israel feiern die meisten Feste einen Tag länger als Juden in Israel. Das geht auf die Zeiten langsamerer Kommunikation zurück, als sie sicher sein wollten, dass zumindest einer der Tage der richtige sei und weltweit von Juden gefeiert würde. Die Tage zu zählen und Naturphänomene zu beobachten, die das Vergehen der Zeit markieren, ist schwierig. Völker haben unterschiedliche Methoden dazu entwickelt. Die meisten Kalender hängen mit religiösen Überzeugungen zusammen. Die Französische Revolution (1789–1799) versuchte, einen rein weltlichen Kalender einzuführen mit zehn Tagen in einer „Woche" und nichtlunaren Monaten, die nach dem Zustand der Natur oder des Wetters benannt wurden wie Pluviôse (regnerischer Monat) oder Floréal (blühender Monat).

Zyklen in Zyklen

Wann beginnt ein neuer Tag? Drei Punkte lassen sich leicht beobachten: Sonnenaufgang, -untergang und Mittag. Der Mittag ist ein abwegiger Zeitpunkt für einen Tagesbeginn. Bei Sonnenaufgang beginnt der Tag im hinduistischen, bei Sonnenuntergang im jüdischen und islamischen Kalender. Im christlichen Kalender, der auf griechischen und römischen Kalendern basiert und heute weltweit eingeführt ist, beginnt der Tag um Mitternacht. Daher setzen viele christliche Feste mit einer Spätabendmesse ein, bei der die Gläubigen die Nacht durchwachen oder bis nach Mitternacht wach bleiben, sodass sie wach sind und beten, wenn der Festtag beginnt. Auch im chinesischen Kalender beginnt der Tag um Mitternacht.

Der scheinbare Wechsel der Form des Mondes im Laufe eines Monats beruht auf seiner Umlaufbahn um die Erde. Der Mond hat wie die Erde stets eine von der Sonne beleuchtete Seite, doch meist kann nur ein Teil der hellen Seite des Mondes von der Erde aus gesehen werden. Die Schrägstellung der Erdachse ist die Ursache der Jahreszeiten.

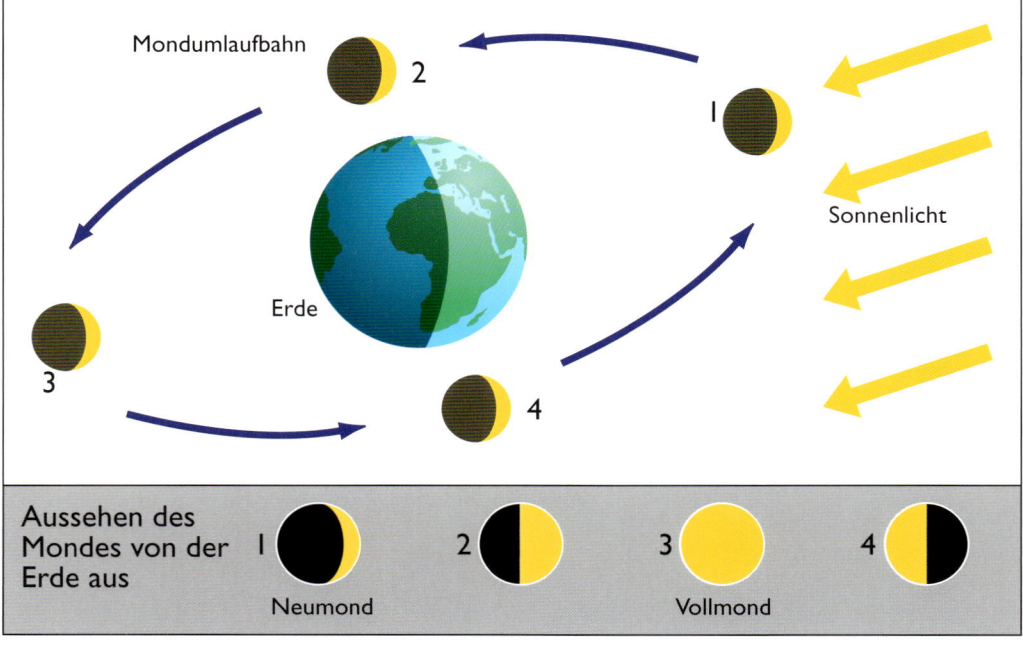

Für die siebentägigen Wochen gibt es keinen äußeren Anhaltspunkt. Die Woche mit sieben Tagen führen Juden, Christen und Moslems auf ihre Schriften zurück, in der es heißt, Gott habe die Welt an sechs Tagen erschaffen und am siebten Tag geruht. Jede dieser Religionen wählt einen anderen Wochentag als Tag des Gebets. Jüdische und islamische Systeme geben den anderen Tagen keine Namen, nur Nummern. Eine Sieben-Tage-Woche kennen auch der chinesische und einige andere alte Kalender. Ihre Herkunft kann also nicht nur literarisch sein.

Die Zeit von einem Neumond bis zum nächsten beträgt etwa 29,5 Tage und kann um Stunden schwanken. Jedes Kalendersystem benötigt einen komplizierten Wechsel von 29- und 30-tägigen Monaten. Das gilt für viele Kalender, wobei die Monatslänge in Almanachen kalkuliert wird wie im chinesischen Kalender, oder durch die tatsächliche Sichtbarkeit des Mondes geregelt wird wie im ursprünglichen Kalender der Hindus, Juden und Moslems (heute teils abgelöst durch astronomische Berechnungen). Hindus und Buddhisten verwenden an verschiedenen Orten unterschiedliche Kalender, die teils den Neumond, teils den Vollmond als Monatsanfang verwenden. Christliche und weltliche Kalender haben den Bezug zwischen Monaten und Mondphasen aufgegeben.

Diese italienische Darstellung der Renaissance zeigt, wie die Formen der Sternbilder zu ihren Namen führten. Die Konstellationen am äußeren Rand bilden den Tierkreis und die Stellung der Sonne im Verhältnis zu ihm lässt das Jahr genau messen.

JAHRESZEITEN UND JAHRE

Seit ältester Zeit haben Menschen die Sonne und die Sterne beobachtet, um die Jahreszeiten vorherzusagen und zu messen, wobei sie oft ihren Festzyklus auf diesen Beobachtungen und dem Rhythmus des Bauernjahres aufbauten, der Wohlergehen oder Hunger versprach.

Eine der genauesten Methoden, den Ablauf eines Jahres zu messen, besteht darin, die Position der Sonne bei Sonnenaufgang in Bezug auf die Sterne zu beobachten. Von der Erde aus gesehen wandert sie im Laufe eines Jahres einmal im Kreis. Seit uralter Zeit haben Astronomen und Astrologen diesen Kreis in zwölf Abschnitte geteilt und jeden nach einem Sternbild bezeichnet. In der griechischen Astronomie wurden viele dieser Sternbilder nach Tieren wie Widder oder Stier benannt und der ganze Kreis als Zodiacus oder Tierkreis.

Im Kalender der Hindus, der hauptsächlich lunar ist, dienen die zwölf Tierkreiszeichen dazu, gewisse religiöse Feste zu datieren oder Glückstage festzulegen. Zum Beispiel gilt der Sankranti, der Tag, an dem die Sonne von einem Tag im Tierkreis in den nächsten wandert, als Glückstag. Der große religiöse Markt und das rituelle Massenbad Kumbh Mela, das alle 12 Jahre in Allahabad stattfindet, beginnt am Sankranti zwischen Makara (Steinbock) und Kumbha (Wassermann).

Kalender in aller Welt

Damit es als Zeitmaß verwendbar ist, muss das Jahr irgendwie unterteilt werden. Das Problem besteht darin, dass es weder eine genaue Zahl von Tagen noch von Monaten umfasst. Doch trotz teils komplexer Abweichungen zwischen den Kalendern gibt es drei Ansätze zur Lösung des Kalenderproblems: solar, lunar und lunisolar.

Sonnenkalender
Der Kalender, den die Christenheit und in ihrer Folge die ganze Welt, vor allem die Geschäftswelt verwendet, misst das Jahr als Spanne von einer Frühlingstagundnachtgleiche zur nächsten. Die Tage werden in diesen Zeitraum in einem Wechsel aus normalen Jahren mit 365 Tagen und Schaltjahren mit 366 Tagen eingefügt. Auch die Bahai verwenden einen Solarkalender, doch sie trennen ihn in „Monate" zu je 19 Tagen.

Das Grundprinzip eines Sonnenkalenders wurde im Römischen Reich unter Julius Caesar eingeführt. Wegen leichter Ungenauigkeiten beim Messen der Jahreslänge musste der julianische Kalender von Zeit zu Zeit wieder ans Sonnenjahr angepasst werden. Die erste große Reform unter Papst Gregor XIII. im Jahr 1582 ließ zu diesem Zweck 10 Tage ausfallen und formulierte die Schaltjahrsregel genauer. Der gregorianische Kalender wurde in Europa nur zögerlich übernommen, da viele sich dagegen wehrten, aus Angst, Tage ihres Lebens zu verlieren.

Mondkalender und lunisolare Kalender
Der islamische Kalender des Korans ist ein Mondkalender ohne Bezug zum Sonnenjahr. Er umfasst zwölf Mondmonate, die die Ausübung der Religion regeln und sich im Verhältnis zum Sonnenjahr jährlich um zehn oder elf Tage verschieben.

Jüdische, chinesische und hinduistische Kalender basieren wie viele andere auch auf Mondmonaten. Doch um den jährlichen Festzyklus mit dem Sonnenjahr in Einklang zu halten, wird ab und zu ein Schaltmonat eingefügt, sodass ein Jahr 13 statt der üblichen zwölf Mondmonate umfasst. Die Regeln für die Einfügung dieser Monate sind von Kalender zu Kalender verschieden.

Die Jahreszählung
Wie unterscheidet man ein Jahr vom anderen? Auch hier kennen verschiedene Kulturen unterschiedliche Methoden. Die verbreitetste besteht darin, Jahre ab einem epochemachenden Ereignis zu zählen, das

Die vier Ecken der großen Pyramide von Gizeh in Ägypten sind in die vier Himmelsrichtungen ausgerichtet und ihre Nordpassage scheint sich auf die Bewegung des Polarsterns zu beziehen. Andere Pyramiden und Tempel in Ägypten besitzen offenbar astrologische oder kalendarische Bedeutung.

heißt, dem Anfang einer neuen Ordnung. Juden zählen Jahre seit der Erschaffung der Welt, basierend auf Bibelquellen, Christen ab dem angenommenen Jahr der Geburt Jesu, Moslems ab der Flucht des Propheten nach Medina. Die Römer rechneten ab der Gründung Roms, andere ab der Thronbesteigung eines Herrschers. Möglich ist auch die Benennung jedes Jahres nach einem einzigartigen Ereignis in diesem Jahr.

Das chinesische System basiert auf der Überlappung zweier Zyklen, eines zehnjährigen und eines zwölfjährigen, sodass nur alle 60 Jahre genau die gleiche Kombination eintritt. Zusätzliche Angaben wie die Nennung des damals aktuellen Kaisers oder eines Ereignisses dienen dazu, die gleichen Jahre in verschiedenen Zyklen zu unterscheiden.

ALTE MARKIERUNGEN

In vielen Teilen der Welt gibt es alte Bauten, die sich auf die Stellung der Sonne oder Planeten in bestimmten Zeiten des Jahres beziehen und als Markierung für einen religiösen oder landwirtschaftlichen Kalender dienten.

Die bekanntesten Beispiele sind wohl Stonehenge in Südengland, die ägyptischen Pyramiden und die großen Steinmarkierungen („Medizinkreise") in den Rocky Mountains Nordamerikas. Obgleich die genaue Verwendung und Bedeutung dieser Formen unbekannt ist, zeigt die immense Anstrengung der Menschen der Vorzeit bei ihrem Bau, wie wichtig es ihnen war, Jahreszeiten abzulesen.

Die riesigen Steine von Stonehenge, die um 2000 v. Chr. von weither in die Ebene von Salisbury gebracht und aufgestellt wurden, lassen astronomische Bezüge erkennen. Am Morgen der Sommersonnenwende scheint die Sonne in die Mitte der Hufeisenform.

Tonatiuh, der Sonnengott, ist in der Mitte dieses aztekischen Kalender- oder Sonnenstein abgebildet. Die Azteken glaubten, die Welt hätte bereits vier frühere Schöpfungen oder Sonnen durchlebt. Sie sind im Ring um den Sonnengott dargestellt. Ihre Kultur existierte also in ihrer fünften Schöpfung, der Erdbebensonne.

Entwicklung, Anpassung, Veränderung

Wie tief auch immer Feste in altem Glauben und universellen Themen wurzeln, sie verändern sich mit den Gemeinden, die sie feiern. Ein typisches Weihnachtsfest in England oder den USA ist eine Mischung aus Film, Mythos, Märchen, Werbung und der Weihnachtsgeschichte aus der Bibel. In den letzten hundert Jahren verwuchsen diese Elemente zu einem Weihnachtsfest, das für jemanden aus früherer Zeit kaum noch erkennbar wäre.

Wenn ein Glaube über seine traditionellen Grenzen hinauswächst, müssen sich seine Feste anpassen. Das buddhistische Wesak-Fest zum Beispiel wurde das Hauptfest von Buddhisten, die nicht zur buddhistischen Kultur gehören. In einem Land, das die Bedeutung eines Festes nicht anerkennt, ist es schwer, dem Fest die angemessene Zeit zu geben. Daher feiern Moslems im Westen den Fastenmonat Ramadan und das dreitägige Fest an seinem Ende ganz anders als in Jordanien oder Malaysia. In China ist das Neujahrsfest eine zweiwöchige Feiertags-periode, im Westen wird es auf ein Wochenende zusammengepresst. Viele Glaubensgemeinschaften müssen ihre Feste der Arbeitswoche des Landes anpassen, in dem sie leben.

Schwerpunktwechsel

Zunächst war die Religion in irgendeiner Form Anlass für Feste. Doch andere Faktoren wie Nationalstolz und nationale Geschichte spielen zunehmend hinein. Feste verändern auch ihren Schwerpunkt und ihre Teilnehmer. Zum Beispiel begann das amerikanische Thanksgiving als Erntedankfest einer kleinen Gemeinschaft. Heute ist es ein viel umfassenderes nationales Fest, bei dem amerikanische Familien aller Glaubensrichtungen zusammenkommen, um zu speisen, zu feiern und zu danken.

Einerseits griffen die frühen christlichen Missionare heidnische Feste in Europa auf und wandelten sie um, andererseits entfernten sich ursprünglich christliche Feste weit von ihrem christlichen Ursprung. Der Karneval zum Beispiel hat heute nur noch sehr wenig mit dem Beginn der Fastenzeit zu tun, während andererseits die Traditionen, die mit Halloween verknüpft sind, mehr mit heidnischem Glauben als mit den christlichen Heiligen zu tun haben, die dem Tag seinen Namen geben.

Bei diesen Feiern des Unabhängigkeitstags in Neu-Delhi zieht eine Parade an einem riesigen Bild von Mahatma Gandhi vorbei, der unermüdlich für die indische Unabhängigkeit kämpfte.

Noch eigenartiger sind die Traditionen rund um den ersten Mai. Lange nach Einzug des Christentums feierte Nordeuropa weiterhin den ersten Mai als Fest der Fruchtbarkeit und Verliebten mit Gesang, Tanz und der Wahl einer Maikönigin und manchmal eines Maikönigs und vielen Balzritualen zwischen jungen Männern und Frauen.

Solche Traditionen wurden ignoriert, als der internationale Sozialistenkongress 1889 den 1. Mai zum internationalen Tag der Arbeit ausrief. Diesen Aspekt feierten die Sowjetunion und andere kommunistische Länder und Arbeiterorganisationen außerhalb des kommunistischen Blocks. Bis heute werden diese Aspekte des 1. Mai unabhängig nebeneinander gefeiert.

Jüngere Geschichte

In den letzten hundert Jahren kamen Feste oder Gedenktage für historische Ereignisse in den Kalender. Am 11. November wird in den meisten Nationen, die am Ersten Weltkrieg teilnahmen, der Veteranentag gefeiert. Trotz eines Rückgangs in den 1980er-Jahren wird er neuerdings wieder stärker beachtet, besonders die Tradition einer Schweigeminute um 11 Uhr vormittags, dem Zeitpunkt, zu dem 1918 der Krieg beendet wurde.

Der Tag des Holocaust ist für jüdische Gemeinden, aber auch für viele an-

dere von großer Bedeutung. In den USA dient er als Brennpunkt für alle möglichen Themen rings um Intoleranz und Rassismus. Noch sechzig Jahre nach dem Ende des Zweiten Weltkriegs berührt er viele Menschen und hat daher bis heute Bedeutung.

Für australische Aborigines bilden die Lieder und Geschichten der Traumzeit eine starkes Band zu ihren Vorfahren und ihrem Heimatland.

NATIONALE FESTE

Im Mittelalter hatten Länder wie Schottland, Wales und Irland ihre Schutzpatrone: St. Andreas für Schottland, St. David für Wales, St. Patrick für Irland. Der Festtag dieser Heiligen war und ist der Nationalfeiertag dieser Länder. Tatsächlich ist der St.-Patricks-Tag einer der am stärksten verbreiteten Heiligenfesttage der Welt.

Der Aufstieg der Nationalstaaten seit dem 16. Jahrhundert führte zur Entstehung von Festen, die mit ihnen verbunden werden. Viele neuere Staaten haben stattdessen weltliche Feste eingerichtet, die oft an ein entscheidendes Ereignis in ihrer Geschichte erinnern.

Zu den bekanntesten Nationalfeiertagen gehören der Sturm auf die Bastille in Frankreich, der den Ausbruch der Französischen Revolution am 14. Juli 1789 markiert, und der Unabhängigkeitstag der USA, der die Unterzeichnung der Unabhängigkeiserklärung der ersten 13 Staaten von Großbritannien am 4. Juli 1776 feiert. Der Australia-Day am 26. Januar erinnert an die Landung einer britischen Flotte 1788 und in Neuseeland feiert man am 6. Februar den Waitangi-Day, den Abschluss eines Vertrages zwischen den Maori-Führern und den Briten 1840. Um ein Ereignis der jüngeren Geschichte zu feiern, wurde in Deutschland der 3. Oktober, der Tag der Wiedervereinigung des Landes im Jahr 1990, zum Nationalfeiertag erhoben.

Wie sehr diese weltlichen Feste in den Gefühlen und der Lebensweise der Menschen einen Platz erhalten haben, unterscheidet sich stark von Land zu Land. Viel hängt davon ab, inwieweit sie wirklich für die Leute eine Bedeutung haben. Für die Australier und Neuseeländer z. B. ist der Anzac-Day am 25. April – er erinnert an die schrecklichen Verluste der australischen und neuseeländischen Truppen bei Gallipoli 1916 – wohl wichtiger als Australia-Day oder Waitangi-Day.

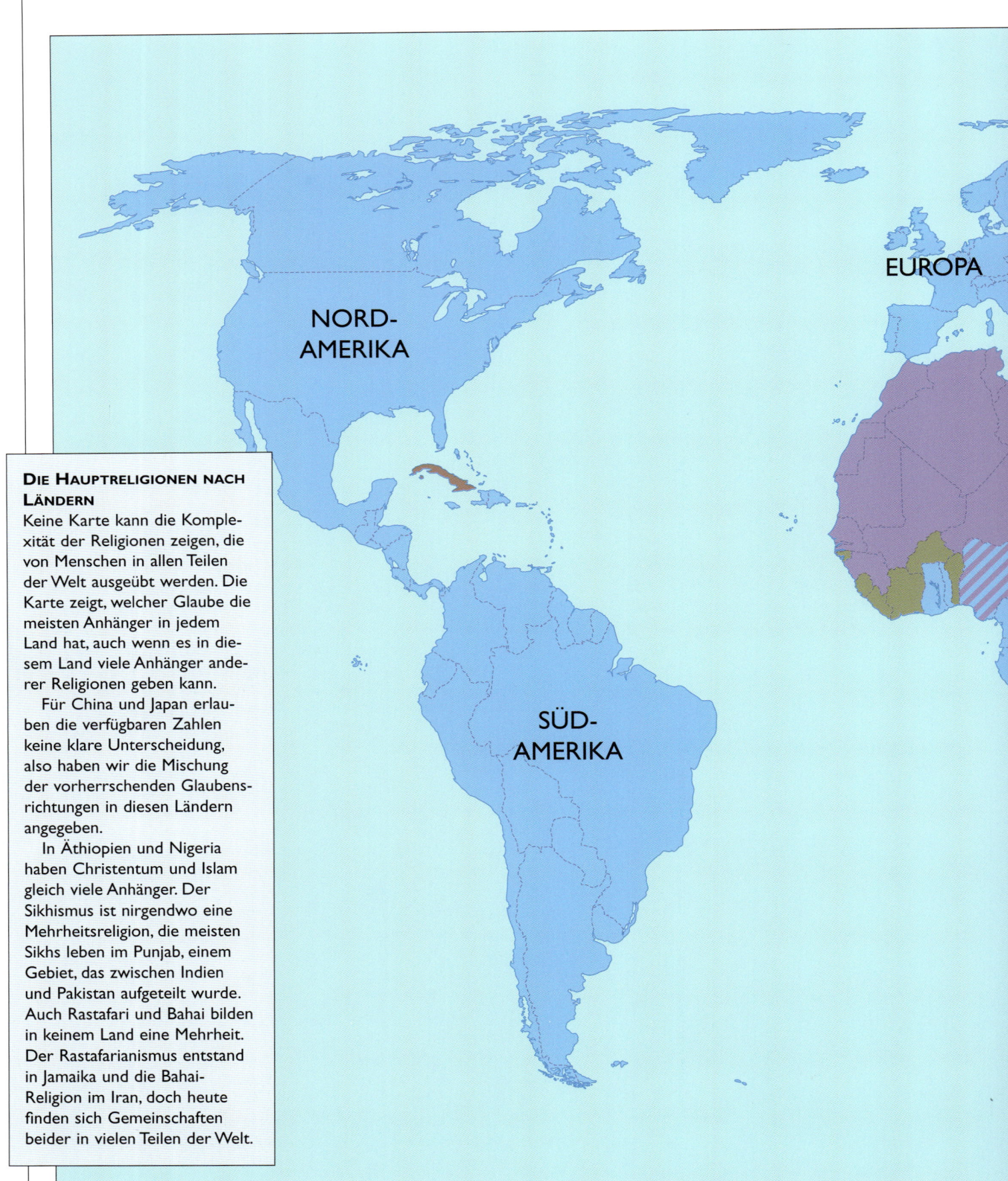

EUROPA

NORD-
AMERIKA

SÜD-
AMERIKA

DIE HAUPTRELIGIONEN NACH LÄNDERN

Keine Karte kann die Komplexität der Religionen zeigen, die von Menschen in allen Teilen der Welt ausgeübt werden. Die Karte zeigt, welcher Glaube die meisten Anhänger in jedem Land hat, auch wenn es in diesem Land viele Anhänger anderer Religionen geben kann.

Für China und Japan erlauben die verfügbaren Zahlen keine klare Unterscheidung, also haben wir die Mischung der vorherrschenden Glaubensrichtungen in diesen Ländern angegeben.

In Äthiopien und Nigeria haben Christentum und Islam gleich viele Anhänger. Der Sikhismus ist nirgendwo eine Mehrheitsreligion, die meisten Sikhs leben im Punjab, einem Gebiet, das zwischen Indien und Pakistan aufgeteilt wurde. Auch Rastafari und Bahai bilden in keinem Land eine Mehrheit. Der Rastafarianismus entstand in Jamaika und die Bahai-Religion im Iran, doch heute finden sich Gemeinschaften beider in vielen Teilen der Welt.

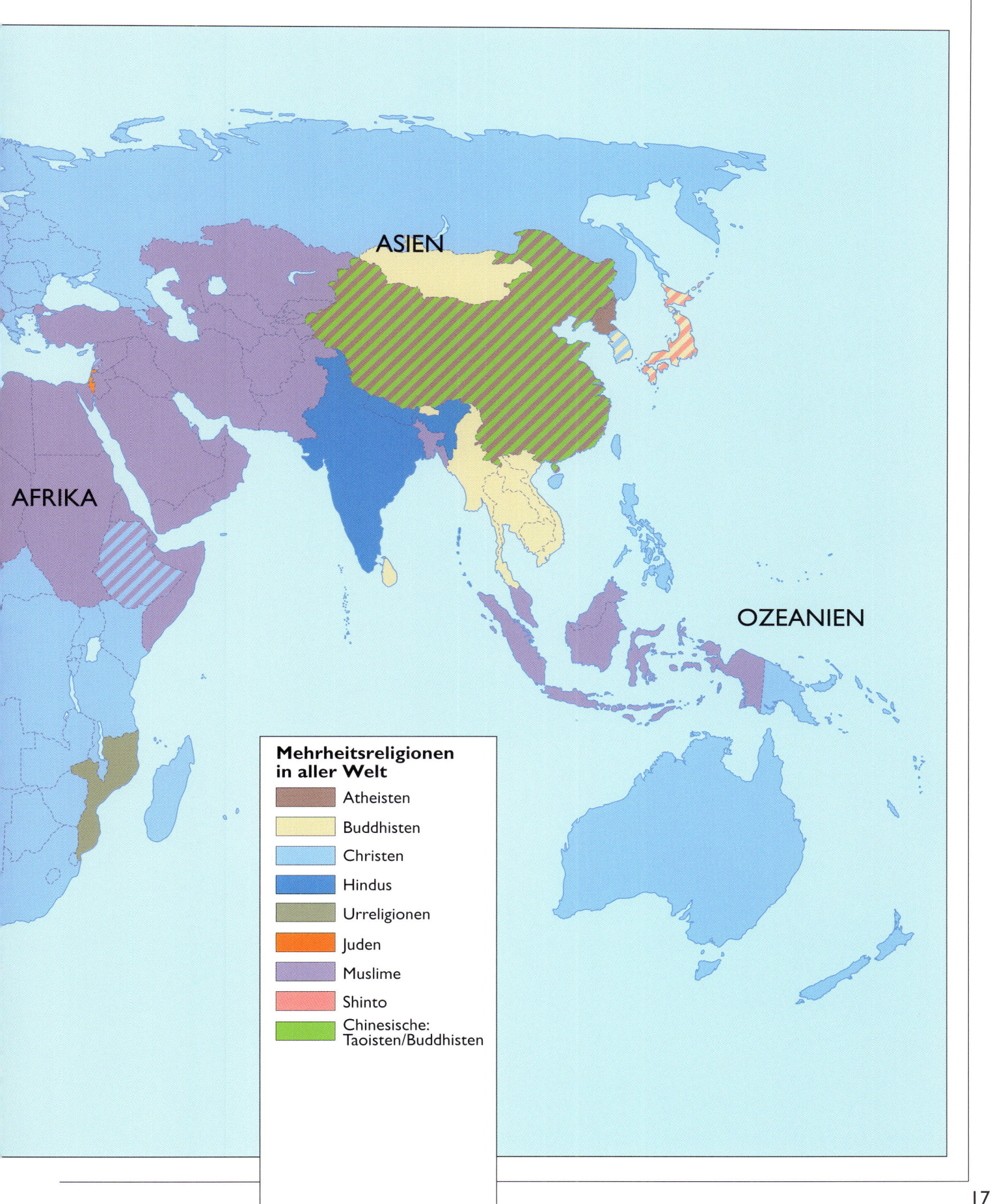

ASIEN

AFRIKA

OZEANIEN

**Mehrheitsreligionen
in aller Welt**

- Atheisten
- Buddhisten
- Christen
- Hindus
- Urreligionen
- Juden
- Muslime
- Shinto
- Chinesische:
  Taoisten/Buddhisten

JÜDISCHE FESTE

Das zentrale Glaubensbekenntnis des Judentums ist das Schma Israel: *Höre, Israel! Der Ewige ist unser Gott, der Ewige ist einzig. Darum sollst du den Ewigen, deinen Gott, lieben mit ganzem Herzen, mit ganzer Seele und mit ganzer Kraft.* (Deuteronomium 6,4)

Gott ist Schöpfer und Herr des Universums. Bilder Gottes sind verboten. Viele schreiben seinen Namen nicht. Das Einhalten des Gesetzes ist der Teil des jüdischen Volkes im Bund, dem Abkommen Gottes mit Abraham, dem Stammvater des jüdischen Volkes. Von seinem Glauben und Gehorsam gegenüber Gott berichtet die Bibel und mündet im Bund, indem Gott Abraham versprach, dass seine Nachkommen ein großes Volk bilden würden, indem er sagte: *„Ich werde euer Gott sein und ihr werdet mein Volk sein."*

Hunger und Verfolgung

Abrahams Nachkommen siedelten in Kanaan. Als das Land von einer Hungersnot bedroht wurde, zog Abrahams Enkel Jakob (umbenannt in Israel) mit seiner Familie nach Ägypten. Generationen später führte die Verfolgung in Ägypten zum Auszug der Stämme Israels unter Moses' Führung. Gott gab Moses die Gesetze, nach denen das Volk leben sollte, und erneuerte sein Versprechen, es zu einer großen Nation zu machen und ihm ein Land zu geben, in dem es leben könne.

Die wichtigsten Gesetze sind in den Zehn Geboten zusammengefasst. Auf verschiedene Situationen werden sie in den Lehren von Rabbis angewandt, die über Generationen weitergereicht und im 2. Jahrhundert in der Mischna und im 6. Jahrhundert im Talmud gesammelt wurden. Jeder Aspekt des jüdischen Lebens wird durch das Gesetz geregelt.

Die Geschichte des jüdischen Volkes und die Entwicklung der Beziehung zwischen Gott und den Nachfahren Abrahams ist das Herz jüdischen Glaubens. Fast die ganze jüdische Geschichte und Lehre ist in den Festen verkörpert, die die Traditionen von einer Generation an die nächste in Geschichten, Handlungen, symbolischen Speisen und Liedern weiterreichen.

Der Sederteller ist das Zentrum des Pessachmahls. Darauf liegen symbolische Speisen, die an die Flucht der Israeliten aus der ägyptischen Sklaverei erinnern. Jedes Jahr erzählen Juden beim Pessachfest die Geschichte erneut.

Nach dem Exodus

Eine Kopfbedeckung (oft eine Kippa) und ein Gewand mit Quasten werden von jüdischen Männern als ständige Erinnerung an ihren Glauben getragen.

Um 400 n. Chr. gab es jüdische Siedlungen in weiten Teilen des Römischen Reiches. Schwerpunkte waren Osteuropa und Süditalien, weitere Siedlungen lagen rings um Alexandria in Ägypten und, als Erbe der babylonischen Gefangenschaft, am Euphrat im heutigen Irak.

Der Auszug des jüdischen Volkes aus Ägypten wird auch als Exodus bezeichnet. Schließlich erreichten sie ein Land am Jordan. Sie eroberten es und besiedelten es im Glauben, es war das Land, das Gott ihnen verheißen hatte.

Um 1000 v. Chr. bildeten die Israeliten ein mächtiges Reich unter dem großen König David und seinem Sohn Salomon, der den ersten Tempel in Jerusalem erbaute. Nach seinem Tod spalteten sich die Israeliten in die Reiche Juda und Israel. („Jude" kommt von „Juda", dem Namen von Jakobs viertem Sohn, dessen Nachkommen einen der größten Stämme bildeten.)

Die Reiche kämpften gegeneinander und gegen fremde Invasoren, bis Jerusalem 587 v. Christus fiel und das Volk in die Gefangenschaft nach Babylon verschleppt wurde. 40 Jahre später durften die Juden zurückkehren, doch viele blieben in Babylon. Seit damals ist die Geschichte des jüdischen Volks eine Abfolge mächtiger Nachbarn und Eroberer. 70 n. Chr. zerstörten die Römer Jerusalem. Die Juden wurden in die ganze damalige Welt verstreut und erhielten erst wieder eine dauerhafte Heimat, als 1948 der Staat Israel gegründet wurde. Für viele Juden ist dieses Land und die Stadt Jerusalem das Zentrum ihres Glaubens.

Vom Mittelalter bis heute

Im Mittelalter beeinflussten die Kulturen der Länder, in denen Juden wohnten, die jüdischen Gemeinden. Es entstanden zwei Gruppen mit verschiedenen religiösen Bräuchen. Juden, die in Mittel- und Osteuropa lebten, hießen Aschkenasim (Einzahl: Aschkenasi), jene in Spanien und Portugal wurden Sephardim (Einzahl: Sephardi) genannt. 1492 wurden die Sephardim aus Spanien vertrieben. Einige zogen nach Europa, andere nach Nordafrika, doch die meisten wanderten in die Türkei und ans östliche Mittelmeer aus. Die beiden Gruppen bestehen bis heute. Sie haben den gleichen Glauben, beten und feiern aber unterschiedlich hinsichtlich der traditionellen Speisen, Musik und Tanz.

Um 1800 lebte die Mehrheit der Juden der Welt in Europa. Zwischen 1881 und

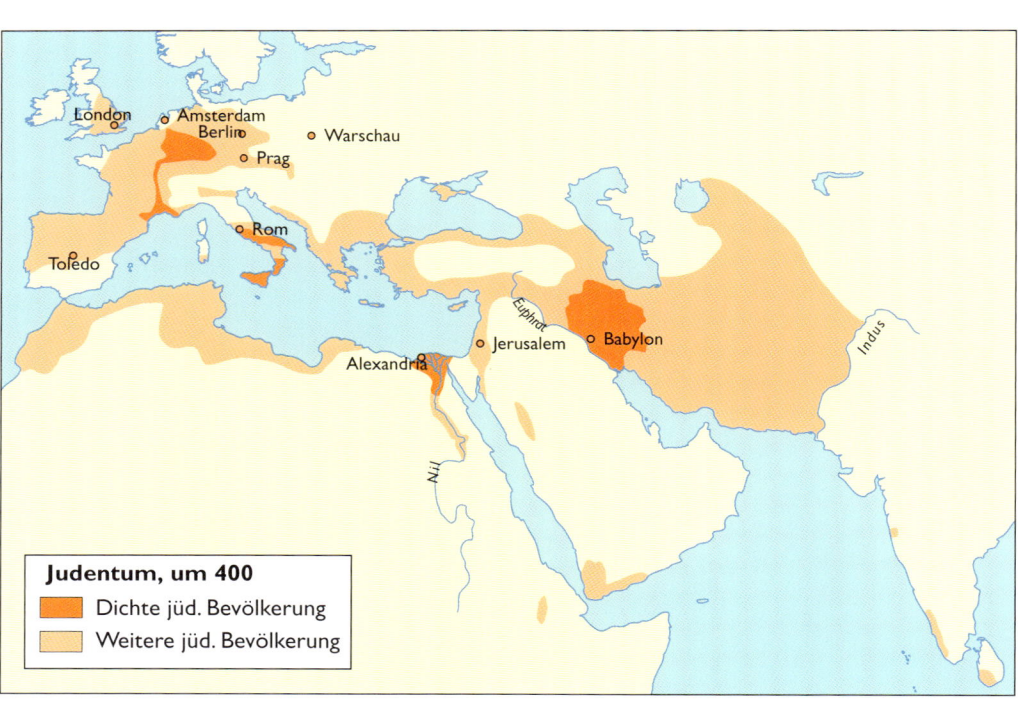

London
Amsterdam
Berlin
Warschau
Prag
Rom
Toledo
Euphrat
Jerusalem
Babylon
Alexandria
Indus
Nil

Judentum, um 400
Dichte jüd. Bevölkerung
Weitere jüd. Bevölkerung

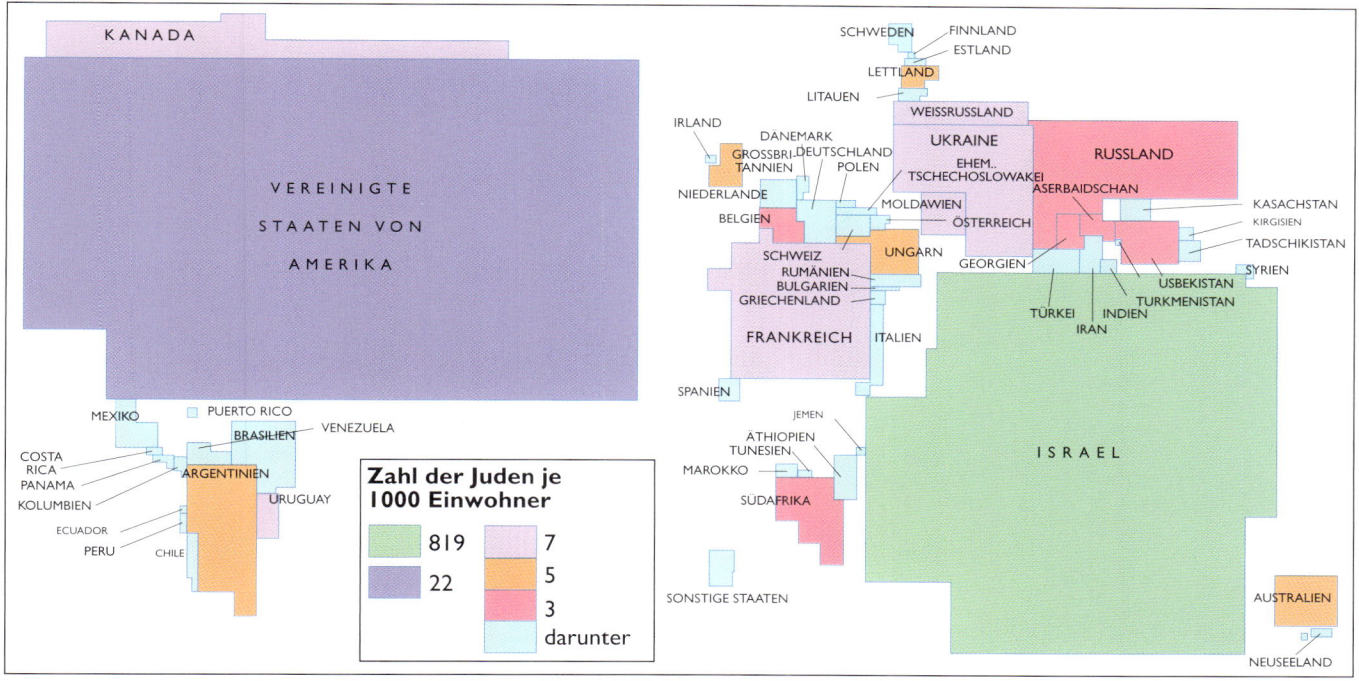

Zahl der Juden je 1000 Einwohner

🟩	819	🟪	7
🟪	22	🟧	5
		🟥	3
		🟦	darunter

Die Größe der Länder im Diagramm zeigt die Zahl der Juden in der Bevölkerung, während die Färbung den jüdischen Anteil der Bevölkerung zeigt. Israel ist das einzige Land mit jüdischer Mehrheit.

1914 verließen mehr als 2,75 Millionen Juden Osteuropa, die meisten zogen nach Nordamerika, viele auch nach Südafrika, Neuseeland und Australien. Zunehmender Antisemitismus führte zwischen 1932 und 1939 zu einer weiteren Auswanderungswelle. In den folgenden Jahren wurden rund 6 Millionen Juden von den Nazis im Zweiten Weltkrieg getötet. Bis Kriegsende waren hunderttausende Juden heimatlos geworden. Viele suchten ein neues Leben im Staat Israel, der 1948 gegründet wurde. Heute lebt etwa die Hälfte aller Juden in Nordamerika und weniger als ein Drittel im Nahen Osten.

Die Haggada, die Handlungsanweisung für den Sederabend, unterscheidet vier Typen: die Weisen, die Bösen, die Einfältigen und jene, die noch nicht zu fragen verstehen. Diese Illustration stammt aus einer modernen amerikanischen Haggada.

Zu Hause und die Synagoge

DIE HEBRÄISCHE BIBEL

Es gibt drei Arten von Büchern in der hebräischen Bibel: Die Thora, die Propheten und die Schriften. Die Thora besteht aus den ersten fünf Büchern der Bibel; Gott soll sie direkt Moses offenbart haben. Sie enthält die Schöpfung, die Geschichte Abrahams und seiner Nachfahren und des Auszugs aus Ägypten sowie Details des jüdischen Gesetzes. Das Wort Thora bezeichnet manchmal die gesamte jüdische Bibel. Die Propheten enthalten Taten und Worte des Propheten Elija (Elias), des für die Juden wichtigsten Propheten, des Elischa (Elisa) und Jesaja und des Jeremia, der die babylonische Gefangenschaft vorhersah und beklagte. Die Schriften enthalten Poesie wie die Psalmen und spätere Geschichten wie die Bücher Ruth und Ester.

S eit der Zerstörung des Tempels in Jerusalem im Jahre 70 und der Zersprengung der Juden in alle Teile des Römischen Reiches konzentriert sich das jüdische Leben, das vorher auf den Tempel ausgerichtet war, auf das Zuhause und die Synagoge.

Viele jüdische Feste werden vor allem zu Hause abgehalten und hier wird auch der Sabbat, der siebte Tag der Woche, mit einem besonderen Mahl am Freitagabend begrüßt und gefeiert. Die mosaischen Gesetze werden täglich in jeder erdenklichen Form zu Hause gelebt. Juden essen bestimmte Nahrung nicht, wie Schweinefleisch, Kaninchen oder Schellfisch, und sie bereiten ihre Speisen nach diesem Gesetz zu. Nahrung, die Juden zu essen erlaubt ist, wird als „koscher" bezeichnet.

Jede Synagoge besitzt einen Satz Thorarollen, handgeschriebene Schriftrollen auf Pergament, die den Text der Thora enthalten. Sie werden im Thoraschrein, dem Aron ha-Kodesch aufbewahrt und mit gestickten Tüchern und silbernem Schmuck bedeckt.

Beim Lesen der Thorarolle dient ein Silberstab dazu, den Zeilen zu folgen, ohne den heiligen Text zu berühren.

DREI TRADITIONEN DES JUDENTUMS

Unter all jenen, die sich als Juden betrachten, gibt es heute drei Hauptrichtungen des Judentums: das orthodoxe, das konservative und das liberale oder Reformjudentum. Das orthodoxe Judentum betrachtet sich als Bewahrer der wahren jüdischen Tradition. Hebräisch wird in allen Gottesdiensten verwendet und das jüdische Gesetz (Halacha) wird in Fragen der Speisen und des Verhaltens befolgt.

Das konservative Judentum ist vor allem amerikanisch. Es versucht die traditionellen jüdischen Gesetze zu beachten, erlaubt aber Abwandlungen, solange diese mit dem Gesetz und Entwicklungen der Gesetze im Laufe der Jahrhunderte vereinbar sind. Zum Beispiel kamen die konservativen Juden 1960 überein, den Gebrauch von Strom am Sabbat und die Verwendung des Autos für die Fahrt zur Synagoge zu gestatten – etwas, was orthodoxe Juden ablehnen.

Das Reformjudentum entstand im 19. Jahrhundert als Versuch, den Glauben zu modernisieren, unbelastet von Diätvorschriften, die seine Gründer für überholt hielten, und vom exklusiven Gebrauch des Hebräischen im Gebet. Es nahm auch moderne Bibelforschung auf und lehrt etwa nicht, dass Moses die fünf Bücher der Thora schrieb. Reformjuden beten vor allem in der Sprache ihres Landes. Sie beachten Speisegebote, doch nur einen Bruchteil jener, die orthodoxe beachten. Oft engagieren sie sich in ihrer Heimat sozial oder politisch.

Zum orthodoxen Judentum gehören chassidische Juden, deren Kleidung und Lebensweise dem 18. Jahrhundert in Osteuropa entstammt, von wo die chassidische Bewegung ausging.

Fern der Heimat wurde die Synagoge zum Zentrum jüdischen Gemeindelebens. Sie erfüllt drei Hauptfunktionen: als Versammlungshaus, in dem sich die jüdische Gemeinde aus jedem Anlass treffen kann; als Ort, an dem die Thora und der Talmud studiert werden und die Kinder hebräisch lernen; und als Ort des Gebets, wo am Sabbat und an Festtagen Gottesdienste stattfinden.

Zeiten und Jahreszeiten

Viele Feste basieren auf jüdischer Frühgeschichte, vor allem auf der Reise von Ägypten nach Kanaan über den Berg Sinai. Die Karte zeigt Episoden verschiedener Zeiten: Beim Exodus aus Ägypten gab es Jerusalem noch nicht.

An viele Ereignisse der jüdischen Geschichte erinnert man sich bei Festen, die die Ereignisse oft nachvollziehen. Fünf Feste gelten als Hauptfeste, da sie in der Thora festgehalten werden: Rosch ha-Schana und Jom Kippur, die Tage der Ehrfurcht, und drei Freudenfeste, Pessach (Passah), Schawuot und Sukkot (Laubhüttenfest). Viele der „geringeren" Feste wurden auch bei wenig religiösen Juden beliebt und manche wie Chanukka sind weiter verbreitet als einige der Hauptfeste.

Der Sabbat ist ein allwöchentliches Fest, das wie eine Königin begrüßt wird. Man isst die besten Speisen, trägt die beste Kleidung und vor allem zu Hause wird gesungen und gefeiert. Die Thora beschreibt, wie Gott die Welt an sechs Tagen erschuf und am siebten Tage ruhte, und Juden tun das Gleiche, ohne zu arbeiten oder zu reisen. Am Freitagabend und Samstagmorgen finden in der Synagoge Gottesdienste statt.

Das Datum für den Beginn jedes Monats wird heute berechnet, doch früher wurde es durch Beobachtung des Neumondes festgelegt.

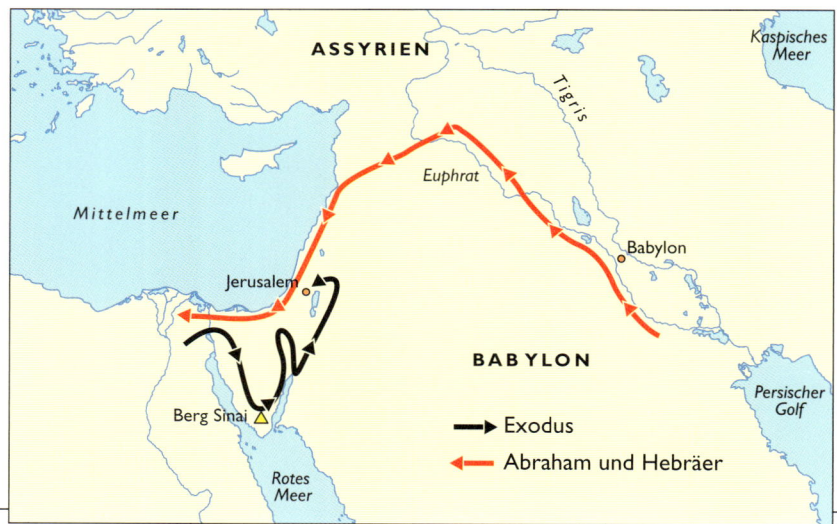

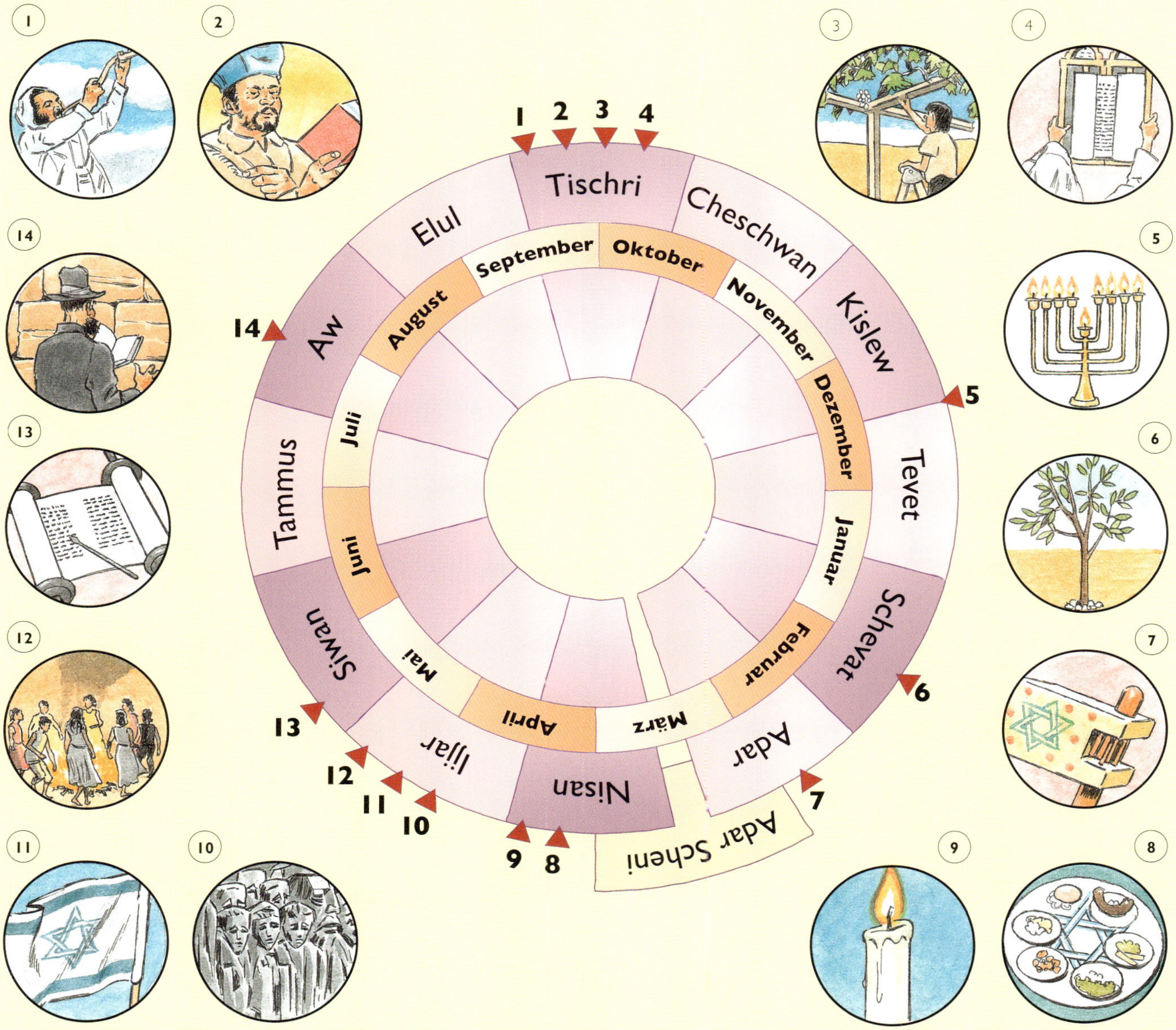

Kalenderkreis: Tischri, Cheschwan, Kislew, Tevet, Schevat, Adar, Adar Scheni, Nisan, Ijjar, Siwan, Tammus, Aw, Elul

September, Oktober, November, Dezember, Januar, Februar, März, April, Mai, Juni, Juli, August

10 JOM HA-ZIKARON (4. IJJAR)
Die Errichtung des Staates Israel gilt als religiöser und nationaler Erfolg. Am Gedenktag an die gefallenen israelischen Soldaten und Opfer des Terrorismus wird der Soldaten gedacht, die im Nahostkonflikt starben.

11 JOM HA-ATZMA'UT (5. IJJAR)
Am israelischen Unabhängigkeitstag wird die Entstehung des Staates Israel 1948 gefeiert.

12 LAG BAOMER (18. IJJAR)
Dieses Schülerfest erinnert an Lehrer und Studenten, die ihr Leben riskierten, um die Thora zu studieren wie Rabbi Akiwa und Schimon ben Jochai. Kinder veranstalten Ficknicks und Lagerfeuer.

13 SCHAWUOT (6.–7. SIWAN)
Das Wochenfest erinnert an den Empfang der Zehn Gebote am Berge Sinai.

14 TISCHA BE-AW (9. AW)
Ein Trauertag zum Gedenken an die Zerstörung des Tempels in Jerusalem und andere Unglücke, die das jüdische Volk befielen.

Rosch ha-Schana und Jom Kippur

EIN GUTES, SÜSSES JAHR
Zu Rosch ha-Schana wünschen sich Juden: „Zu einem guten Jahr möget ihr eingeschrieben werden!". Brot wird nicht in Salz, sondern in Honig getaucht, dazu wünscht man sich „ein süßes Jahr". Ein Fisch- oder Schafskopf wird gegessen als Symbol für das Vorwärtskommen; weiße Kleidung symbolisiert Gottes Gnade, und man besucht ein Gewässer und leert die Taschen, um seine Sünden „abzuwerfen".

F ast alle jüdischen Feste feiern ein Ereignis: ein Ereignis in der jüdischen Geschichte oder Tradition oder ein Naturereignis wie eine Ernte oder beides. Ausnahmen bilden die Hohen Feiertage (Jamim Nora'im), die mit Rosch ha-Schana, dem Neujahrsfest am ersten Tag des Tischri beginnen und mit Jom Kippur am 10. Tischri enden, dem Versöhnungstag. Sie sind eher eine Zeit der persönlichen als der gemeinsamen Sammlung und Buße.

Schöpfung, Gedenken und Gericht

Rosch ha-Schana („Haupt des Jahres") feiert die Entstehung der Welt, jüdischer Tradition zufolge 3.760 Jahre vor Christi Geburt. Jom Terua („Tag des Schofarblasens") ist der Name von Rosch ha-Schana in der Bibel (Numeri 29,1).

Der Tag wird außerdem auch Jom ha-Din genannt, der „Tag des Gerichts". In der Synagoge betet man an diesem Tag um Vergebung für seine Sünden im letzten Jahr. Dem Talmud zufolge wird an diesem Tag das Schicksal jedes Menschen im neuen Jahr beschlossen und in himmlische Bücher eingetragen, die das Volk in drei Kategorien einteilen. Die Zaddikim, die Gerechten, werden ins Buch des Lebens eingeschrieben, die Benonim, die Mittelmäßigen, erhalten bis zum Versöhnungstag die Chance zu Buße und Reue, und die Raschaim, die vollkommen Bösen, werden vom Buch des Lebens ausgeschlossen. Jom ha-Din ist ein Freudentag, ein Tag des Vertrauens in Gottes Gnade.

Fasten und Buße

Jom Kippur ist der große Versöhnungstag. Auch Juden, die anderen Festen fernbleiben, halten ihn sorgfältig ein.

Alles, was am Sabbat verboten ist, ist auch an Yom Kippur verboten. Der Tag ist auch ein Fasttag, an dem Juden nicht essen und nicht trinken, nicht baden, kein Parfum verwenden und keine Lederschuhe tragen. Jedoch darf niemand fasten, für den das Fasten gefährlich wäre.

Auch außerhalb von Israel, wo die meisten Feste länger sind, dauert das Fasten nur einen Tag an. Es heißt, wer an Jom Kippur fastet, wird mehr wie die Engel, die nicht essen noch trinken noch sich waschen müssen. Am Tag vor Jom Kip-

Der Jom-Kippur-Abendgottesdienst ist eine Zeit festlicher Einkehr. In dieser Reformsynagoge entzündet die Gemeinde Kerzen als Zeichen der Buße.

pur sollen alle kräftig zulangen, teils um sich auf das Fasten vorzubereiten, teils um zu zeigen, dass Gottes gute Gaben nicht verschmäht werden dürfen, auch wenn man für einen Tag auf sie verzichtet.

An Jom Kippur ist es wichtig, für alle Fehler um Vergebung zu bitten bevor das Buch im Himmel wieder versiegelt wird. So wie Jom Kippur der Tag ist, an dem man Gott um Vergebung bittet, ist der Tag davor die letzte Chance, andere um Vergebung zu bitten, da Gott keine Sünden gegen andere vergeben kann (die gekränkte Partei hat die Pflicht, innerhalb gewisser Grenzen zu vergeben, wenn sie darum gebeten wird).

Widerruf der Gelübde

Am Abend, zu Beginn des Jom Kippur, versammeln sich Juden in der Synagoge. Der Gottesdienst beginnt mit dem Kol Nidre, einem Gebet, das dreimal gesprochen oder gesungen wird. Es erklärt alle Gelübde, die im vergangenen Jahr gemacht wurden oder im kommenden Jahr gemacht werden könnten, für nichtig. Das Kol Nidre wird oft missverstanden, doch jüdische Lehrer betonen, dass es sich auf Gelübde Gott gegenüber bezieht und wegen der menschlichen Schwäche und Vergesslichkeit nötig ist. Es zeigt die Ernsthaftigkeit, mit der Gelübde betrachtet werden. Versprechen anderen gegenüber betrifft es nicht.

Es folgen gemeinsame Gebete um Vergebung, die am nächsten Tag in Gottesdiensten wiederholt werden. Wenn es dunkel wird, wird der Schofar erneut geblasen und das Fest ist vorüber.

BETEN UM VERGEBUNG

Viele Synagogen halten am Samstagabend vor Rosch ha-Schana einen Selichot-Gottesdienst ab, um Menschen Zeit zu geben, über ihre Taten im vergangenen Jahr nachzudenken und um Vergebung zu bitten. Selichot heißt „Gebet um Vergebung". In der sephardischen Tradition werden die Gebete einen Monat lang vor Rosch ha-Schana gesprochen.

DAS SCHOFARBLASEN

An beiden Tagen des Rosch ha-Schana und einen Monat zuvor wird der Schofar, ein Widderhorn geblasen, um Menschen zur Reue und zum Neubeginn im neuen Jahr aufzurufen. Der Klang soll Selbstbeschau, Gebet und Reue auslösen. Jeder Jude ist aufgefordert, an Rosch ha-Schana den Schofar zu hören und zu den dazu rezitierten Segenssprüchen „Amen" zu sagen.

Die Zahl der Töne, die auf dem Schofar geblasen werden, wird auf die Geschichte von Jael und Sisera im Buch der Richter zurückgeführt: Sisera, ein Feind der Israeliten, wurde von Jael im Schlaf getötet. In einer Tradition wird Siseras Mutter dargestellt, die 101 Tränen um ihren Sohn weint, der Schofar wird 100- mal geblasen, um die Tränen auszulöschen, die sie im Zorn gegen das jüdische Volk vergoss, doch die letzte ist jene reiner Mutterliebe und kann nie ausgelöscht werden.

In der sephardischen Tradition bezieht sich die Zahl der Töne auf die Buchstabenwerte der Zahlen: 101 steht für Michael, den höchsten der Erzengel. Es gibt noch weitere Erklärungen.

Der Schofar kann eine Vielfalt von Tönen erzeugen, kurze, drängende, wiederholte Tone, aber auch langgezogene, klagende und wirkt (ehr)furchteinflößend. Die richtigen Töne hervorzubringen erfordert Übung und Erfahrung.

Bei Rosch ha-Schana, dem jüdischen Neujahrsfest, bläst der Rabbi in der Synagoge den Schofar.

Sukkot, Schmini Atzeret und Simchat Thora

Der Lulaw für Sukkot besteht aus Palm-, Myrten- und Weidenzweigen. Dazu wird der Etrog, eine Zitrusfrucht gehalten.

O bgleich Gott seinen Bund mit den Israeliten erneuert hatte, als er Moses auf dem Berge Sinai die Thora gab, hatte ihn das Volk durch sein Murren und seinen Mangel an Vertrauen verärgert. Vierzig Jahre lang wanderte das Volk durch die Wüste, bis die erste Generation, die Ägypten verlassen hatte, ausgestorben war. Dann führte Gott sie in das Land, in dem sie leben sollten. In all dieser Zeit zogen sie mit ihren Herden von Ort zu Ort und lebten in provisorischen Unterkünften. Gott befahl ihnen, dieser Zeit zu gedenken und wie er sie beschützt und sie mit Nahrung und Wasser versorgt hatte.

Ein neuntägiges Fest

Sukkot bedeutet „Schutz" oder „Buden". Der Kern des Festes besteht in dem Auftrag, sieben Tage in einer „sukka", einer Laubhütte zu leben. Es heißt auch Fest der Versammlung, bei dem Gott für die guten Gaben der Erde gedankt wird. Unmittelbar auf Sukkot (15.–21. Tischri) folgen Schmini Atzeret und Simchat Thora, was eine Folge von neun Feiertagen ergibt. Wie viele andere Feste ist es Erntedankfest und Gedenken zugleich.

In der Synagoge wird jeden Morgen der Lulaw (gebundene Palm-, Myrten- und Weidenzweige) in der rechten Hand gehalten und der Etrog (eine Zitrusfrucht) in der linken. Die vier Pflanzen werden in die vier Himmelsrichtungen geschüttelt, ein Symbol für Gottes Allgegenwart. Am Ende des Gottesdienstes ziehen alle mit ihrem Lulav und Etrog in einer Prozession und singen freudige Lieder.

Symbolbedeutung

„Am ersten Tag nehmt schöne Baumfrüchte, Palmwedel, Zweige von dichtbelaubten Bäumen und Bachweiden und seid sieben Tage lang vor dem Herrn, eurem Gott, fröhlich!" (Levithicus 23,40)

Die vier Pflanzen stehen symbolisch für den Mund, das Herz, das Rückgrat (Aufrichtigkeit) und die Augen, die sich

Die Thora-Prozession zu Simchat Thora: Männer in Gebetsschals, jeder mit einer Thora-Rolle in der Hand, schreiten zum Thora-Schrank und legen die Thora zurück.

DIE SUKKA

„Gelobt seist Du, Ewiger, unser Gott, König der Welt, der uns durch Seine Gebote geheiligt und uns geboten hat, in der Sukka zu weilen." Traditioneller Sukkot-Segen.

Die Sukka erinnert nicht nur an die Schutzhütten der Israeliten in der Wüste, ihre Zerbrechlichkeit steht für die Notwendigkeit, auf Gottes Schutz zu vertrauen. Sie muss als Dach über dem Kopf errichtet und das Dach mit belaubten Zweigen gedeckt werden, die Licht einlassen. Sie soll mindestens drei Wände haben, die gemäßigtem Wind standhalten und groß genug für mindestens eine Person sein. Reformgemeinden haben oft eine geschmückte halbpermanente Sukka bei der Synagoge, doch in vielen Traditionen baut jede Familie jährlich ihre eigene. Sie hängen Früchte, Blumen und Bilder an die Wände und verwenden ihr bestes Geschirr zum Essen.

Das Gebot, in der Sukka zu leben, wird verschieden gedeutet. Die meisten Juden versuchen vor allem am ersten Tag, zumindest einige Hauptmahlzeiten in der Sukka einzunehmen. Wenn das Wetter es zulässt, schlafen sie auch darin und verbringen hier den größten Teil des Tages, lesen die Thora und empfangen Besucher wie zu Hause, vorausgesetzt, das ist ohne unzumutbare Unbequemlichkeiten möglich.

Eine Nachschöpfung einer frühen Sukka in der Wüste Negev in Israel.

im Gottesdienst verbinden oder wie das jüdische Volk vereinen. Eine andere Deutung besagt, dass die vier Pflanzen vier verschiedene Menschentypen verkörpern, die sich durch gute Taten oder Lernen unterscheiden, die durch Geschmack oder Geruch symbolisiert werden: Die Etrog, die gut duftet und schmeckt, ist wie die Person, die gut handelt und lernt. Die Myrte mit Duft, aber ohne Geschmack, ist wie eine gebildete Person, die keine guten Taten vollbringt. Der Palmzweig schmeckt, ist aber geruchlos und steht für jemanden, der gut handelt, aber ungebildet ist. Die Weide, die weder Duft noch Geschmack besitzt, verkörpert jemanden, dem gute Taten und Bildung fehlen.

Die Thora und „Hochzeits"-Feiern

Der Tag nach dem siebten Tag des Laubhüttenfestes, der 22. Tischri, heißt Schmini Atzeret („achter Tag der Versammlung". Er verlängert das Fest, man soll sich versammeln und fröhlich sein, und da dies der Beginn der Regenzeit in Israel ist, wird ein Gebet um Regen gesprochen.

Der folgende Tag ist Simchat Thora, das Fest der Thora-Freude. In jeder Woche des Jahres wird ein Teil der Thora in der Synagoge vorgelesen, sodass sie im Laufe des Jahres einmal gelesen wird. Simchat Thora markiert das Ende dieses jährlichen Zyklus und den Anfang des nächsten. Manche Juden sehen in dem Fest die Feier der „Hochzeit" des jüdischen Volkes mit der Thora. In orthodoxen Gemeinden ist der Mann, der den letzten Thoraabschnitt, das Ende des Deuteronomiums vorliest, der „Bräutigam der Thora" und derjenige, der mit dem Anfang der Genesis den neuen Zyklus beginnt, ist der „Bräutigam der Genesis". Vor den Lesungen werden die Thorarollen aus dem Thoraschrank genommen und unter Gesang, Tanz und Fahnenschwenken der gesamten Gemeinde siebenmal durch die Synagoge getragen. Wie bei einer Hochzeit kann der Tanz die ganze Nacht dauern.

Während Schawuot, das Wochenfest, an dem Emfang der Thora auf dem Berge Sinai erinnert, steht Simchat Thora die tägliche Inspiration und Führung durch das Lesen der Thora im Vordergrund.

KÖNIGLICHE GÄSTE

Die jüdische Tradition legt großen Wert auf Gastfreundschaft Armen und Einsamen gegenüber. Daher lädt man nicht nur Freunde und Verwandte in die Sukka ein, sondern auch Fremde. Es heißt, dass Abraham, Isaak, Jakob, Moses, Aaron, Joseph und David, die sieben „treuen Hirten" Israels, die Festmähler besuchen. Alle sieben ziehen als wandernde Obdachlose umher und nur Gott beschützt sie.

Die Geschichte von Chanukka

D as Judentum kennt viele „kleine" Feste, das sind jene, die nicht in der Thora festgelegt sind. Manche davon haben im Laufe der Jahrhunderte an Beliebtheit gewonnen und sind heute bekannter als viele der „großen" Feste. Manche werden nicht nur von nichtreligiösen Juden gefeiert, sondern auch von Nichtjuden. Das auch in vorwiegend christlichen Kulturen wohl bekannteste „kleinere" Fest ist Chanukka – vielleicht deshalb, weil es ein jüdisches Fest ist, das um die Weihnachtszeit herum gefeiert wird. Der Name Chanukka kommt von dem hebräischen Wort für „Weihe".

Zwist und Verfolgung

Die Chanukka-Geschichte ist in zwei Quellen überliefert. Jede gibt ihr einen anderen Schwerpunkt. Die erste stammt aus den Büchern der Makkabäer. Sie gehören nicht zur hebräischen Bibel, sondern zur im 2. oder 1. Jahrhundert v. Chr. zusammengestellten griechischen Version.

Im 2. Jahrhundert v. Chr. gehörten die Juden zum Reich der Seleukiden, einer hellenistischen Dynastie. Zuerst tolerierten die seleukidischen Herrscher die jüdische Religion und Gesetze, doch um 175 v. Chr. führte Antiochos Epiphanes mit Unterstützung einiger jüdischer Behörden Praktiken der griechischen Religion ein. Das führte zu massivem Streit und schließlich Widerstand, der eine Verfolgung zufolge hatte. Antiochos plünderte den Tempel in Jerusalem, richtete griechische Opfer darin ein und verbot gewaltsam jede jüdische Religionsausübung.

Widerstand und Triumph

Die Familie der Hasmonäer rief zum Widerstand auf. Krieg und offener Kampf führte dazu, dass 164 v. Chr. der Hasmonäer Judas Makkabäus genug Macht über das Land gewonnen hatte, dass er die Neuweihe des Tempels zulassen konnte, eine Zeremonie, die acht Tage dauert und am 25. Kislev begann. Diese Zeremonie sollte jedes Jahr mit „festlichem Jubel" begangen werden (1. Makkabäer 4,59).

In den nachfolgenden Jahrhunderten muss das Gedenken an dieses Ereignis fast vergessen worden sein – in der Mischna aus dem 2. Jahrhundert n. Chr. ist davon keine Rede –, doch im Talmud (er entstand bis zum 6. Jahrhundert) gibt es einen weiteren Teil der Geschichte.

Zu Hause und in der Synagoge wird eine Menora – ein besonderer achtarmiger Leuchter – angezündet: am ersten Tag eine Kerze, am nächsten zwei und so weiter. Sie sollte so platziert werden, dass man sie von außen sehen kann, um das Wunder auch Passanten zu verkünden.

Als die Armee von Judas Makkabäus den Tempel reinigen und neu weihen wollte, stellten sie fest, dass das heilige Öl, das im Tempel verwendet wurde, bis auf ein Fläschchen zerstört oder verschüttet worden war. Dieses hatte der Hohepriester versiegelt. Es reichte gerade mal für einen Tag. Für die Herstellung neuen Öles brauchte man aber acht Tage. Doch die Lampe wurde entzündet, und durch ein Wunder brannte sie die ganzen acht Tage lang. Im nächsten Jahr wurde zur freudigen Erinnerung an dieses Wunder ein Fest eingerichtet.

Feier

Da Chanukka ein kleineres Fest ist, ist Arbeiten erlaubt, aber man darf nicht fasten und trauern. Viele Familien veranstalten Partys und geben Kindern Geschenke. Berliner Pfannkuchen und Latkes (Kartoffelpuffer), oft mit Apfelmus serviert, gehören dazu, denn das Öl, das man für die Zubereitung braucht, erinnert an das Wunder vom Öl, das nicht ausging.

Während der acht Tage des Festes finden in der Synagoge Gottesdienste mit besonderen Zutaten zu den normalen Gebeten und Lesungen statt. Am Sabbat wird ein Vers aus dem Buch Zacharias vorgelesen, der zum Motto von Chanukka wurde: *„Nicht durch Macht, nicht durch Kraft, allein durch meinen Geist! – spricht der Herr der Heere."* (Sacharja 4,6)

EIN ERNSTHAFTES SPIEL

Der Legende nach war es in der Zeit der syrischen Verfolgung im 2. Jahrhundert verboten, sich beim Thorastudium erwischen zu lassen. Familien, die ihre Kinder dennoch dazu anhielten, gaben ihnen kleine Spielsachen in die Hand, sodass sie im Falle einer Entdeckung so tun konnten, als würden sie einfach nur spielen. So entstand der Brauch, zu Chanukka mit dem Dreidel zu spielen, einem Kreisel mit vier abgeflachten Seiten.

Die Spieler beginnen mit gleich vielen Münzen, Chips oder Süßigkeiten. Jeder legt einen oder mehrere als Einsatz in den Pott in der Mitte. Ringsum drehen alle den Dreidel, und der hebräische Buchstabe, der oben liegt, zeigt den Gewinn an:

Nun: der Spieler tut nichts.
Gimel: Er nimmt alle Einsätze im Pott.
Hey: Er nimmt den halben Pott.
Shin: Der Spieler muss einen Einsatz in den Pott legen.

Wer alle Einsätze erhält, gewinnt. Die Buchstaben auf dem Dreidel stehen für den hebräischen Satz „Nes gadol haja scham" (Ein großes Wunder geschah dort) in Israel ist der letzte Buchstabe nicht shin, sondern pe, was für „h er" steht.

Dreidel gibt es in vielen Größen und Formen, von verzierten Silberdreideln bis zu einfachen aus Karton und einem Bleistiftstummel.

LATKES (KARTOFFELPUFFER)

1. Mischen Sie Kartoffeln und Zwiebel. Mit einem Sieb pressen Sie so viel Flüssigkeit heraus wie möglich.
2. Verrühren Sie die Kartoffelmischung mit dem Mehl, den Eiern, Salz und Pfeffer.
3. Erhitzen Sie Öl in der Pfanne.
4. Formen Sie mit den Händen aus je 2 Esslöffeln der Mischung flache Laibchen. Drücken Sie sie mit der Pfannengabel flach. Füllen Sie so die gesamte Pfanne.
5. Braten Sie die Puffer 8 Minuten lang, bis sie auf beiden Seiten braun sind, wenden Sie sie einmal nach der halben Zeit. Lassen Sie sie auf einem mit Küchenpapier belegten Teller abtropfen und decken Sie sie zum Warmhalten mit Alufolie ab. Verarbeiten Sie den übrigen Teig genauso.
6. Mit Apfelmus oder saurer Sahne servieren. Latkes kann man auch aus geriebenen Möhren oder mit Cottage cheese zubereiten.

ZUTATEN

1 Kilo Kartoffeln, geschält und grob gerieben
3 Esslöffel Mehl
1 Zwiebel, fein gerieben
2 geschlagene Eier
Salz und Pfeffer nach Geschmack
Pflanzenöl zum Frittieren

Die Geschichte von Purim

PURIM IN JERUSALEM
Da Schuschan (Susa) eine große, ummauerte Stadt war, durften die Juden am 13. und 14. Adar um ihr Leben kämpfen und feierten erst am Tag darauf. So entstand die Tradition, dass Bewohner von Städten mit großer Mauer das Fest am 15. begehen sollten, während alle anderen am 14. feierten. Die einzige Stadt, die heute einen Schuschan vergleichbaren Status inne hat, ist Jerusalem, wo Purim bis heute einen Tag später als im Rest der Welt gefeiert wird.

Purim ist ein kleineres Fest, das in letzter Zeit wichtiger wurde. Das liegt zum Teil an seinem Thema – das israelitische Volk, von der Auslöschung bedroht, wird von einer Frau gerettet – und teils daran, dass seine traditionelle Feier mit viel Spaß verbunden ist. Die Ereignisse, an die Purim erinnert, stammen aus der Zeit des jüdischen Exils.

Verschwörung gegen die Juden

Der persische König Ahasverus residierte in der Stadt Schuschan (Susa). Zu seinen Offizieren gehört ein Jude namens Mordechai, der seine schöne Nichte Ester nach dem Tod ihrer Eltern adoptiert hatte. Als der König mit seiner Frau stritt und sich nach einer neuen Königin umsah, fand Ester seinen Gefallen. Auch Mordechai fand den Gefallen des Königs, als er eine Verschwörung gegen ihn aufdeckte, doch bald beleidigte er des Königs Erzkanzler Haman, der daraufhin nicht nur Mordechai, sondern dessen gesamtes Volk bestrafen wollte. Haman ging zum König und legte ihn herein, sodass er einverstanden war, alle Juden im Land an einem Tag zu töten, den das Los bestimmen sollte (hebräisch *purim*).

Als Mordechai davon hörte, schickte er eine Botschaft an Ester, sie möge den König bitten, den Befehl zu widerrufen. Obgleich sie wusste, dass ein solches Verhalten den König beleidigen und ihren eigenen Tod bedeuten konnte, war Ester einverstanden.

Sie bat die Juden von Schuschan, für sie zu fasten und zu beten, und tat dasselbe, bevor sie sich dem König näherte

Lesung aus dem Buch Ester in der Synagoge. Wenn die Geschichte von Ester vorgelesen wird, machen alle Anwesenden, sobald der Name Haman fällt, so viel Krach wie möglich: Sie schreien, rasseln und blasen in Hörner oder Tuten, um seinen Namen zu übertönen.

und ihn und Haman zu einem Bankett einlud. Der König war besorgt, weil sie so blass war, doch sie sagte ihm nicht, was sie bewegte, sondern lud ihn und Haman für den nächsten Abend erneut ein.

An dem Abend las der König die Chronik seiner Regierungszeit und erinnerte sich an die Verschwörung gegen ihn, die Mordechai aufgedeckt hatte. Als er herausfand, dass dieser nie belohnt worden war, sandte er nach Haman und fragte: „Was soll mit einem Mann geschehen, den der König besonders ehren will?" Im Glauben, er selbst sei gemeint, antwortete Haman: „Er soll ein königliches Gewand tragen und ein Pferd des Königs reiten. Ein Würdenträger des Königs soll ihn durch die Straßen führen und vor ihm ausrufen: ‚So geht es einem Mann, den der König ehren will!'."

„Sehr gut", sagte der König, „geh und tu alles, was du gesagt hast, mit dem Juden Mordechai." Voll Zorn tat Haman, wie ihn der König geheißen hatte, und ging dann zu Esters Bankett.

Ester, die Retterin

Wieder feierten sie und wieder fragte der König Ester, was sie bewegte, er werde ihr jeden Wunsch erfüllen. Als sie um ihr Leben und um das Leben ihres Volkes bat, wusste der König, dass man ihn hereingelegt hatte. Er ließ Haman auf dem Galgen hinrichten, den Haman für Mordechai errichtet hatte.

Er schenkte Ester Hamans Haus, seinen Besitz und Mordechai Hamans Position und die damit verbundene Ehre. Er gab den Juden in seinem Reich ferner das Recht, zu kämpfen und sich gegen jene zu verteidigen, die versucht hatten, sie zu töten. Am 13. Adar töteten die Juden viele ihrer Feinde und am Tag darauf feierten sie und freuten sich über ihre Befreiung.

Jüdische Kinder verkleiden sich zu Purim und führen in der Synagoge ein Spiel auf, das die Geschichte von Ester und Haman nachstellt.

DIE VIER WESENTLICHEN ELEMENTE VON PURIM

„… ein Festtag, den sie mit Essen und Trinken feiern und an dem sie sich gegenseitig Geschenke schicken." (Ester 9,19)

Am Tag vor dem Fest fasten die Menschen. Am Festtag selbst gibt es vier wesentliche Aspekte der Feiern:

1 Das Lesen der Megilla (Buchrolle) des Buchs Ester
Jeder, Jung und Alt, Männer und Frauen, soll die Geschichte laut vorgetragen hören.

2 Fest und Freude
Zu Hause und in der Synagoge wird ausgelassen gefeiert. Es gibt Aufführungen und Verkleidungen, gutes Essen und Trinken. Ein beliebtes Purim-Gericht sind Hamantaschen oder Hamans Ohren, Teigteilchen mit Mohnfüllung in Dreiecksform, die Hamans Ohren oder seinem Hut ähneln sollen.

Es heißt, Juden haben an Purim die Pflicht, sich so zu betrinken, dass sie nicht mehr zwischen „Verflucht sei Haman" und „Gesegnet sei Mordechai" unterscheiden können. Kostüme und Masken knüpfen an die Elemente der Geschichte an, in der es um falsch verstandene oder heimliche Iden-

tität geht: Der König wusste nicht, dass Ester Jüdin war, und Haman wusste nicht, dass der König Mordechai und nicht ihn selbst ehren wollte.

3 Geschenke für die Armen
Auch arme Menschen sollten mindestens zwei Menschen Nahrung, Getränke oder Kleidung oder das Geld dafür geben.

4 Geschenke füreinander
Freunde und Verwandte tauschen Essen und Trinken aus, meist durch Boten, da das Buch Ester „schicken" schreibt. Die Gaben sollen etwas sein, was man ohne weitere Zubereitung essen oder trinken kann, wie gekochtes Fleisch, Kuchen oder Wein.

Man kann beliebig viele Personen beschenken, es sollte aber nicht nur eine Kleinigkeit sein, sondern die Wertschätzung des Empfängers ausdrücken. Jedoch sollte man bei den Gaben an die Armen großzügig sein, statt große Mengen an Freunde zu schicken, die schon viel haben.

Pessach – das Passahfest

Das jüngste Familienmitglied liest aus der Haggada vor. Pessach ist ein Familienfest.

P essach bedeutet vorüberschreiten, oder im übertragenen Sinn befreien. Das Fest markiert zugleich den Herbstanfang in Israel, doch der Schwerpunkt liegt auf der Befreiung der Israeliten aus der Sklaverei in Ägypten.

„Lass mein Volk ziehen"

Der Patriarch Jakob und seine zwölf Söhne zogen nach Ägypten, wo sie siedelten und sich vermehrten. Einige Generationen später bereitete die wachsende Zahl der Juden dem Pharao Sorgen und er begann, sie zu verfolgen. Sie mussten Zwangsarbeit leisten und er ließ jeden israelitischen Knaben bei der Geburt töten. Doch

eine Mutter versteckte ihren neugeborenen Sohn in einem Weidenkorb am Fluss. Dort fand ihn die Tochter des Pharao, adoptierte ihn und nannte ihn Moses.

Als Moses erwachsen war, tötete er einen ägyptischen Sklavenaufseher und musste fliehen. Doch Gott befahl ihm zurückzukehren und dem Pharao zu sagen „Lass mein Volk ziehen". Moses gehorchte, und mit seinem Bruder Aaron bat er für die Israeliten um die Erlaubnis, das Land zu verlassen.

Der Pharao weigerte sich und verstärkte den Druck auf die Juden. Zur Strafe sandte Gott eine Plage nach der anderen: Das Wasser des Nils wurde zu Blut, Frösche suchten das Land heim, dann Mücken, dann Bremsen, die Herden starben, die Menschen bekamen Furunkel, Hagel zerstörte die Ernte, Heuschrecken fraßen alles kahl, drei Tage lang herrschte tiefe Dunkelheit.

Der Engel des Todes

Die Israeliten blieben von diesen Plagen verschont. Nach jeder Plage erneuerte Moses seine Forderung „Lass mein Volk ziehen", doch der Pharao lehnte sie ab oder machte Zusagen, die er widerrief. Die zehnte Plage schließlich brachte in einer Nacht dem ältesten Sohn und den Erstlingen der Herde jeder ägyptischen Familie den Tod. Gott befahl den Israeliten, in jedem Haus ein Lamm zu schlachten und das Blut auf die Schwelle und Türpfosten zu streichen, sodass der Engel des Todes die israelitischen Häuser erkennen und verschonen werde.

Von dieser Katastrophe überwältigt, ließ der Pharao die Israeliten endlich ziehen. Sie brachen so hastig auf, dass es keine Zeit gab, Brot für die Reise zu backen. Stattdessen machten sie Fladen aus Mehl und Wasser. Im Gedenken an den hastigen Aufbruch aus Ägypten essen Juden an den neun Tagen des Festes (acht in Israel) nur ungesäuertes Brot, den Matzen. Deshalb heißt es auch „Fest der ungesäuerten Brote".

DER SEDERTELLER

Der Höhepunkt des Pessachfestes ist der Sederabend, der als Gottesdienst und Festmahl am Vorabend stattfindet. Auf dem festlich gedeckten Tisch steht ein Teller mit drei Stücken Matzen und der Sederteller. Neben den symbolischen Speisen auf dem Sederteller gibt es Wein und ein Festmahl, das beste, das sich das Haus leisten kann. Einige Tropfen Wein werden verschüttet, um an das Leid der Ägypter unter den Plagen Gottes zu erinnern.

Der Text des Pessach-Seder steht in einem eigenen Buch, der Haggada. Dazu gehören symbolische Speisen, symbolische Handlungen, Gespräche, Gesang und Segen. An einer Stelle stellt das jüngste anwesende Kind die erste von vier Fragen: „Worin unterscheidet sich diese Nacht von allen anderen Nächten des Jahres?" – der Anlass, die Geschichte zu erzählen.

GARANTIERT KEINE HEFE

Frisch gemahlenes Mehl entwickelt natürliche Hefe, wenn Wasser zugegeben wird. Daher gilt der Matzen nur dann als koscher, wenn er innerhalb von 18 Minuten nach dem Kontakt mit Wasser gebacken ist. Jede andere Form von Getreide oder Mehl, der Chametz, muss ausgesondert werden.

Eine gründliche Reinigung beginnt Wochen zuvor, um jedes Haus von jeder Spur von Chametz zu befreien. Vor dem Fest findet eine besondere Suche statt, meist mit einer Kerze, um jeden Rest von Brotkrumen aufzustöbern. Mit einer Feder kehrt man sie in einen Beutel und verbrennt sie. Es ist üblich, einige Chametz-Stücke zu verstecken, damit die Suche mit den Kindern auch Erfolg hat.

UNGESÄUERTES BROT

Matzen, das ungesäuerte Brot zum Passahfest, besteht nur aus Mehl und Wasser, gemischt, ausgewalzt und rasch gebacken. Die Fladen sind 10x10 cm groß, doch Matzen gibt es auch gemahlen für Kekse und Kuchen, grob gerieben wie Paniermehl und in kleinen Stücken, die man wie Nudeln verwendet.

GEBRATENER LAMMKNOCHEN

Erinnert an das Lamm, das in jedem Haus geschlachtet wurde

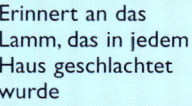

GEBRATENES EI

Symbol der Trauer, erinnert an die Zerstörung des Tempels in Jerusalem

SALZWASSER

Symbolisiert die bitteren Tränen der Sklaven. Das Gemüse wird hineingetaucht.

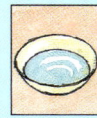

GEMÜSE

Meist Salat, Petersilie oder Sellerie. Manche sagen, es steht für die bescheidenen Anfänge des jüdischen Volkes.

BITTERKRÄUTER

Meist Meerrettich, symbolisiert die Bitterkeit der Sklaverei

CHAROSET

Ein süßes Gemisch, das dem Mörtel ähnelt, mit dem die Israeliten in der Zwangsarbeit Häuser bauten und der durch Gottes Güte am Ende versüßt wird

Schawuot – das Wochenfest

Schawuot folgt sieben Wochen oder „eine Woche von Wochen" nach Pessach. Es heißt daher auch Wochenfest. Auf Hebräisch kann es auch „Seman Matan Toratenu" heißen, das Fest der Thoragebung, da sein Schwerpunkt das Gedenken an die Offenbarung der Zehn Gebote an Moses und das Volk der Israeliten ist. In Israel ist Schawuot auch ein Fest zur Feier der Weizenernte.

Moses auf dem Berge Sinai
Nachdem die Israeliten der Sklaverei in Ägypten entkommen waren, zogen sie durch die Wüste. Gott schützte und sorgte für sie, gab ihnen Manna und frisches Wasser, wenn sie es brauchten. Nach drei Monaten kamen sie an den Fuß des Berges Sinai. Dort sprach Gott zu Moses und versprach ihm: „Wenn ihr meinen Bund haltet, werdet ihr unter allen Völkern mein besonderes Eigentum, mein auserwähltes Volk sein."

Das Volk stimmte dem zu und Moses befahl ihnen, sich zu reinigen und darauf vorzubereiten, Gottes Stimme zu hören und am dritten Tag auf den Klang des Widderhorns zu warten, bevor sie sich dem Berg näherten. Zwei Tage begann es im Morgengrauen zu donnern und zu blitzen, der Hörnerschall klang durch das Lager und Rauch stieg aus dem Berg auf. Moses allein durfte auf den Berg hinaufgehen, wo Gott zu ihm sprach und ihm das Gesetz für sein Volk gab, geschrieben auf steinernen Tafeln.

Das Wochenfest
Die Thora enthält Anweisungen für das Fest fünfzig Tage nach Pessach, beschreibt den Anlass aber nicht als Feier der Offenbarung der Thora. Dieser Aspekt kam später aus nicht ganz geklärten Gründen hinzu. Heute ist der Kern des Festes das Studium der Thora und viele Juden verbringen die ganze Nacht damit.

Schawuot ist auch einer der Tage, an denen Kinder mit ihren Thorastunden beginnen. Als der Tempel in Jerusalem noch stand, war Schawuot eines der großen Feste, zu denen alle, die dazu in der Lage waren, nach Jerusalem pilgerten und die Erstlingsfrüchte aus ihrem Land mit-

Blumen, Gesang und Tanz sind wichtig beim Feiern von Schawuot. Diese Kinder in einem Kindergarten in Jerusalem haben Kränze gebastelt und ihren Gruppenraum geschmückt.

brachten. In jüngster Zeit gibt es eine Bestrebung, diese Pilgerschaft wiederzubeleben, und hunderte Menschen ziehen bei Sonnenaufgang zu Fuß an die Klagemauer zu einem Gottesdienst. Häuser und Synagogen sind mit Blumen, Gemüse und Weizen geschmückt – zum Gedenken daran, dass der Berg Sinai grün und voller Blumen war, als sich die Erde über die Verkündung der Thora freute.

Viele Juden verbringen die Nacht des Wochenfestes mit dem Studium der Thora und feiern ihre Rolle im jüdischen Leben.

Eine Tradition besteht darin, zu Schawuot Milchprodukte zu essen; sie wird unterschiedlich begründet: Vielleicht ist es der Gedanke an das biblische Versprechen vom „Land, wo Milch und Honig fließen", vielleicht erinnert es daran, dass den Israeliten die Einhaltung der Speisevorschriften in der Thora zur Zubereitung von Fleisch anfangs schwerfielen und sie daher stattdessen Milchprodukte aßen.

DIE TAGE ZÄHLEN
Die Thora schreibt vor, am zweiten Tag von Pessach eine Garbe Gerste (das omer) im Tempel zu opfern und von diesem Tag an 49 Tage zu zählen (Leviticus 23, 15). Die Zeit zwischen Pessach und Schawuot ist daher die Zeit des Omerzählens. Traditionell ist es eine Zeit der Halbtrauer, in der keine Hochzeiten und Feiern stattfinden.

DIE ZEHN GEBOTE

Gott gab Moses viele detaillierte Gesetze für das jüdische Volk, angefangen mit den wichtigsten, den zehn Geboten.

1. Du sollst keine anderen Götter haben neben mir.
2. Du sollst dir kein Bildnis machen, das irgendetwas darstellt, das am Himmel droben oder unten auf der Erde oder im Wasser unter der Erde ist. Du sollst dich nicht vor anderen Göttern niederwerfen oder ihnen dienen.
3. Du sollst den Namen des Herrn, deines Gottes, nicht missbräuchlich führen.
4. Achte auf den Sabbat, halte ihn heilig, wie es dir der Herr, dein Gott, befahl. Sechs Tage sollst du arbeiten und jede Arbeit tun. Doch der siebte Tag ist ein Sabbat für den Herrn, deinen Gott; an ihm sollst du keine Arbeit tun.
5. Ehre deinen Vater und deine Mutter.

6. Du sollst nicht töten.
7. Du sollst nicht die Ehe brechen.
8. Du sollst nicht stehlen.
9. Du sollst nicht falsches Zeugnis reden wider deinen Nachbarn.
10. Du sollst nicht begehren deines Nachbars Weib oder irgendetwas, was deines Nachbarn ist.
(Auszüge aus Deuteronomium 5, 6–22. eine andere Version befindet sich in Exodus 20,2–17.)

„Über dieses Gesetzbuch sollst du immer reden und Tag und Nacht darüber nachsinnen" (Josua 1,8). Die zehn Gebote werden oft über dem Thoraschrank in Stein oder Holz eingegraben.

Einige kleinere Feste

E inige Feste feiern Ereignisse der jüdischen Geschichte oder des Staates Israel, der für Juden religiöse wie nationale Bedeutung hat. Manche sind fröhlich, andere voller Trauer.

Eine festliche Gelegenheit

Tischa be'Aw am 9. Aw ist ein ernstes Fest. Der Tradition zufolge ereigneten sich einige Schicksalsschläge für das jüdische Volk an diesem Tag. Gott verkündete, dass alle, die Ägypten verlassen hatten, nicht in das Gelobte Land einziehen sollten, weil ihm das Volk nicht vertraut hatte, und dass sie 40 Jahre in der Wüste verbringen sollten. 586 v. Chr. und 70 n. Chr. wurde der Tempel in Jerusalem zerstört. 135 n. Chr. fiel die letzte jüdische Festung während eines jüdischen Aufstands gegen die Römer, und 1492 verkündete Ferdinand von Spanien, dass alle Juden Spanien bis zu diesem Tag zu verlassen hatten.

Viele Bräuche an Tischa be'Aw ähneln Trauerriten bei einem Todesfall in der Familie. Nur einfache Speisen werden gegessen, viele Juden verzichten bereits drei Wochen vor dem Fest auf Fleisch. In der Synagoge und zu Hause sitzt man auf dem Boden oder auf einem niedrigen Schemel statt auf einem Stuhl und bei Gottesdiensten werden spezielle Trauergebete gesprochen. Die Lesungen kommen aus dem Buch der Klagelieder und das Allerheiligste ist verdunkelt.

Viele Juden lesen an Tischa be'Aw nicht einmal die Thora, da das eine Quelle der Freue wäre, sondern stattdessen vielleicht das Buch Job (Hiob), in dem es um das Problem unverdienten Leidens geht.

Aufgehobene Trauer

Die Zeit zwischen Pessach und Schawuot, die Zeit des Omerzählens, ist eine Zeit der Halbtrauer: Juden schneiden sich nicht die Haare und verzichten auf jede Lustbarkeit. Doch für einen Tag – Lag baOmer, der „dreiunddreißigste Tag des Omerzählens" – ist die Trauer aufgehoben. Das Fest Lag baOmer wird am 18. Ijjar gefeiert und erinnert an die Zeit, als sich die Lage besserte. Im 1. Jahrhundert n. Chr. litten die Schüler und Anhänger von Rabbi Akiva an einer großen Plage, die 24.000 von ihnen tötete. Worin die Plage genau bestand, ist unbekannt; man-

Viele israelische Schulkinder und andere pflanzen an Tu biSchevat Bäume, Menschen in anderen Ländern spenden Geld für die Aufforstung Israels.

che glauben, es war die „Plage" der Römerherrschaft, gegen die sie einen Guerillakrieg führten. Doch am 33. Tag des Omerzählens verging die Plage und die übrigen Anhänger Rabbi Akivas jubelten.

Der Tag ist zugleich Todestag eines anderen großen Weisen, Schimon bar Jochai. In Israel besuchen nun viele Menschen sein Grab, halten Hochzeitsfeiern ab oder lassen sich die Haare schneiden. Für manche orthodoxe Juden ist dies der traditionelle Zeitpunkt für den ersten Haarschnitt eines dreijährigen Kindes.

Wegen der Verbindung mit den Schülern des Rabbi Akiva wird der Tag in Israel auch als Festtag für Schulkinder gefeiert. Traditionell wird mit Pfeil und Bogen gespielt, um das Thema des bewaffneten Widerstands zu betonen. Eine andere Sitte ist die Veranstaltung von Picknicks, die an die Zeit erinnern mag, an denen man die Tora im Geheimen studieren und sich in entlegenen ländlichen Gebieten treffen musste.

Neujahrsfest der Bäume

Tu biSchevat (15. Schevat) ist das Neujahrsfest der Bäume. Es wird in der Mischna und im Talmud erwähnt, wurde aber im frühen Mittelalter nicht mehr gefeiert. Als Umweltfest wird es wieder wichtiger – es feiert Gottes Güte in der natürlichen Ordnung und die Pflicht der Menschheit, die Natur zu pflegen.

Ein Tu biSchevat-Seder analog zum Pessach-Seder ist eine neu belebte Tradition. Dazu gehören Rezitationen und Lieder, das Trinken von vier Bechern Wein und das Essen der Früchte, für die die Thora das Land Israel preist: Weizen, Gerste, Trauben, Feigen, Granatäpfel, Oliven und Datteln.

ISRAELISCHER UNABHÄNGIGKEITSTAG
Weltweit feiern Juden den 5. Ijjar als Israelischen Unabhängigkeitstag. Die Gründung des modernen Staates Israel 1948 symbolisierte die Hoffnungen vieler Juden auf eine Heimkehr in das gelobte Land. Der Tag wird mit öffentlichen Feiern begangen, mit Feuerwerk und Ansprachen des Staatspräsidenten und des obersten Rabbiners.

HOLOCAUST-GEDENKTAG

Bald nach der Machtergreifung im Jahr 1933 erließ Hitlers extrem rechte antisemitische Nationalsozialistische Partei schwere Beschränkungen für die jüdischen Gemeinden in Deutschland.

Zwischen 1940 und 1945 wurden 6 Millionen Juden von den Nazis und ihren Helfern getötet. Das war mehr als ein Drittel der damaligen jüdischen Weltbevölkerung. Millionen Juden und Nichtjuden wurden in Konzentrationslagern ermordet oder starben an Krankheiten und Hunger. Diese Zeit wird als Holocaust bezeichnet, ein Wort aus der griechischen Version der hebräischen Bibel, das sich auf ein Brandopfer bezieht, oder auf hebräisch als die Schoa (Katastrophe). Viele Länder haben einen Gedenktag für die Opfer eingeführt.

In Israel ist der Holocaust-Gedenktag am 27. Nissan. Die Hauptzeremonie wird vom Jad Vaschem, der Holocaust-Gedenkstätte am Morgen übertragen.

Um 10 Uhr heulen die Sirenen und markierten zwei Minuten des stillen Gedenkens, während denen der Verkehr zum Erliegen kommt. Seit 1961 müssen alle Kinos, Theater etc. am Holocaust-Gedenktag und am Abend vorher schließen. Manche religiöse Juden nehmen an dessen Feier nicht teil, da es ein weltliches Fest ist. Außerhalb Israels feiern einige Länder am 19. April einen einfacheren Gedenktag.

In Jad Vaschem werden vor der Flamme und der gesenkten Fahne zwei Schweigeminuten gehalten, um der sechs Millionen Juden zu gedenken, die im Holocaust ermordet wurden.

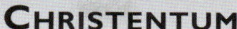
CHRISTLICHE FESTE

Das Christentum ist von der Zahl seiner Anhänger her die größte der Weltreligionen. In Europa und den USA bezeichnet sich die Mehrheit als Christen und die Zahl der Christen in Südamerika, Afrika und dem Fernen Osten wächst rasch. Christliche Feste sind ein fester Bestandteil der westlichen Kultur, auch wenn einige heute von ihrer ursprünglichen Bedeutung losgelöst sind.

Das Leben Christi

Christen glauben, dass Jesus, ein Sohn jüdischer Eltern, der im 1. Jahrhundert v. Chr. in Palästina geboren wurde, der Christus ist, das griechische Wort für „der Gesalbte" oder „der Auserwählte". Er wird Sohn Gottes oder „Gott in Menschengestalt" genannt.

Als er etwa 30 Jahre alt war, verbrachte er drei Jahre als Wanderpriester und Heiler in der Nähe seines Heimatortes Nazareth und in Jerusalem. Christlichem Glauben zufolge starb er durch Kreuzigung (eine römische Hinrichtungsmethode für Verbrecher) und wurde durch Gottes Macht wiederbelebt. Sein Leben, sein Tod und seine Auferstehung versöhnen die Menschheit mit Gott. Die meisten christlichen Feste erinnern an das Leben von Jesus, seine Geburt, seinen Tod und seine Auferstehung.

Christliche Bekenntnisse

Unter den vielen christlichen Gruppen sind die Römischen Katholiken, die Orthodoxen und die Protestanten die größten. Katholische und orthodoxe Traditionen legen größeren Wert auf Feste, Farben und Zeremonien. In der katholischen Kirche ist die Jungfrau Maria, die Mutter Jesu, eine besonders wichtige Figur, und katholische Feste drehen sich oft um ihr Leben oder um das Leben christlicher Heiliger.

Die Protestanten, die sich im 16. Jahrhundert von der katholischen Kirche abspalteten, legen aus historischen Gründen weniger Wert auf Zeremonien und Feste, die für sie die Tradition verkörpern, gegen die sie rebelliert haben. Unter extremen Formen des Protestantismus wie der puritanischen Regierung Oliver Cromwells im 17. Jahrhundert in England waren viele Feste verboten, selbst das Weihnachtsfest.

Christlicher Glaube und Feste kreisen um Jesus, der als Christus gilt, Gottes Gesalbter. Dieses Glasfenster zeigt seine Taufe im Fluss Jordan durch Johannes den Täufer.

Geschichte und Glaube

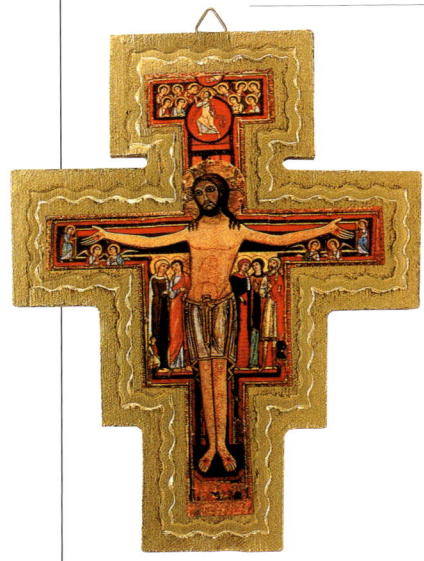

Jesu Tod und Auferstehung sind der Kern des christlichen Glaubens und das Kreuz ist das universale christliche Symbol. Wenn es die Figur Christi zeigt wie dieses Beispiel aus der Kirche San Damiano in Assisi, wird es als Kruzifix bezeichnet.

F ast alle Informationen über Jesus betreffen die Zeitspanne von etwa drei Jahren bis zu seinem Tod. In dieser Zeit verbreitete er die Botschaft von einem „himmlischen Reich", versammelte viele Anhänger um sich und ernannte zwölf davon – die zwölf Apostel – dazu, ihn zu begleiten und mehr von seinen Lehren zu hören. Schließlich wurde er festgenommen, gekreuzigt und starb am Kreuz. Den Evangelien zufolge wurde er vor allem für den religiösen Aufstand bestraft, den er unter der jüdischen Führungsschicht geweckt hatte.

Zwei Tage nach seinem Tod und Begräbnis und in den folgenden 40 Tagen hatten mehrere Anhänger Begegnungen mit Jesus. Das überzeugte sie davon, dass Gottes Macht ihn zurück ins Leben geholt hatte; dieses Ereignis wird zu Ostern gefeiert. Am Ende dieser 40 Tage wird sein Aufstieg in den Himmel beschrieben und er wurde nicht mehr leiblich gesehen.

Die frühe christliche Kirche

Nach Jesu Himmelfahrt fuhren seine Schüler fort, sich zu treffen. Bald hatten sie ein machtvolles Gotteserlebnis: Der Heilige Geist verlieh ihnen Begeisterung und die Macht zu predigen, Wunder zu vollbringen und Menschen zu bekehren. Dieses Erlebnis wird beim Pfingstfest gefeiert und wird oft als der wahre Anfang des christlichen Glaubens bezeichnet.

Von da an begann eine wachsende Zahl von Menschen an Jesus als den Messias, den von Gott Gesalbten zu glauben. Die Apostel reisten umher, lehrten und bekehrten andere zu ihrem Glauben. Die Bekehrten ihrerseits richteten lokale christliche Gemeinschaften ein, sodass es bald rings um das Mittelmeer, in Ägypten, Griechenland, Italien und Kleinasien Christengemeinden gab.

Evangelisten, Heilige und Märtyrer

Fast sofort nahmen die römischen Behörden den neuen Glauben unter Beschuss, da Christen sich weigerten, den römischen Göttern zu huldigen oder römische Kaiser als Götter anzuerkennen. In der Frühzeit wurden zehntausende Christen wegen ihres Glaubens getötet, aber ihre Zahl wuchs stetig weiter.

Die Karte zeigt die Stärke des Christentums in Südamerika und Südafrika. Zahlen in Nordamerika und Europa sind schwer zu beurteilen, da verschiedene Organisationen sie auf unterschiedliche Weise erheben und die Zahl regelmäßiger Kirchenbesucher viel geringer ist als die der Menschen, die sich als Christen bezeichnen.

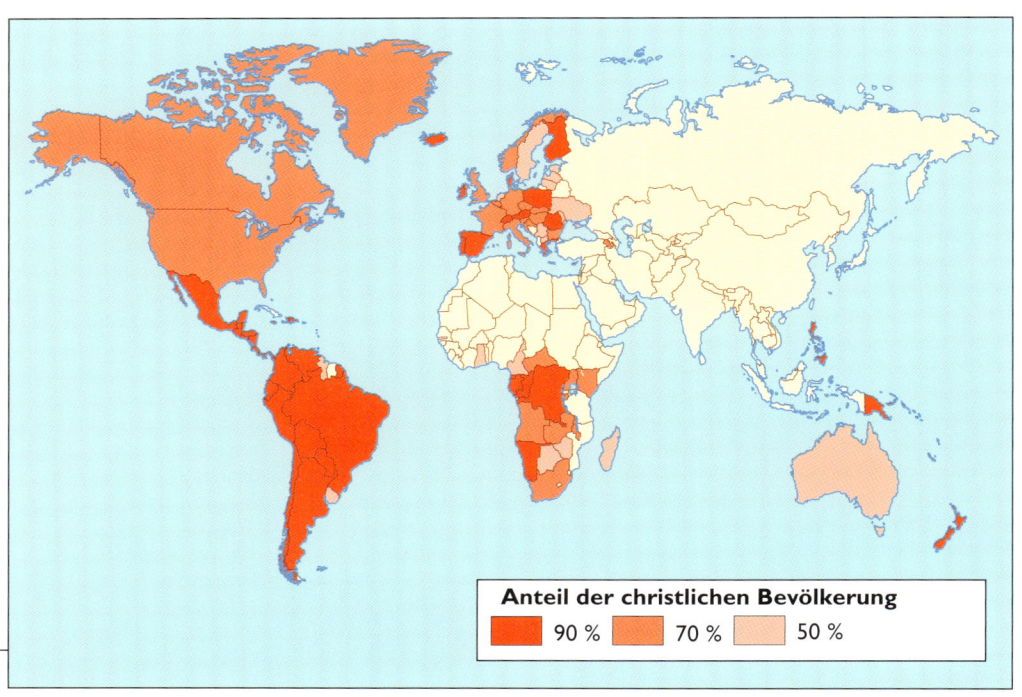

Anteil der christlichen Bevölkerung
90 %   70 %   50 %

Der Glaube verbreitete sich im dritten und frühen vierten Jahrhundert trotz der Christenverfolgung im Römischen Reich weiter. Außerhalb seiner Grenzen wurde Armenien der erste christliche Staat. Große Christengemeinden gab es auch in Südindien, im südlichen Arabien, im Niltal und Sudan, an der Südspitze Afrikas, im Kaukasus und im Perserreich.

Bald entwickelte sich ein System lokaler Organisationen, denen ein Bischof vorstand. Die Bischöfe trafen sich von Zeit zu Zeit und versuchten, die Einheit der christlichen Lehre gegen die vielen lokalen Varianten zu bewahren, die vielerorts aufkamen. Viele davon verdammten die Bischofskonferenzen als Ketzerei, doch manche Gruppen lehrten und bekehrten weiter wie die Nestorianer und Monophysiten, die das Christentum nach Asien und bis nach China trugen.

Anerkennung und Einfluss

Im Jahre 313 änderte sich alles, als Konstantin römischer Kaiser wurde. Erst tolerierte er den neuen Glauben, später nahm er ihn selbst an. In dem Maße, wie die Römer ihr Reich nach Nordeuropa ausdehnten, verbreitete sich das Christentum mit ihnen. In vielen europäischen Ländern werden die Apostel, die ihnen das Christentum gebracht haben sollen, bis heute verehrt wie der hl. Patrick in Irland, St. Bonifazius in Deutschland oder der Apostel Jacobus (Sant Iago) in Spanien.

CHRISTLICHE SCHRIFTEN
In der christlichen Bibel enthält das Alte Testament fast die gleichen Schriften wie die hebräische (jüdische) Bibel. Das Neue Testament ist eine Sammlung von Schriften, die sehr bald nach dem Tod Jesu entstanden. Es enthält die Evangelien, die Apostelakten die die Geschichte der ersten Jahre nach Jesu Tod erzählen, Briefe, die den neuen Christengemeinden den Glauben erklären, und die Offenbarung des Johannes, eine Vision vom Ende aller Zeit.

DIE EVANGELIEN
Die wichtigsten Ereignisse von Jesu Leben, Tod und Auferstehung und seine Lehren sind in den Evangelien aufgezeichnet. Sie entstanden binnen hundert Jahren nach Jesu Tod und basieren vermutlich auf älteren Berichten über die Ereignisse, die sie beschreiben. Die Bibel enthält die vier Evangelien von Matthäus, Markus, Lukas und Johannes; daneben existieren weitere, deren Authentizität umstritten ist, sowie viele Legenden rund um Jesus, besonders rings um seine Geburt und Kindheit, die oft weitererzählt und in Festen gefeiert werden.

Christliche Lehren stellen Gott als Dreieinigkeit vor. Dieses symbolische Bild zeigt Gottvater, der den Sohn (Jesus) hält, der ein Teil von ihm selbst ist, und den Heiligen Geist, dargestellt als Taube.

Unterschiede und Abspaltungen

Die Entwicklung christlicher Glaubensrichtungen. Der Stammbaum zeigt die Bezüge und „Familienähnlichkeiten" zwischen einigen heute bekannten Kirchen.

Seit seiner Frühzeit umfasst das Christentum Gruppen mit weit auseinanderstrebenden Vorstellungen. Im Laufe der Jahrhunderte wurden die Unterschiede zu Abspaltungen und verschiedene Traditionen des Christentums entstanden.

Als das Römische Reich in Ostrom und Westrom zerfiel, konzentrierte sich die Christenheit auf die Hauptstädte Rom und Konstantinopel (heute Istanbul). Die Unterschiede in Lehre und Autoritäten wurden mit der Zeit so groß, dass es 1054 zur Spaltung der Kirche kam.

In der westlichen Kirche hatte Rom eine Einzelstellung, da sich in Westeuropa nur Rom auf Petrus, den Apostelfürsten, zurückführen konnte. Der Bischof von Rom, der inzwischen als Papst

bezeichnet wurde, wurde konsequenterweise das Haupt der westlichen, römisch-katholischen Kirche. Die östliche Orthodoxe Kirche dehnte sich inzwischen nach Norden aus und erreichte 988 Russland. Als 1453 Konstantinopel an die Türken fiel, wurde die russische Kirche das kulturelle und geistige Zentrum der östlichen Christenheit.

Die Reformation

1517 brach Martin Luther, ein katholischer Mönch, öffentlich mit den Lehren der katholischen Kirche und wurde schließlich exkommuniziert. Die Entstehung nationaler Kirchen, verstärkt durch die Unzufriedenheit mit der Macht des Papstes und der katholischen Kirche, sorgte für die Abspaltung dieser Kirchen. Diese Brüche sorgten für viele Kriege in Europa und die Absplitterung verschiedener Gruppen oder Bekenntnisse, die bis heute anhält.

Als euopäische Länder ihr Gebiet auf Übersee ausdehnten, brachten sie ihren Glauben mit. Die religiösen Spaltungen

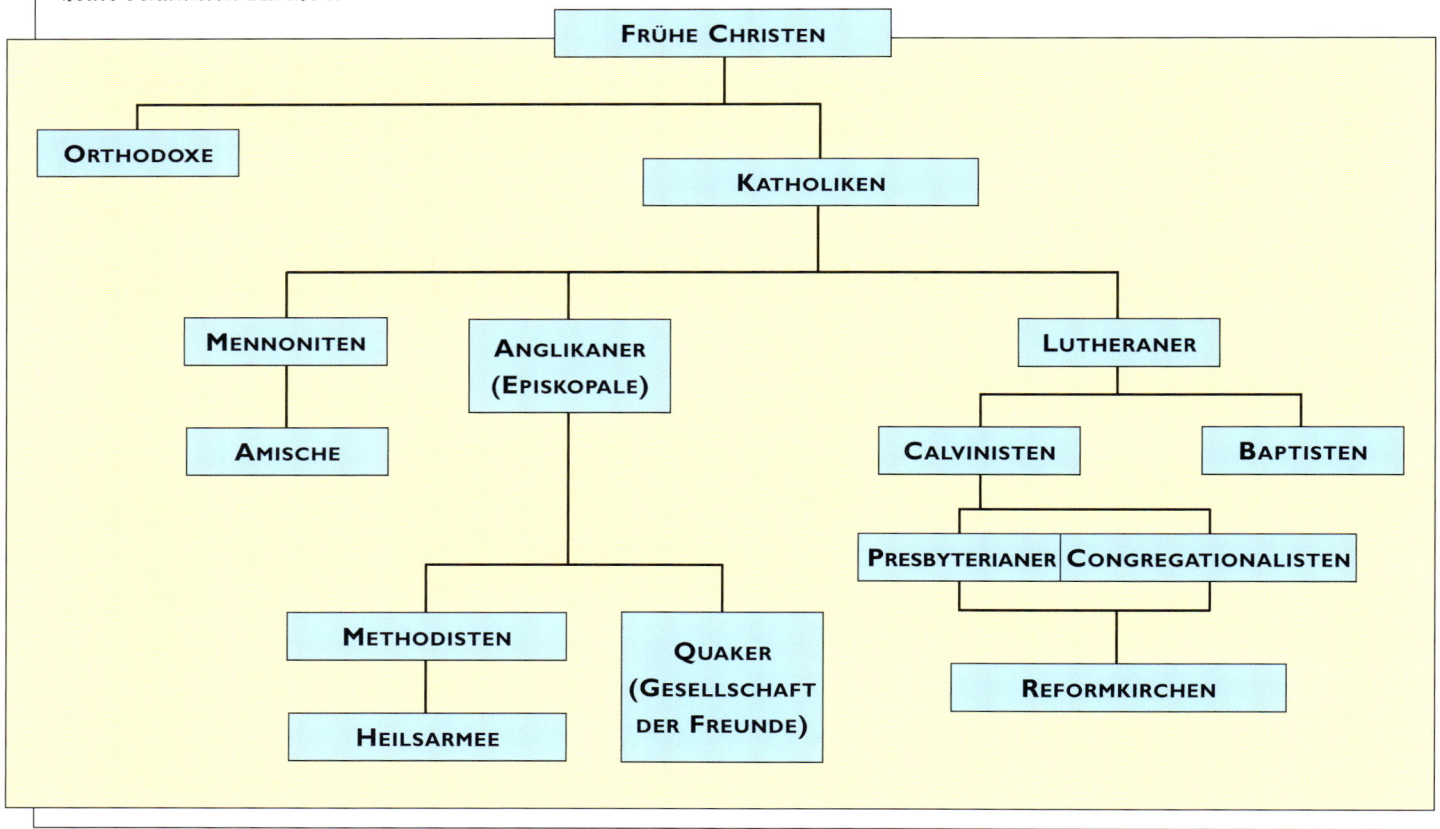

und Streitereien innerhalb Europas wurden über die ganze Welt verteilt. Heute hängt die Form des Christentums in ehemaligen europäischen Kolonien sehr oft davon ab, welcher europäische Staat in diesem Land Kolonialmacht war.

CHRISTENTUM UND ANDERE KULTUREN

Früher übernahmen bekehrte Christen in Afrika und Asien oft die Kultur mitsamt der Sprache der Missionare, die ihnen ihren Glauben brachten.

In letzter Zeit haben lokale Kirchen jedoch ihre eigene Art entwickelt, ihren Glauben auszudrücken, mit ihrer eigenen Sprache und Kultur, ihrer eigenen Musik und Kunst und nicht nach europäischem Vorbild. Als Folge davon entstand vielfach eine neue Gruppe oder Konfession.

Von den älteren Traditionen war zugleich die katholische Kirche besonders erfolgreich darin, ihren Glauben, ihren Gottesdienst und ihre Feste in einer Weise zu präsentieren, die lokalen Traditionen entsprach.

In Europa und Nordamerika suchen Kirchen aller Bekenntnisse neue Wege, um sich der Kultur und den Interessen der außerkirchlichen Welt anzupassen.

Das führte nicht nur zur Entstehung von christlichen Fernsehkanälen und „Televangelisten" in den USA, sondern auch zum Einsatz von Präsentationsmethoden aus der Unterhaltungsbranche in westlichen Kirchen. Rockmusik, optische Effekte, Videos und das Internet spielen in vielen Kirchen des 21. Jahrhunderts eine Rolle.

Dorfbewohner in Guatemala feiern Karfreitag mit Bildern aus gefärbtem Sägemehl. Dieses zeigt den Erzengel Gabriel, der in sein Horn stößt.

Die Wiederbelebung einer historischen Erntedankprozession in Santa Fe in New Mexiko in den USA.

Der religiöse Kalender

Christliche Feste erinnern an die wichtigsten Ereignisse im Leben Jesu, indem das christliche Jahr die Ereignisse seines dreiunddreißigjährigen Lebens auf ein Kirchenjahr überträgt. Da das genaue Datum vieler dieser Episoden nicht bekannt ist, wurden die Termine manchmal so gelegt, dass sie die Ereignisse in eine sinnvolle Abfolge brachten und nicht der historischen Reihung folgten. Als sich der christliche Glaube entwickelte, wurden bestimmte Tage den Festen in der Weise zugewiesen, dass sie auf die lokalen Zustände in Europa Rücksicht nahmen.

Entstehung des Kalenders

Den Evangelien zufolge starb Jesus beim jüdischen Pessachfest und wurde an einem Sonntag, dem Tag nach dem Sabbat, auferweckt. Seit frühester Zeit haben die Christen seine Auferstehung an einem Datum gefeiert, das auf dem jüdischen Mondkalender beruhte. Da Ostern immer ein Sonntag ist und das Pessachfest keinen festen Wochentag hat, wurden verschiedene Methoden zur Berechnung des Tages angewandt, doch bis heute gibt es keine weltweite Einigkeit. Die Termine aller Feste von Aschermittwoch bis Pfingsten und darüber hinaus werden relativ zu Ostern festgelegt und verschieben sich von Jahr zu Jahr. In der römisch-katholischen und der evangelischen Kirche liegt Ostern am Sonntag nach dem Vollmond, der auf den Frühlingsanfang folgt.

Das Erntedankfest im Herbst ist ein Anlass, für die Ernte zu danken, für Gottes Versorgung mit Nahrung für den kommenden Winter.

DER ORTHODOXE KALENDER

Orthodoxe Kirchen verwenden einen anderen Kalender als die anderen größeren christlichen Kirchen. Das liegt teils an ihrer abweichenden Methode der Berechnung des Ostertermins, teils auch daran, dass einige orthodoxe Kirchen bis heute den julianischen Kalender verwenden und nicht den gregorianischen. Im julianischen Kalender liegen alle Termine 13 Tage später als im gregorianischen Kalender.

DAS KIRCHENJAHR

Die Traditionen und Feste der christlichen Kirche entwickelten sich mit der Zeit und der Ausbreitung des Glaubens. Das Kirchenjahr beginnt stets mit dem Advent.

1 BEGINN DER ADVENTSZEIT
Vorbereitung auf das Kommen Jesu und der Beginn des christlichen Jahres, vier Sonntage vor Weihnachten

2 WEIHNACHTEN, CHRISTTAG (25. DEZEMBER)
Feier der Geburt Jesu in Bethlehem

3 EPIPHANIAS, (6. JANUAR)
„Erscheinung des Herrn", Besuch der Weisen in Bethlehem. Vor allem in der orthodoxen Kirche feiert Epiphanias auch seine Taufe als Erwachsener und den Beginn seiner Karriere als Prediger.

4 VERKÜNDIGUNG (25. MÄRZ)
Der Erzengel Gabriel verkündet Maria, dass sie Gottes Sohn gebären wird.

5 FASCHINGSDIENSTAG
Der letzte Tag vor der Fastenzeit. Die Fastenzeit ist eine Zeit von sechseinhalb Wochen des Fastens und der Buße in Vorbereitung auf den Karfreitag (40 Tage ohne die Sonntage).

6 ASCHERMITTWOCH
Der erste Tag der Fastenzeit. Viele Christen erhalten ein Aschenkreuz auf die Stirn als Zeichen der Buße.

7 MUTTERTAG
Zwei Wochen vor Ostern ehren manche Christen ihre natürliche Mutter oder ihre Mutter Kirche oder Kloster.

8 PALMSONNTAG
Eine Woche vor Ostern ritt Jesus auf einem Esel in Jerusalem ein, zum Jubel der Massen.

9 GRÜNDONNERSTAG
Jesus teilte das letzte Abendmahl mit seinen Jüngern, die Grundlage der Eucharistie oder heiligen Kommunion.

10 KARFREITAG
Jesu Prozess, Kreuzigung und Tod. Viele Christen besuchen zwischen 12 und 15 Uhr einen Gottesdienst, in der Zeit, als Jesus am Kreuz litt.

11 OSTERSONNTAG
Die Feier der Auferstehung Jesu von den Toten. Die Kirchen sind geschmückt und voller Kerzen und Licht.

1
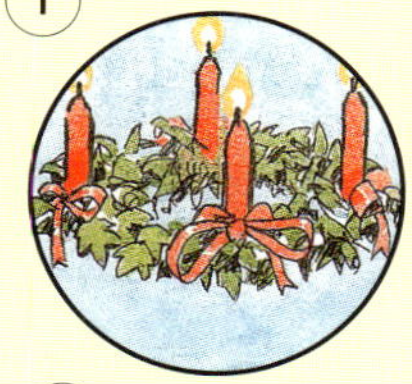
2
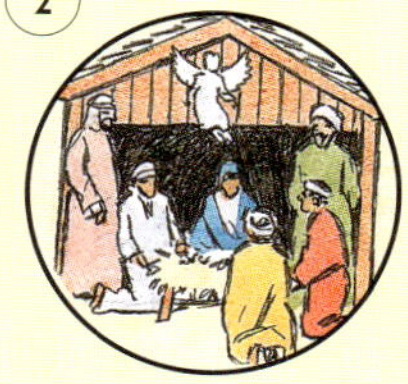
3
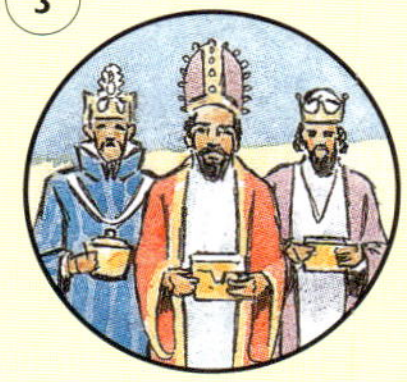
4
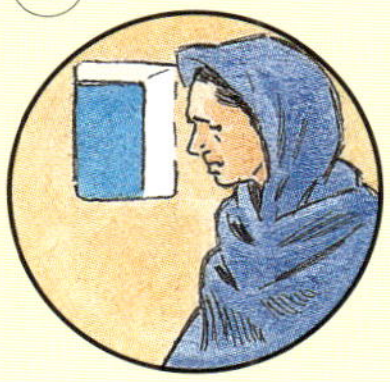
5
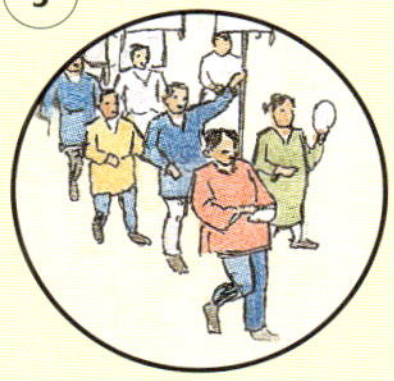
6
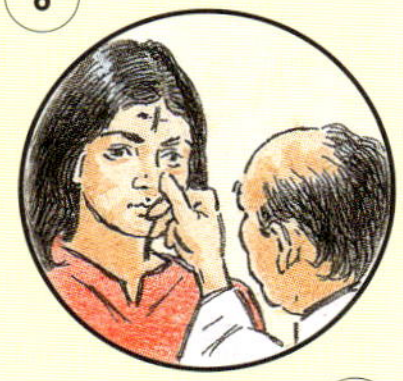
18
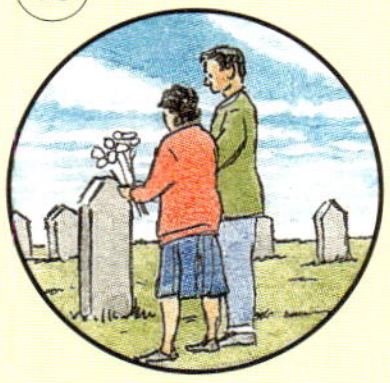
7
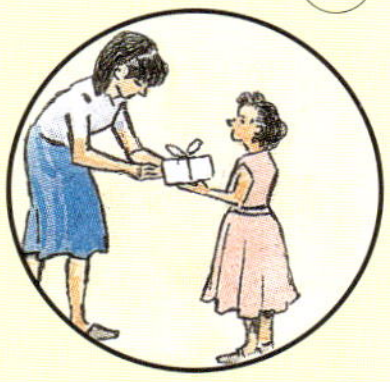

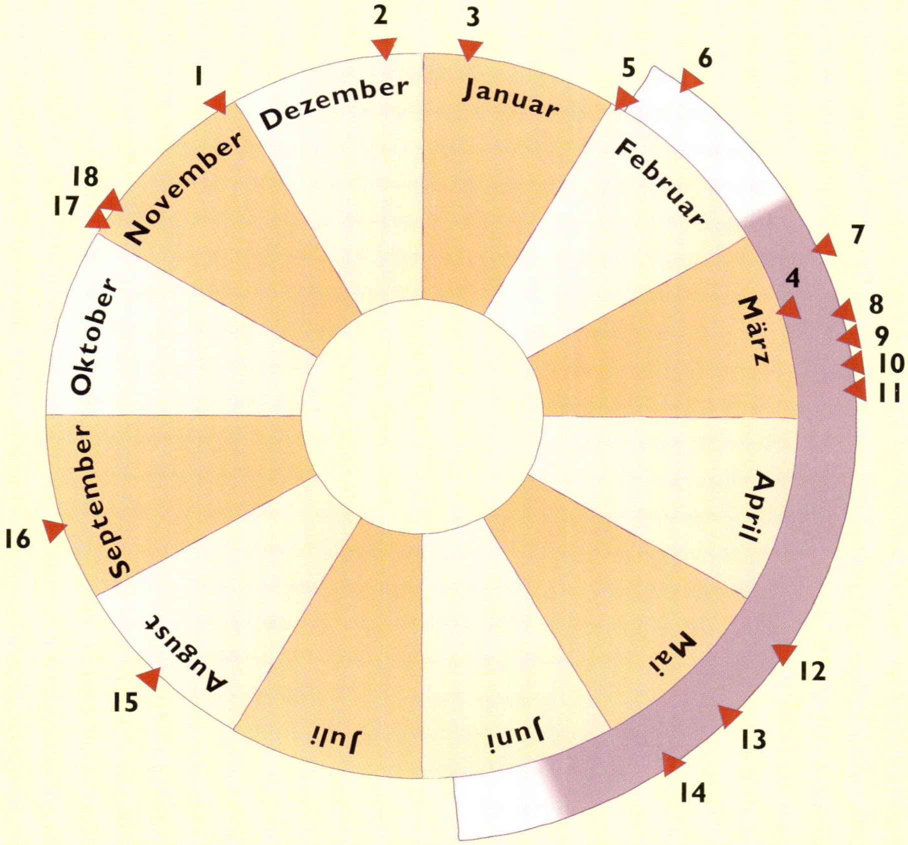
Dezember
Januar
Februar
März
April
Mai
Juni
Juli
August
September
Oktober
November
1
2
3
4
5
6
7
8
9
10
11
12
13
14
15
16
17
18

17
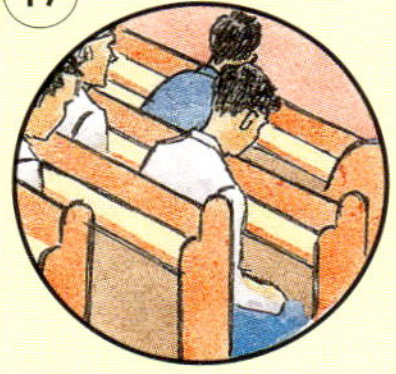
8
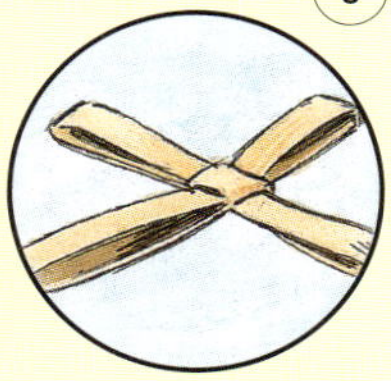
16
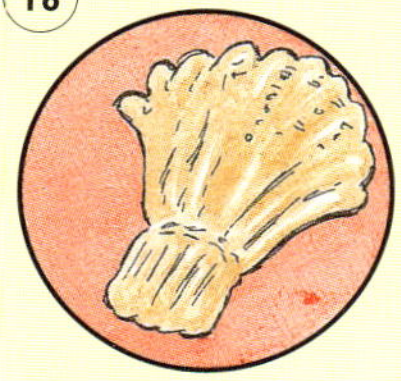
9
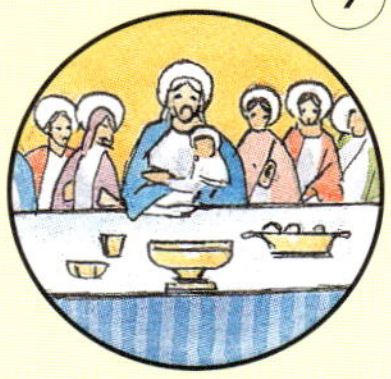
15
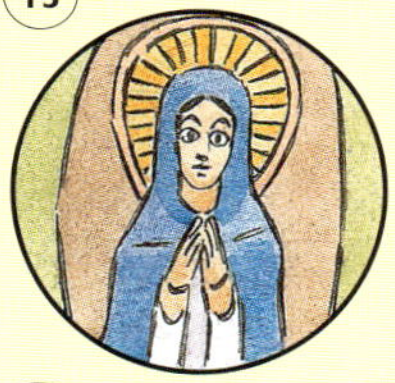
10
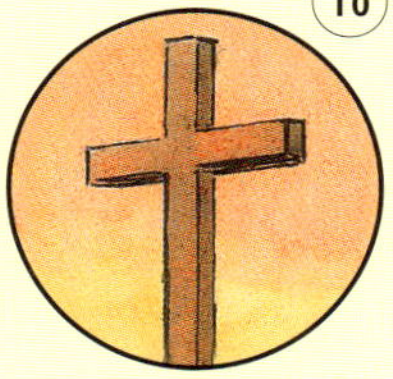
14
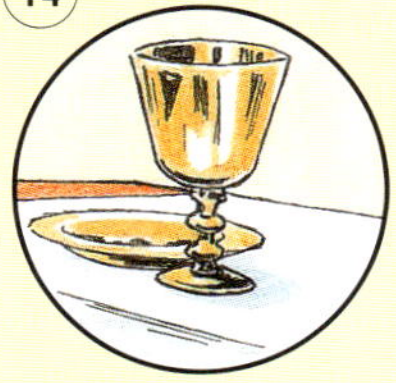
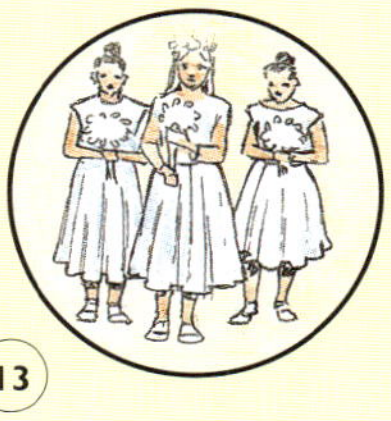
13

Die beweglichen Feste sind im Diagramm auf dem äußeren Kreis markiert. Die heller schattierten Zonen geben die frühesten und spätesten Termine dieser Feste an.

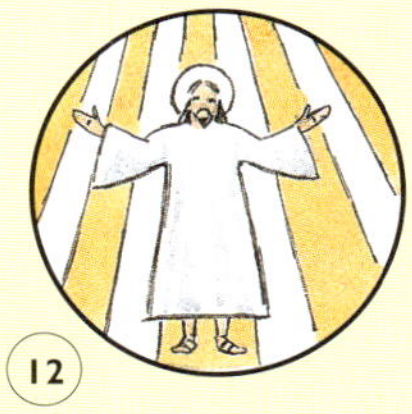
12
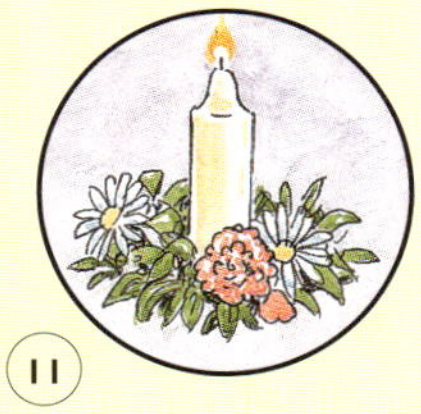
11

12 HIMMELFAHRT CHRISTI
Stets an einem Donnerstag 40 Tage nach Ostern. Das letzte Mal, dass Jesus leiblich gesehen wurde. Die Jünger sahen, wie er in den Himmel hinaufgeholt wurde.

13 PFINGSTEN
Stets ein Sonntag, sieben Wochen nach Ostern. Die Schüler fühlten einen starken Wind und sahen Flammen und waren erfüllt von Gottes Kraft. Sie begannen zu predigen, dass Jesus der Messias war.

14 CORPUS CHRISTI – FRONLEICHNAM
In katholischen und orthodoxen Kirchen eine Feier der Eucharistie als Leib und Blut Christi. Sie findet entweder 10 Tage nach Pflingsten oder am darauffolgenden Sonntag statt..

15 HIMMELFAHRT MARIENS (15. AUGUST)
In katholischen und orthodoxen Kirchen glaubt man, Maria, die Mutter Jesu, sei unmittelbar nach dem Ende ihres irdischen Lebens in den Himmel aufgestiegen.

16 ERNTEDANKFEST
Kein offizielles kirchliches Fest, aber im September auf der Nordhalbkugel verbreitet, um für Nahrung und die Ernte zu danken.

17 ALLERHEILIGEN (1. NOVEMBER)
Gedenken aller christlichen Heiligen.

18 ALLERSEELEN (2. NOVEMBER)
Gedenken aller verstorbenen Christen oder in manchen Kirchen aller verstorbenen guten Menschen.

Die Adventszeit

CHRISTINGLE
Das Christingle stammt aus Böhmen. Es besteht aus einer Orange als Symbol für die Welt, umwunden von einem roten Band für die Wunden Jesu am Kreuz; in der Orange steckt eine Kerze, Symbol Christi, ringsum vier Cocktailspieße mit Rosinen oder Süßigkeiten, die für die Früchte der Erde stehen, die Gott uns schenkt. Viele Kirchen halten im Advent einen Gottesdienst ab, bei dem jeder Teilnehmer oder jedes Kind ein Christingle erhält.

POSADA
In Mexiko und anderen lateinamerikanischen Ländern verkörpern die letzten zwölf Tage des Advents Josephs und Marias Reise nach Bethlehem und ihre Suche nach einer Unterkunft (spanisch posada). Ein Paar mit einem Esel zieht von Haus zu Haus, begleitet von einem Kinderchor. Sie klopfen an jede Tür und finden nirgends Einlass. Wenn die Prozession die Kirche erreicht, wird eine Messe gefeiert, gefolgt von einem Fest in einem der Häuser.

ADVENTSKRANZ
Viele Familien und Kirchen bereiten einen Adventskranz oder eine Adventskrone vor. Tannengrün wird zum Kreis gebunden und mit vier Kerzen geschmückt, oft mit einer meist weißen, größeren Kerze in der Mitte. Eine der Kerzen des Randes wird am ersten Adventssonntag angezündet, zwei am nächsten und so fort, bis zu Weihnachten alle vier und die Mittelkerze brennen.

D as christliche Jahr beginnt offiziell vier Sonntage vor dem Christtag. Dies ist der Beginn der Adventszeit, der Vorbereitungszeit auf Weihnachten. Fällt der 25. Dezember auf einen Sonntag, so dauert der Advent vier Wochen, fällt er auf einen Montag, so dauert er nur gut drei Wochen. Viele Bräuche setzen den Beginn des Advents einfach mit dem 1. Dezember an.

Advent bedeutet „Kommen" oder „Ankunft". Die Betonung liegt auf dem Bereitsein für die Ankunft Jesu, von dem Christen glauben, dass er Gott in menschlicher Gestalt sei. Man gedenkt der Schwangerschaft Mariens und ihrer Vorbereitungen auf die Niederkunft. Christen bereiten sich auch darauf vor, in der eigenen Wohnung Weihnachten mit der Familie zu feiern und bereiten – vor allem – ihr Inneres darauf vor, Jesus im Geiste zu empfangen. Neben dem Blick zurück auf die Geburt vor 2000 Jahren ist der Advent auch eine Zeit der Vorfreude auf die versprochene Wiederkehr von Jesus in der Glorie am Ende der Zeit, wenn, wie Christen glauben, alle Menschen im Jüngsten Gericht beurteilt werden.

Die Weihnachtsgeschichte
Die Geschichte der Geburt von Jesus beginnt mit dem Besuch des Erzengels Gabriel bei Maria, die mit einem Mann namens Joseph verlobt war. Der Engel sagte ihr, sie werde einen Sohn bekommen

Am 13. Dezember wird Luzia gefeiert, eine Heilige des 4. Jahrhunderts. An ihrem Tag befestigen in Schweden junge Mädchen Lichterkronen auf ihrem Kopf und besuchen die Familie des Morgens mit Kaffee und Lussekatter (Safranschnecken).

durch die Macht Gottes, obgleich sie eine Jungfrau war, und der Name des Kindes solle Jesus sein. Joseph war wegen ihrer Schwangerschaft zunächst misstrauisch, doch nach einem Traum, in dem Gott ihn darin bestärkt hatte, nahm er sie zur Frau.

Kurz vor ihrer Niederkunft ordnete der römische Kaiser Augustus eine Volkszählung an, für die jeder Mann mit seiner Familie in seinen Heimatort gehen sollte. Joseph stammte aus Bethlehem in der Nähe von Jerusalem, also reiste er mit Maria dorthin. Das Lukasevangelium berichtet, „es war kein Raum für sie in der Herberge" und die Tradition hat Details ihres Weges hinzugefügt, auf der Suche nach einer Unterkunft, beide erschöpft von der Reise und Maria hochschwanger.

Das Weihnachtsdatum

Niemand weiß genau, wann Jesus geboren wurde. Frühchristen in Europa feierten seine Geburt um den Termin der Wintersonnenwende. Das war, weil es zur heidnischen Tradition der Fastenzeit in dieser Periode passte, vielleicht aber auch wegen der Symbolik von Jesus, der als Licht in eine dunkle Welt kam, wie im Johannesevangelium geschrieben steht.

Die Verbreitung des Christentums hat zur Folge, dass viele Menschen Weihnachten im Hochsommer feiern. Das Symbol des Lichts, das in die Finsternis kommt, ist bei Christen bis heute sehr starkt, auch in den Tropen, wo die Unterschiede in der Länge der Tage gering sind.

Erst im 6. Jahrhundert wurde die Bezeichnung von Jahren nach Christi Geburt (n. Chr.) eingeführt. Sie basierte auf einer Berechnung des Jahres, in dem Jesus geboren wurde, die heute für unzutreffend gilt. Die moderne Lesart datiert seine Geburt etwa in das Jahr 4 v. Chr.

NIKOLAUS UND DER WEIHNACHTSMANN

Innerhalb der Adventszeit gibt es mehrere Heiligenfeste, die in Advents- und Weihnachtsbräuche eingebunden wurden. Der Heilige, der am engsten mit Weihnachten verbunden wird, ist Nikolaus, im vierten Jahrhundert Bischof von Myra in der heutigen Türkei, der auch bekannt ist als der Weihnachtsmann oder Santa Claus.

Wenig ist über ihn als historische Figur bekannt, doch eine Fülle von Legenden umrankt seine Großzügigkeit und Freundlichkeit, besonders zu bedürftigen Kindern. Er war dafür bekannt, dass er seine Geschenke heimlich in der Nacht brachte. Sein Fest ist am 6. Dezember und in vielen christlichen Traditionen erhalten die Kinder an diesem Tag und nicht zu Weihnachten Geschenke. Sie stellen ihre Schuhe vor die Tür, wenn sie am 5. Dezember schlafen gehen, damit der heilige Nikolaus kommen und die Schuhe braver Kinder mit Süßigkeiten füllen kann. In Holland zieht der Bischof Nicolas durch die Straßen und gibt den Kindern Geschenke.

Das Bild eines fröhlichen alten Mannes in rotem Mantel im Rentierschlitten entwickelte sich im 19. Jahrhundert aus einem Gedicht des Amerikaners Clement C. Moore und einer Reihe von Illustrationen von Thomas Nash in der Zeitschrift Harper's Weekly. Diese Figur verschmolz mit dem Weihnachtsmann, einer älteren Figur des europäischen Volksglaubens, der vielleicht auf vorchristliche Winterbräuche zurückging.

Die zwölftägige Weihnachtszeit

Maria und Joseph fanden schließlich eine Unterkunft in Bethlehem, wo Marias Kind zur Welt kam. Sie sollen in einem Stall oder Unterstand für Kühe gewohnt haben, da es im Lukasevangelium heißt, Maria legte das Kind in eine Krippe, „denn es war kein Raum für sie in der Herberge".

In der Nähe sahen Hirten, die bei ihren Schafen wachten, einen Engel, der ihnen die frohe Botschaft brachte. Dann sang ein ganzer Engelchor Lieder zum Lobe Gottes und die Hirten beschlossen, aufzubrechen und das Kind zu besuchen. Sie erzählten, was sie vom Engel gehört hatten, und kehrten zu ihren Schafen zurück, voll Freude, und priesen Gott.

Die Weisen aus dem Morgenland

Bald kamen „weise Männer aus dem Osten" nach Jerusalem und suchten das Kind, das als „König der Juden" geboren worden war. Sie hatten seinen Stern gesehen und wollten ihm huldigen. Als Herodes, der König von Judäa, davon hörte, war er alarmiert. Er sagte den Weisen, sie sollten ihm berichten, wenn sie das Kind gefunden hätten, sodass auch er es verehren könne. Der Stern führte die Weisen nach Bethlehem, wo sie Jesus fanden, niederknieten und ihre Gaben überreichten.

Die Weisen hatten einen Traum, der sie warnte, nicht zu Herodes zurückzukehren. Joseph wurde in einem Traum aufgefordert, mit Maria und dem Kind nach Ägypten zu fliehen. Herodes tobte, als er merkte, dass die Weisen ihn hereingelegt hatten. Er ließ jeden Jungen in und um Bethlehem töten, der unter zwei Jahre alt war, da es zwei Jahre her war, seit die Weisen zuerst den Stern gesehen hatten.

Von Anfang an schmückten Legenden den kurzen Bericht über die weisen Männer im Matthäusevangelium aus. Es wurden drei, weil sie drei Geschenke brachten. Dass es sich um Könige handelte, wurde wohl aus dem Wert ihrer Gaben und den Kosten der Reise geschlossen. Sie können auch Magier, zoroastrische Priester aus dem Gebiet des heutigen Iran gewesen sein, die Astrologie betrieben. Ihre Namen – Kaspar, Melchior und Balthasar – tauchen sehr früh auf. Seit dem 15. Jahrhunder wird Balthasar oft als Afrikaner dargestellt. Ihre Gaben sind symbolträchtig: Gold für einen König, Weihrauch (ein Harz, das mit wunderbarem Geruch verbrennt) zur Verehrung von Jesus als Gott, und Myrrhe (ein Pflanzenöl, das zum Einbalsamieren von Leichen diente), um zu zeigen, dass er eines Tages sterben und begraben werden würde.

Krippenschnitzerei ist heute eine weltweite Sitte und greift lokale beliebte Kunstformen auf.

Von Weihnachten bis Epiphanias

Viele Kirchen feiern am 24. Dezember spätabends eine Messe, da um Mitternacht der Christtag beginnt, an dem Gläubige als Erstes die heilige Kommunion erhalten. In aller Welt unterscheiden sich die Gottesdienste am Weihnachtstag sehr stark in Länge und Charakter, ebenso wie private und öffentliche Feiern. Dies ist der erste der zwölf Weihnachtstage.

Am Ende der zwölftägigen Weihnachtszeit steht das Fest Epiphanias (griechisch: „Erscheinung"). Je nach Tradition wird es am 6. Januar oder am Sonntag nach dem Christtag begangen. Epiphanias feiert die Ankunft der Weisen, der ersten Menschen von außerhalb der jüdischen Welt, die das Kind Jesus sahen und an es glaubten. Viele Kirchen feiern an diesem Tag die Erscheinung des erwachsenen Jesus, als er bei seiner Taufe als Sohn Gottes bezeichnet wurde.

Weihnachtsessen

Das Weihnachtsmahl unterscheidet sich von Land zu Land sehr stark und hängt oft davon ab, was für ein Festmahl verfügbar ist. In Großbritannien hat der Truthahn die Gänse oder Eber früherer Jahrhunderte abgelöst. In Frankreich und Österreich ist der Karpfen das traditio-

nelle Weihnachtsessen. Mince Pies, mit Trockenfrüchten gefüllte Blätterteigküchlein, waren zunächst oval und stellten das Jesuskind in der Krippe dar. Die Italiener essen einen besonderen Kuchen, den Panettone. Norweger backen Julekake, Kuchen mit Rosinen, Gewürzen und kandierten Früchten.

Kinder singen Weihnachtslieder um einen großen Weihnachtsbaum im Freien in San Antonio in Texas.

Traditionelles deutsches Weihnachtsessen – gefüllte Gans mit Glühwein und Keksen zum Nachtisch.

WEIHNACHTSBÄUME UND ANDERE PFLANZEN

Die Sitte des Weihnachtsbaums entstand im 16. Jahrhundert in Deuschland, als Familien entweder einen Baum ins Haus holten oder eine kleine Pyramide aus Holz aufschichteten und schmückten.

Der Weihnachtsbaum geht auf Martin Luther zurück. Als er am Weihnachtsabend nach Hause ging, sah er die Sterne glitzern und fand das so wunderschön, dass er versuchte, dieses Bild einzufangen, in dem er Kerzen auf einem Tannenbaum befestigte.

In Deutschland und der Ukraine verwendet man falsche Spinnweben als Christbaumschmuck, in Schweden Schmuck aus Stroh. Zu den Weihnachtspflanzen gehören auch Mistelzweige, Stechpalme und Efeu. Die Verwendung von immergrünen Pflanzen ist älter als das Christentum. Die Römer benutzten Stechpalmen beim Saturnalienfest, im Altnordischen wurden Mistelzweige mit dem Tod und der Auferstehung des Sonnengottes Baldur verbunden.

Die Ostergeschichte

DIE BEFREIUNG DER TOTEN
Mittelalterliche Spiele und Gemälde behandeln die Hadesfahrt Christi, also, wie Christen glauben, Jesu Abstieg zu den Toten, bei welchem er die guten Menschen befreite, die dort seit Beginn der Zeit gefangen waren. In den orthodoxen Kirchen wird diese Befreiung der Toten in einem langen Gottesdienst gefeiert, dessen Höhepunkt darin besteht, dass die Gemeinde laut mit den Stühlen knallt, was das Niederreißen der Höllentore durch Jesus verkörpert.

Fast drei Monate des christlichen Kirchenjahres sind der Feier der Ereignisse rund um das Ende von Jesu Leben auf der Erde gewidmet: seinem Tod durch Kreuzigung, seiner Rückkehr ins Leben und seiner Himmelfahrt. Diese Zeit beginnt mit Faschingsdienstag und umfasst Ostern, Pfingsten bis Christi Himmelfahrt. Diese Tage hängen miteinander zusammen, doch das Osterfest schwankt von Jahr zu Jahr zwischen Ende März und Ende April.

Der Name „Ostern" kommt vielleicht von einer vorchristlichen germanischen Göttin namens Ostara, die in dieser Zeit ihr Fest hatte. In vielen Sprachen ist der Name des Festes von „Pesach" abgeleitet, dem jüdischen Passah- oder Pessachfest, das gleichzeitig stattfand.

Den Evangelien zufolge
Die Geschichte vom Tod und der Auferstehung Jesu berichten alle vier Evangelien, mit unterschiedlichen Details.

In den drei Jahren seines öffentlichen Predigens, Lehrens und Heilens weckte Jesus erheblichen Widerstand vonseiten der jüdischen religiösen Behörden und der römischen Verwaltung. Gleichzeitig erhielt er enormen Zulauf beim Volk. Als er eine Woche vor dem Passahfest in Jerusalem einzog, auf einem Esel reitend, begrüßte ihn die Menge begeistert und mit Palmzweigen wedelnd.

In der folgenden Woche verärgerte er seine Gegner weiter durch Worte und umstrittenen Handlungen. Die religiösen

DIE KREUZWEGSTATIONEN

Viele Christen, vor allem Katholiken, folgen Jesus auf seinem letzten Weg von der Gerichtshalle des Pontius Pilatus bis zum Ort seines Todes. Manche gehen dazu die angebliche historische Strecke in Jerusalem entlang, die Via Dolorosa („schmerzvoller Weg"), andere folgen dem Weg auf einer Straße in ihrem Heimatland oder in ihrer Vorstellung mithilfe von Bildern. Traditionsgemäß sind es 14 Ereignisse, die jedoch nicht alle in den Evangelien belegt sind.

 1 Jesus wird zum Tod verurteilt..

 2 Jesus nimmt das Kreuz auf seine Schultern.

 3 Jesus fällt zum 1. Mal unter dem Kreuz.

 4 Jesus begegnet seiner Mutter, Maria.

 5 Simon von Cyrene hilft Jesus das Kreuz tragen.

 6 Veronika reicht Jesus das Schweißtuch.

 7 Jesus fällt zum 2. Mal unter dem Kreuz.

 8 Jesus begegnet den weinenden Frauen.

 9 Jesus fällt zum 3. Mal unter dem Kreuz.

 10 Jesus wird seiner Kleider beraubt.

 11 Jesus wird an das Kreuz genagelt.

 12 Jesus stirbt am Kreuz.

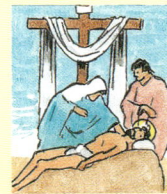 13 Jesus wird vom Kreuz abgenommen.

 14 Jesus wird ins Grab gelegt.

Behörden wollten ihn festnehmen und zum Schweigen bringen, doch sie hatten Angst vor der Reaktion des Volkes. Dann bot Judas Ischariot, einer der zwölf Männer, die Jesus am nächsten standen, für 30 Silbermünzen an, seine Gefangennahme zu erleichtern, wenn er allein wäre.

Verrat, Tod und Auferstehung

Am Abend des Passahfests versammelten sich Jesus und die zwölf Jünger zum letzten Abendmahl. Zuerst wusch Jesus seinen Jüngern die Füße. Als sie aßen, teilte er Brot und Wein mit ihnen und sagte, dies sei sein Leib und Blut. Er sagte, einer von ihnen werde ihn verraten und sie alle werden ihn verlassen. Petrus, einer seiner engsten Schüler, protestierte, er werde das niemals tun. Jesus antwortete, Petrus werde ihn dreimal verleugnen, noch ehe der Hahn am nächsten Tag krähen werde.

Dann verließen sie das Haus und gingen in einen Garten namens Gethsemane, wo Jesus in großer Angst vor seinen bevorstehenden Qualen betete. Bald kam Judas mit Soldaten zurück, die Jesus festnahmen und daran erkannten, dass Judas ihn küsste. Alle Schüler, auch Petrus, liefen fort, wenngleich ihm einige heimlich folgten. Am nächsten Tag wurde Jesus vor Gericht gestellt, erst vor den religiösen Behörden der Juden, dann vor Pontius Pilatus, dem römischen Statthalter. Er wur-

Kerzen und Eier sind Symbole der Auferstehung und neuen Lebens zu Ostern.

de dazu verurteilt, gekreuzigt zu werden, die römische Standardstrafe für Aufrührer. Er wurde zwischen zwei Verbrechern gekreuzigt und starb nach drei Stunden.

Da der folgende Tag Sabbath war, an dem die Juden nicht arbeiteten, erhielten die Schüler die Erlaubnis, ihn sofort vom Kreuz abzunehmen und in einer Grabkammer beizusetzen, die Joseph von Arimathea spendete. Ein großer Stein wurde vor den Eingang gerollt, um jeden Missbrauch des Leichnams auszuschließen.

Am Tag nach dem Sabbath gingen Frauen zum Grab, um den Leichnam zu salben und herzurichten, was sie am Vorabend des Sabbath nicht hatten tun können. Sie sahen, dass der Stein zur Seite gerollt und die Kammer leer war. Engel erschienen vor ihnen und erklärten, Gott habe Jesus von den Toten auferweckt. In den nächsten 40 Tagen hatten Menschen aus dem Umkreis Jesu Erlebnisse, die sie überzeugten, dass er lebte, in demselben Körper, der am Kreuz gestorben war.

SYMBOLISCHES BROT
Brot und Hefegebäck ist ein machtvolles Ostersymbol, da der Teig erneut aufgeht, nachdem er zusammengeschlagen wurde. In vielen Ländern backt man traditionelles Osterbrot oder Hefebrötchen. Sie sind meist reich an Eiern, Milch und Zucker, Zutaten, auf die man in der Fastenzeit meist verzichtet hatte (siehe S. 54). Die britische und amerikanische Version sind Hot-cross Buns. In Osteuropa trägt man die Laibe in die Kirche, lässt sie am Ostermorgen früh segnen und trägt sie zum festlichen Osterfrühstück wieder nach Hause.

RUSSISCHES OSTERBROT

Hefe in einem Viertelliter warmem Wasser auflösen. Milch und Sahne mischen und erwärmen. Eier gut verrühren, zur abgekühlten Sahnemilch geben, Zucker, Salz und Butter mischen und dazugeben. Hefe, Zitronensaft und -schale und Mehl unterrühren, sodass ein weicher Teich entsteht. Mehl hinzufügen, bis der Teich fest wird. Kneten, bis er glänzt. Aufgehen lassen, zusammenschlagen und nochmals durchkneten. In drei Teile teilen. Jeden Teil zur weichen Kugel rollen und in eine gefettete Blechdose (Kaffeedose) geben, die Dose soll etwa halb voll sein, auf doppelte Höhe aufgehen lassen und 1 Stunde bei 140 Grad backen. Oberfläche nach 15 Minuten mit Folie abdecken, damit er nicht zu dunkel wird.
Russische Köche verzieren die Oberfläche oft besonders kunstvoll.

ZUTATEN

Ein Paket Hefe oder zwei Pakete Trockenhefe
1/4 l Milch
1/4 l Sahne
10 Eier
400 g Zucker
1 Prise Salz
250 g Butter
1 Teelöffel Zitronensaftkonzentrat
Abgeriebene Schale einer Zitrone
Gesiebtes Mehl
1 weitere Prise Salz

Die Karwoche und Ostern

E ine zentrale Vorstellung des Christentums ist der Glaube, dass Gott in Menschengestalt freiwillig litt und unter erniedrigenden Umständen starb, dass der Tod ihn aber nicht halten konnte und dass seine wahre göttliche Natur in der Auferstehung offenbart wurde. Diese Ereignisse werden so, wie sie in den Evangelien beschrieben sind, in einer Reihe von Festakten gefeiert, deren Höhepunkt Ostern ist.

Verzicht in der Fastenzeit

Die Fastenzeit ist eine Zeit geistiger und körperlicher Vorbereitung auf die Ereignisse von Karfreitag und Ostern. Sie greift die 40 Tage auf, die Jesus vor seiner Zeit als Wanderprediger und Heiler ohne Nahrung oder Wasser in der Wüste fastete.

Für Christen ist dies eine Zeit der Selbstbeherrschung und Besinnung. Manche essen nun kein Fleisch oder andere tierische Erzeugnisse wie Käse und Eier, andere heiraten in dieser Zeit nicht oder leben enthaltsam, wieder an-dere verzichten auf ihnen liebe Genuss-mittel wie Alkohol oder Süßigkeiten.

Am Aschermittwoch, dem ersten Tag der Fastenzeit, finden Gottesdienste statt, in denen den Christen als Zeichen der Reue ein Aschenkreuz auf ihre Stirn gezeichnet wird.

Von Palmsonntag bis Gründonnerstag

Die Woche vor Ostern wird als „Heilige Woche" oder Karwoche bezeichnet. Sie beginnt mit Palmsonntag, der an Jesu tri-umphalen Einzug in Jerusalem auf einem Esel erinnert, während das Volk mit Palmwedeln winkte und „Hosianna!" rief.

Am Palmsonntag sind die Kirchen mit Palmwedeln geschmückt, oder mit Sträu-ßen aus immergrünen Sträuchern oder künstlichen Palmwedeln. Oft findet eine Prozession um die Kirche und durch die Straßen statt, bei der Menschen singen und mit Zweigen winken.

Der Donnerstag der Karwoche ist der Gründonnerstag, der Tag, an dem Jesus den Jüngern die Füße wusch und dann mit ihnen das letzte Abendmahl feierte. Christen gedenken dieses Ereignisses, dass Jesus als Herr und Meister den Jün-gern die Füße gewaschen hat. Die Ge-schichte wird am Gründonnerstag oft nachgestellt, indem ein hochrangiger Priester oder Herrscher Menschen die

Christen aus der ganzen Welt besuchen in der Karwoche Jerusalem. Bei der Karfreitagsprozession wird ein einfaches Holz-kreuz für alle sichtbar hochgehoben, während sich die Pilger auf ihren trauri-gen Weg zum Ort der Kreuzigung machen.

SYMBOLE FÜR TOD UND LEBEN

Der Glaube an Jesu Tod und Auferstehung ist im Christentum so zentral, dass Symbole, Bilder und Rituale, die sich darauf beziehen, das ganze Jahr über verwendet werden, vor allem aber in der Osterzeit.

KREUZ

Das Kreuz in verschiedener Form ist ein universelles christliches Symbol. Vor allem in der Fasten- und Osterzeit befassen sich die Christen mit der harten Realität des Kreuzes als Folter- und Hinrichtungsinstrument.

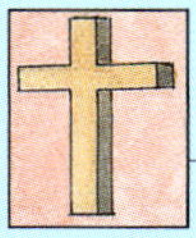

TUCH

Ein Tuch, das über das Kräuz gehängt wird (nicht abgebildet), kann an mehrere Aspekte der Ostergeschichte erinnern. Am Gründonnerstag kann es an die Geißelung Jesu vor seiner Kreuzigung erinnern. Am Karfreitag dient es als Symbol der Trauer und ab Ostersonntag ist es weiß oder golden und steht für Sieg und Reinheit. Es steht auch für das Grabtuch, das in Jesu leerem Grab zurückblieb.

OSTERKERZE

Der Gegensatz zwischen Dunkelheit und Licht ist Thema der Karwoche und des Osterfests. In der Dunkelheit der Osternachtfeier wird eine besondere Kerze mit einer neuen Flamme angezündet. Alle anderen Kerzen werden von dieser angezündet. Die griechischen Buchstaben Alpha und Omega verkörpern Jesus als „Anfang und Ende".

KELCH

Die heilige Kommunion oder Messe verkörpert die Austeilung von Brot und Wein von Jesus an seine Jünger beim letzten Abendmahl. Viele Kirchen verwenden einen Silberkelch, der Wein kann ebenso gut in einem normalen Becher oder Glas ausgeteilt werden.

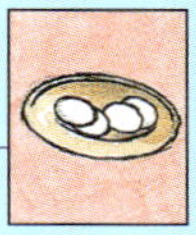

PATERA

Jesus sagte vom Brot: „Dies ist mein Leib". Manche Kirchen verwenden gewöhnliches Brot, andere verwenden Oblaten. Die Patera, also der Teller, auf dem sie liegen, besteht oft aus Silber oder Gold.

Füße wäscht. Im Mittelalter wuschen in Europa Könige eingeladenen armen Leute die Füße und gaben ihnen anschließend Essen, Kleidung oder Geld. Die Sitte nahm verschiedene Ausformungen an, britische Könige schenken bis heute am Gründonnerstag ausgewählten älteren Bürgern eigens geprägte Gedenkmünzen. In Rom vollzieht Papst Benedikt XVI. im Rahmen der Osterfeierlichkeiten die traditionelle Fußwaschung an zwölf Priestern aus dem Bistum Rom.

Manche Christen feiern im Gedenken an das letzte Abendmahl eine Agape. Gottesdienste sind still und besinnlich und enden mit der Abnahme allen Schmucks und aller Kerzen in der Kirche, wenn die Gemeinde der Gefangennahme und des bevorstehenden Todes Jesu gedenkt.

Von Karfreitag bis Ostersonntag

Der Name Karfreitag kommt vom althochdeutschen Wort karôn, das klagen, trauern, bedeutet. Im englischen Sprachraum heißt er „Good Friday" (guter Freitag). Jesus nahm das Leid und den Tod an, um die Menschheit Gott näherzubringen. Viele Kirchen halten einen Gedenkgottesdienst ab, der von zwölf bis 15 Uhr dauert, die ganze Zeitspanne, die Jesus am Kreuz verbracht hat, bis er starb.

In der Osternacht beginnt in vielen Kirchen eine Vigil, die bis in den Morgen des Ostersonntags dauert. Nach Mitternacht kehren Licht und Farben in die Kirche zurück. Die Menschen wechseln den traditionellen Ostergruß: „Christ ist erstanden!" – „Er ist wahrlich auferstanden – Halleluja!". Die Gottesdienste sind fröhlich und voll Musik.

Christi Himmelfahrt und Pfingsten

In den englischen Grafschaften Lancashire und Yorkshire waren im 19. und der ersten Hälfte des 20. Jahrhunderts Pfingstmärsche üblich; sie werden mancherorts bis heute veranstaltet. Die Prozession wird oft von einer Rosenkönigin angeführt, die die Jungfrau Maria darstellen könnte, gefolgt von Mädchen in neuen weißen Kleidern mit Blumen in der Hand. Die Prozession, begleitet von einer Musikkapelle, umrundete jeden Teil der Pfarre, als wolle sie das Predigen des Evangeliums durch die ersten Apostel feiern.

In den 40 Tagen nach der Kreuzigung und Auferstehung sah eine große Zahl von Freunden Jesus leibhaftig und lebendig. Er sagte ihnen, dass er fortgehen werde, doch auch, dass er an seiner Stelle „einen anderen Tröster" schicken werde, oder „einen, der stärkt". Am Ende der 40 Tage führte er seine Freunde aus der Stadt Jerusalem heraus in die Nähe von Bethanien. Er sagte ihnen, sie sollen in Jerusalem warten, bis sie Kraft vom Himmel bekämen, dann verschwand er. Einigen Berichten zufolge wurde er in den Himmel erhoben und zwei Männer in weißen Gewändern erschienen und sagten, er werde auf die gleiche Weise zurückkehren.

Pfingsten

Die Jünger warteten in Jerusalem bis zum jüdischen Schawuot, dem sog. Wochenfest, das sieben Wochen nach dem Passahfest stattfindet. Als sie an jenem Tag alle in einem Raum saßen, bemerkten sie plötzlich einen starken Windstoß und sahen Flammen auf dem Kopf eines jeden von ihnen. Sie waren erfüllt von der Macht Gottes und liefen aus dem Haus, um den Menschen zu erzählen, dass der Mann, den sie als gefährlichen Kriminellen getötet hatten, tatsächlich der Auserwählte Gottes und durch Gottes Macht ins Leben erhoben worden war.

Als sie redeten, erlebten ihre Zuhörer verschiedene Dinge. Manche dachten, sie seien betrunken. Doch andere, Besucher in Jerusalem aus vielen Ländern, waren erstaunt, dass sie zu ihnen in ihrer Muttersprache sprachen. Von nun an riskierten die Freunde und Schüler Jesu, die bei seiner Gefangennahme davongerannt waren, selbst gefangengenommen zu wer-

Pfingsten war der Tag, an dem traditionell neue Mitglieder in die Kirche aufgenommen wurden, indem man sie taufte. Sie waren stets weiß gekleidet – daher der Name „Weißer Sonntag" für dem Pfingstsonntag.

40 Tage nach seiner Auferstehung verließ Jesus seine Jünger erneut. Wie in dieser Bibelillustration wird er oft in den Himmel auffahrend dargestellt.

den und Schläge und andere Strafen, weil sie nicht aufhörten, anderen zu erzählen, dass Jesus von den Toten auferstanden war. Allein an diesem ersten Tag glaubten 3000 Menschen ihren Worten und wurden Nachfolger Jesu. Die Macht von oben, der Heilige Geist, war gekommen.

Eine neue Religion

Die Ereignisse des Morgens, den Christen als Pfingsten bezeichnen, gelten als Beginn christlichen Glaubens, jener Moment, als Nachfolger Jesu die Verantwortung übernahmen und die Kraft erhielten, ohne Jesu Gegenwart zu handeln, da der Heilige Geist in ihnen arbeitete.

Pfingsten liegt sieben Wochen nach Ostern. Seine Bedeutung variiert stark innerhalb der christlichen Traditionen. Manche Kirchen – die Pfingstbewegung oder der Pentecostalismus – betrachten das ekstatische Sprechen in unbekannten Sprachen als wichtigen Teil christlichen Gottesdienstes und heben dieses Fest besonders hervor.

Christi Himmelfahrt

Der Himmelfahrtstag wird 40 Tage nach Ostern gefeiert, fällt daher stets auf einen Donnerstag und heißt manchmal auch „heiliger Donnerstag". In Gottesdiensten wird des Ereignisses gedacht, doch es ist bei vielen christlichen Konfessionen kein besonders hoher Feiertag mehr.

Der Tag wird auf verschiedene Arten begangen. In Deutschland zum Beispiel ziehen Gruppen von Männern hinaus zur Jagd oder zum Trinken, weshalb der Tag auch als „Vatertag" bezeichnet wird. In England zog am Himmelfahrtstag oder dem Sonntag eine Prozession rings um die Pfarre und klopfte gegen die Grenzsteine und Zäune der Pfarre, um zu prüfen, ob diese noch fest und an ihrem Platz saßen.

Zum traditionellen Himmelfahrtsessen gehörte ein Vogel in irgendeiner Form, denn Vögel steigen zum Himmel auf. Man glaubte auch, dass es am Himmelfahrtstag regnet – wegen des Lochs, das Christus in den Himmel gemacht hat!

DIE KÖNIGIN DER MARSCHEN

In Südspanien finden am Pfingstwochenende Wallfahrten zum Schrein der Virgen del Rocio im Sumpfland bei Almonte statt. Keine Motorfahrzeuge sind zugelassen und rund eine Million Menschen pilgern zu Fuß, zu Pferde oder mit dem Ochsenkarren aus der Umgebung und aus Sevilla, Madrid und Barcelona. Sie tragen traditionelle andalusische Festkleidung, die Frauen im Flamenco-Stil, die Männer in kurzen Jacken und mit breitkrempigen Hüten. Vom Dorf Almonte aus ziehen die Pilger mit Gesang und dem Spiel von Flöten, Tamburinen und Gitarren durch die Marschen zum Schrein. Dann wird das Bild der Jungfrau Maria rund um die Felder getragen, wozu die Menge „Viva la Reina de la Marisma!" (Es lebe die Königin der Marschen!) ruft.

PFINGSTBRÄUCHE IN GANZ EUROPA

In Nordeuropa und Großbritannien gibt es eine ganze Reihe von Pfingstsonntagsbräuchen. Hier heißt er auch der Weiße Sonntag. Die religiöse Bedeutung des Tages hat sich meist mit vermutlich vorchristlichen Bräuchen vermischt, die jedoch alle der Tatsache Rechnung tragen, dass es ein Feiertag im Frühsommer ist.

Mit Pfingsten werden in verschiedenen Ländern unterschiedliche Pflanzen und Blumen verbunden, was auf Klimaunterschieden beruhen dürfte. In Ungarn, Deutschland und Litauen bilden zu Kränzen oder Sträußen gebundene Birkenzweige den traditionellen Pfingstschmuck im ganzen Haus. In Italien werden Rosenblätter in Kirchen verstreut, die an die Flammen auf den Köpfen der Jünger erinnern, und in Russland tragen Mädchen blühende Zweige. In Westungarn gibt es die Sitte, alle Türen des Hauses offen zu lassen, damit der Heilige Geist frei hereinwehen kann, während man in Frankreich mit dem Mund blasende Geräusche machte, um den wehenden Wind in der Geschichte nachzuahmen.

In vielen Teilen Nordeuropas ist Pfingsten traditionell der Tag des Almauftriebs, wobei die Rinder mit grünen Zweigen, Bändern und Glocken festlich geschmückt werden. Das erste Tier, das die Alm erreicht, gilt als besonders gesegnet.

Fronleichnam und Mariä Himmelfahrt

Bei den traditionellen Fronleichnamsfeiern in Polen streuen Mädchen Blumen vor die Prozession, die das geweihte Sakrament trägt.

Nicht alle christlichen Feste werden von allen Christen begangen. Feste, die manchen Kirchen wichtig sind, können von andern heruntergespielt oder ignoriert werden. Außerdem wird ein und derselbe Anlass oft in unterschiedlichen Teilen der Welt je nach lokaler Tradition ganz anders gefeiert. Ein Fest, für das dies sicher gilt, ist Fronleichnam.

Fronleichnam oder Corpus Christi erinnert an die Einrichtung der Eucharistie oder heiligen Kommunion. Es wird zehn Tage nach Pfingsten an einem Donnerstag gefeiert, oder in den USA und einigen anderen Ländern am zweiten Sonntag nach Pfingsten.

Jesu Handlungen und Worte beim letzten Abendmahl sind das Thema des Gründonnerstags. Doch da an jenem Tag der bevorstehende Tod Jesu im Vordergrund steht, wurde in der katholischen und orthodoxen Kirche ein neues Fest zum Danken und Feiern geschaffen.

Ursprung des Festes

1208 hatte Juliana, eine Nonne in Lüttich in Belgien die Vision einer hellen Scheibe, ähnlich jener des Mondes, doch auf einer Seite war eine dunkle Stelle. Sie glaubte, Gott habe ihr gesagt, das liege daran, dass der kirchliche Kalender kein eigenes Fest zu Ehren des heiligen Sakraments besitze, bei dem Leib und Blut Christi ja anwesend sind.

1246 sanktionierte Papst Urban IV. diese Feier offiziell und im 14. Jahrhundert war sie bereits in der gesamten westlichen Kirche verbreitet. Vielerorts gab es Prozessionen lokaler Würdenträger und Kirchenführer. Bald waren sie das wichtigste Element des Festes. Auf dem Land wurde es rasch zu einem bäuerlichen Fest, da die Prozession durch die Felder zog.

Musik und Tanz

In einigen Teilen der Welt, besonders in Süd- und Mittelamerika, mischte sich das Fest mit alten lokalen Bräuchen, zu denen Spiele, Musik und Tanz gehörten. Frisch in festliche Gewänder gehüllte Statuen werden durch die Straßen getragen und die Kirchen sind festlich geschmückt.

In Cuzco in Peru wird eine Statue des Patrons jeder einzelnen Kirche in einer bunten Prozession durch die Stadt in die

In allen katholischen Ländern sind Statuen der Madonna mit Kind (Jesus und Maria, seine Mutter) weit verbreitet, in Wohnungen, Schreinen am Weg und in Kirchen.

Kathedrale getragen, wo die Heiligen eine Woche lang bleiben, ehe sie in ihre Heimatkirchen zurückkehren. Alle sind beteiligt, als Musiker und Tänzer, beim Tragen der Statuen oder beim Ausrichten eines großen Festes für alle Teilnehmer. Vor dem Fest werden neue Gewänder für den Heiligen genäht, die Statuen werden restauriert und neu bemalt. Die Gemeinden wetteifern darum, mit ihrem Heiligen den meisten Staat zu machen. Zugrunde liegt vielleicht ein altes Inkafest mit einer Prozession der Mumien von Inkaherrschern.

In Sevilla in Spanien wird das Sakrament (geweihtes Brot und Wein) durch die von jubelnden, singenden Menschen gesäumten Straßen getragen. Die Kirchenglocken läuten dazu. Man gedenkt auch der Herrschaft von Ferdinand und Isabella im 15. Jahrhundert und der Vertreibung der Moslems aus Spanien. Zum Festumzug gehören Burschen in Kostümen des 16. Jahrhunderts, die die traditionellen Seise-Tänze aufführen.

MARIÄ AUFNAHME IN DEN HIMMEL

Niemand weiß, wann oder wie die Jungfrau Maria starb. Seit dem 5. Jahrhundert glaubte man, dass ihr Grab nach ihrem Tod und ihrer Beerdigung wieder geöffnet wurde und sich als leer erwies, als sei sie mit Leib und Seele in den Himmel aufgenommen worden.

Die Angaben schwanken zwischen drei und fünfzehn Jahren nach Jesu Tod und Auferstehung. Als Ort wird Ephesos oder Jerusalem genannt. Die orthodoxe Kirche feiert den Tod der Jungfrau Maria am 15. August, äußert sich aber weniger genau zu ihrer Himmelfahrt.

Das Fest der Aufnahme der Gottesmuttter in den Himmel wurde wohl seit dem 7. oder 8. Jahrhundert am 15. August gefeiert, es gibt jedoch auch andere Daten. Offenbar war seit damals eine große Prozession Teil der Festlichkeiten. In vielen Teilen Europas fällt das Fest in die Erntezeit und wurde mit anderen christlichen und nichtchristlichen Erntefesten wie dem keltischen Fest Lughnasa verbunden. Zur Feier gehören Gesang, ein Festmahl, Tanz und der Erntedank. In Deutschland sammelte man Heilpflanzen und brachte sie an diesem Tag in die Kirche, um sie segnen zu lassen.

Im Rahmen der Feiern der Aufnahme Mariä in den Himmel tragen Mädchen auf den Seychellen eine Statue der Jungfrau Maria auf einem blumengeschmückten Baldachin herum.

Heilige und Märtyrer

D as Wort „sanctus" bedeutet „heilig" oder „geweihter", doch jahrhundertelang stritten sich die Christen darüber, wer als Heiliger zu gelten hat. Im Neuen Testament wird das griechische Wort für jeden verwendet, der an Jesus als Christus glaubte, während es in der orthodoxen und der katholischen Kirche Personen von herausragender Heiligkeit vorbehalten ist. In der katholischen Kirche gibt es sogar einen festgelegten, strengen Prozess der Heiligsprechung. Die protestantischen Kirchen haben sich zwar der älteren Bedeutung des Wortes angeschlossen, doch auch sie erkennen als Heilige solche Menschen an, die es verdienen, allen Christen als Beispiel im Gedächtnis zu bleiben.

Viele christliche Traditionen verehren Heilige, doch in der katholischen und orthodoxen Kirche sind sie besonders wichtig. Fast jeder Tag ist drei oder vier Heiligen gewidmet. Allerdings verehren Katholiken und Orthodoxe unterschiedliche Heilige.

Der Gedenktag eines Heiligen wird nur dann durch eine Feier gekennzeichnet, wenn ihm eine Kirche oder eine bestimmte Einrichtung geweiht ist. Dann kann ein besonderer Gottesdienst abgehalten werden. In Osteuropa wird der Gedenktag des Heiligen, nach dem jemand benannt ist – der Namenstag – oft so gefeiert wie der Geburtstag in der westlichen Tradition, auch mit Geschenken.

Das Fest aller Heiligen

Am Ende des 3. Jahrhundertgs gab es so viele Märtyrer, dass es unmöglich wurde, sie alle zu feiern. Von vielen waren nicht einmal die Namen bekannt. Dies ist vielleicht der Ursprung des Festes Allerheiligen, wenn man für das Leben all jener dankt, die als Heilige gelten können. Im Englischen heißt dieses Fest traditionell „All Hallow's Day" nach der alten Bezeichnung für „heilig", und sein Vorabend wurde danach zu Halloween.

Wie man Allerheiligen feiert, unterscheidet sich je nach Kirchentradtion. Katholiken und orthodoxe Christen beten zu den Heiligen oder bitten sie um Fürsprache. Die protestantische Tradition betont dagegen den Dank für das Leben von Christen aller Zeiten, man gedenkt seiner eigenen Familie und lieber Menschen und feiert einen Gottesdienst für jemanden,

Diese russisch-orthodoxe Ikone zeigt die Jungfrau Maria umgeben von Heiligen.

der gerade verstorben ist. In katholischen und orthodoxen Kirchen wird dieser Aspekt am folgenden Tag gefeiert.

Das Fest aller Seelen

Am 2. November – Allerseelen – gedenkt man der gestorbenen Gläubigen. Die katholische Kirche unterscheidet zwischen Heiligen und anderen Christen. Viele von diesen befinden sich angeblich im Fegefeuer und warten auf ihre vollständige Erlösung. Daher werden Katholiken dazu angehalten, für die Toten zu beten, ebenso wie die orthodoxen Christen. In vielen Ländern besucht man an Allerseelen die Familiengräber und betet für die toten Verwandten. Manche beten auch für die guten Menschen, die vor Jesus lebten und daher keine Chance erhielten, Christen zu werden.

> **UNSCHULDIGE KINDER**
> Gemeint sind die Kinder, die nach der Geburt Jesu auf Befehl des Königs Herodes getötet wurden. Herodes fürchtete wegen der Nachricht von einem „neugeborenen König" um seinen Thron und wollte kein Risiko eingehen. Am Tag der Unschuldigen Kinder wird aller Kinder gedacht, die gelitten haben oder gestorben sind.

HEILIGENTAGE

Dieser Kalender verbindet unterschiedliche Traditionen. Aufgenommen wurden besonders wichtige Heilige und Heilige, die nur regional von Bedeutung sind. Wegen der unterschiedlichen Traditionen finden Sie in anderen Quellen auch andere Heilige.

Januar
1 Neujahr
2 Basilius
3 Genofeva
7 Raimund
8 Severin
10 Gregor X
12 Ernst
13 Gottfried
14 Felix
16 Theobald
17 Antonius
18 Regina
20 Sebastian
21 Agnes
24 Franz
25 Paul
26 Paula
27 Angela
28 Thomas von Aquin
31 Johannes

Februar
1 Brigitta
2 Maria Lichtmess
3 Blasius
5 Agatha
8 Hieronymus
10 Wilhelm
11 Theodor
14 Valentin
15 Siegfried
18 Konstantia
19 Konrad
22 Petri Stuhlfeier
23 Otto
24 Matthias
25 Walpurga

März
1 Albin
2 Karl
4 Kasimir
7 Felicitas
9 Franziska
17 Patrick
19 Josef von Nazareth
20 Irmgard
24 Erzengel Gabriel
25 Verkündigung des Herrn

April
1 Hugo
5 Vinzenz
6 Sixtus
11 Stanislaus
16 Bernadette
19 Gerold
21 Anselm
23 George
25 Markus
29 Katherina von Siena

Mai
1 Philippus und Jakobus
2 Athanasius
4 Florian
5 Gotthard
6 Valerian
10 Johannes
12 Pankratius
13 Servatius
14 Bonifatius
15 Sophie
16 Johannes
17 Walter
19 Cölestin
20 Elfriede
21 Hermann
22 Rita
24 Vinzenz
25 Beda
26 Philipp
27 Augustin
30 Ferdinand

Juni
1 Konrad
2 Erasmus
3 Johannes
4 Klothilde
5 Winfried
6 Norbert
9 Gratia
11 Barnabas

13 Antonius
15 Vitus
22 Paulinus
23 Edeltraud
24 Johannes der Täufer
27 Hemma
28 Diethild
29 Peter und Paul

Juli
3 Thomas
4 Ulrich
9 Gottfried
11 Benedikt
12 Nabor und Felix
13 Heinrich
15 Balduin
16 Carmen
19 Justa
20 Margareta
22 Maria Magdalena
23 Brigitta
25 Jakob
26 Anna und Joachim, Eltern der Jungfrau Maria
29 Martha
30 Petrus
31 Ignatius

August
1 Alfons
2 Eusebius
5 Oswald
8 Dominikus
10 Laurentius
11 Klara
14 Maximilian
16 Stefan
18 Helene
20 Bernhard
23 Rosa
24 Bartholomäus
27 Monika
28 Augustin
31 Raimund

September
3 Gregor
9 Othmar
10 Nikolaus
13 Notburga
15 Dolores
16 Ludmilla
17 Hildegard
20 Eustachius
21 Matthäus

24 Rupert
25 Nikolaus
27 Vinzenz
28 Wenzel
29 Michael
30 Hieronymus

Oktober
1 Theresia
2 Schutzengelfest
4 Franz von Assisi
6 Bruno
9 Günther
12 Maximilian
13 Koloman
15 Teresia
16 Hedwig
18 Lukas
21 Ursula
24 Raphael
25 Crispin und Crispinian
28 Simon
29 Hermelindis
31 Wolfgang

November
1 Allerheiligen
2 Allerseelen
3 Hubert
5 Zacharias und Elisabeth
6 Leonhard
10 Leo der Große
11 Martin
16 Margarete
17 Gertrud
19 Elisabeth
20 Edmund
22 Cäcilia
23 Clemens
25 Katherina von Alexandria
30 Andreas

Dezember
3 Franz Xaver
4 Barbara
6 Nikolaus
7 Ambrosius
12 Johanna
13 Lucia
17 Lazarus
19 Urban
21 Ingomar
26 Stefanitag
27 Johannes
28 Unschuldige Kinder
29 Thomas Becket

Karneval und Familienfeiern

VALENTINSTAG
Über den ehemaligen Heiligen Valentin ist sehr wenig bekannt und man weiß nicht, wie er zum Schutzpatron der Liebenden wurde. Bereits im 14. Jahrhundert bezeichneten Verliebte sich gegenseitig als „mein Valentin". Angeblich wählen Vögel am Valentinstag (14. Februar) ihre Partner.

Die Mardi-Gras-Tradition im französischen Nizza geht auf das 13. Jahrhundert zurück. Zum Umzug gehört auch die Parade von riesigen Karikaturen aus Pappmaché.

W o auch immer das Christentum Wurzeln schlug, wurden ältere lokale Bräuche aufgegriffen und mit einer neuen Botschaft versehen. Umgekehrt entwickelten einige Feste, die ursprünglich christlich waren, ein Eigenleben, werden auf bunte, aufregende Art gefeiert und haben heute nur noch sehr wenig religiösen Gehalt. Vor allem das Weihnachtsfest, Fronleichnam und der Valentinstag schließen lokale Überzeugungen und ältere Traditionen ein. Manchmal ist es schwer, zu entscheiden, ob ein Fest vom Christentum kommt oder ob das Christentum kaum mehr ist als ein Deckmantel für ein altes Ritual oder ein schönes Fest.

Mardi Gras

Faschingsdienstag, der letzte Tag vor dem Beginn der Fastenzeit, heißt auf französisch „mardi gras", also „fetter Dienstag", da man sich an diesem Tag ordentlich satt aß als Ausgleich für die bevorstehenden mageren Fastentage. In Großbritannien und Nordamerika isst man normalerweise Pfannkuchen, bei denen Eier, Zucker und Milch aufgebraucht werden. Bis heute finden in England Pfannkuchenrennen statt.

Der europäische Karneval geht wohl auf die römischen Saturnalien zurück, die als großes Fest gefeiert wurden. Die Herkunft des Namens Karneval ist umstritten, er kann von „carne vale" (lateinisch für „Fleisch lebewohl") oder vom Lateinischen „carrus navalis", dem Narrenschiff abgeleitet werden, was sich auf vorchristliche Feste bezieht.

Mardi Gras hat nicht mehr viel mit religiösen Bräuchen zu tun. In vielen Städten der USA wird er mit bunten Paraden gefeiert, die 1827 von Studenten in New Orleans ins Leben gerufen wurden. Heute finden riesige Straßenfeste statt, die mehrere Tage dauern – wobei die Vorbereitungen der Umzüge und Kostüme mehrere Monate in Anspruch nehmen kann. Da das Fest mit Ostern verbunden ist, variiert der Zeitpunkt im Rahmen von vier Wochen, es findet aber stets im Februar oder März statt, unmittelbar vor Aschermittwoch, dem offiziellen Beginn der Fastenzeit.

Karneval in aller Welt

In vielen Teilen der Welt wird der Tag – oder die Woche – vor Aschermittwoch ähnlich begangen. In der Karibik gehören Figuren aus der Volkskultur, die die lokale Kultur geprägt haben, zu den Faschingsumzügen. In Trinidad gehört dazu zum Beispiel die Dame Lorraine, eine Karikatur der französischen Plantagenbesitzer des 18. Jahrhunderts, während Jab Molassie einer von mehreren Teufeln ist, der die Zuschauer mit schwarzem Öl

aus seiner Blechbüchse beschmieren will. In vielen Teilen Griechenlands werden ähnliche Feste, bei denen man sich kostümiert, feiert und trinkt, auf antike griechische Frühlingsfeste zurückgeführt.

In deutschsprachigen Ländern ist die Fastnacht oder der Fasching in manchen Gegenden eine Zeit ausgelassener Feste, exotischer Masken und Verkleidungen, besonders im Rheinland und im Süden. Der Beginn der Faschingszeit entfernte sich im Laufe der Zeit immer weiter vom Aschermittwoch. Sie beginnt nun meist ab Anfang Februar.

Am Faschingsdienstag halten Narrengilden Paraden ab und üben auch das überlieferte Recht aus, „Narrengerichte" abzuhalten und närrische Urteile zu sprechen.

In vielen Kirchen erhalten Kinder am Muttertag Blumen, die sie ihrer Mutter schenken sollen.

APRIL, APRIL!

Es ist nicht klar, wann oder wie der 1. April zu einem Tag wurde, an dem man einander Streiche spielte. Manche führen es auf das Wetter auf der Nordhalbkugel zurück, auf die Freude, dass der Winter vorbei ist und als Spiegelung der Launen des Aprilwetters.

Andere Erklärungen ziehen eine Parallele zum hinduistischen Fest Holi, das etwa gleichzeitig stattfindet und zu dem auch Streiche und wilde Spiele gehören. Wieder andere verbinden den 1. April mit dem römischen Fest der Hilaria am 25. März, das die Wiederauferstehung des Gottes Attis feiert, oder mit dem nordischen Gott Loki, dem Gauner.

Ein weiterer Bezug verbindet ihn mit der Kalenderreform im 16. Jahrhundert, als der Gregorianische Kalender eingeführt und der Jahresbeginn auf den 1. Januar gelegt wurde. All jene, die am astrologischen Jahresbeginn Ende März festhielten, wurden als „Narren" behandelt. Das lässt sich zwar nicht beweisen, doch in Teilen Europas wurde Neujahr zur Frühlingstagundnachtgleiche als mehrtägiges Fest gefeiert, das durchaus bis zum 1. April dauern konnte.

In angelsächsischen Ländern ist das Opfer von Aprilscherzen der „Aprilnarr", in Frankreich ist es ein „poisson d'avril", ein Aprilfisch, obgleich niemand erklären kann, woher das kommt. In vielen Spanisch sprechenden Ländern verbindet man ähnliche Sitten mit dem 28. Dezember, dem Tag der Unschuldigen Kinder, die von Herodes getötet wurden. Wie dieses Fest mit Scherzen und Streichen verbunden werden konnte, weiß keiner.

MUTTERTAG
Als sich das Christentum durch Europa verbreitete, wurden neue Gemeinden als „Tochterhäuser" älterer Klöster oder Kirchen gegründet. Am vierten Sonntag der Fastenzeit wurde es üblich, seine Mutterkirche zu besuchen. Später im Mittelalter erhielten Dienstboten an diesem Tag die Erlaubnis, ihre Mutter zu besuchen. In England backte die Familie für die Feier einen Simnel-Kuchen, der mit Marzipan überzogen war. Heute wird der Muttertag im Mai gefeiert.

VATERTAG
Tage zur Feier der Väter entstanden in verschiedenen Ländern auf unterschiedliche Weise. In Deutschland ist Vatertag am Himmelfahrtstag. Manche Katholiken feiern die Vaterschaft am 19. März, dem Tag des heiligen Joseph, der dem Jesuskind als Vater diente. In vielen englischsprachigen Ländern wird das Fest am 3. Sonntag im Juni gefeiert. In den USA regte die Frau von John B. Dodd 1909 einen besonderen Tag für Väter an. Sie wollte ihren Vater ehren, einen Veteranen des Amerikanischen Bürgerkrieges, der nach dem Tode seiner Frau sechs Kinder großgezogen hatte. 1924 unterstützte Präsident Calvin Coolidge die Idee eines nationalen Vatertages, doch offiziell wurde er erst 1966 eingeführt.

Erntedank und Halloween

Hat das Halloween-Party-Spiel „Äpfel fischen" seinen Ursprung in dem alten Glauben an die Reise der Seele über das Wasser in die Unterwelt?

WALPURGISNACHT

Warum der 30. April, der Vorabend des Festes der heiligen Walburga, einer Äbtissin des 8. Jahrhunderts, mit nächtlichen Festivitäten in Deutschland und Skandinavien verbunden sein soll, ist unklar. Vielleicht wurde die Äbtissin mit der alten Fruchtbarkeitsgöttin Waldborg verwechselt. Im Deutschland ähneln die Feiern zur Walpurgisnacht den Halloween-Bräuchen. Traditionell gehören Spuk und böse Geister, Unheil und Chaos auf allen Wegen dazu. Es war die Nacht der Hexenversammlungen, vor allem auf dem Brocken im Harz. Feuer wurden zum Schutz vor bösen Geistern angezündet. In Schweden wird mit den Maifeuern nichts Böses verbunden und viele Menschen versammeln sich rings ums Feuer.

Das Erntedankfest ist kein kirchlicher Feiertag, aber viele Menschen danken in der Familie und im Freundeskreis für das Gute in ihrem Leben. In den USA erinnert „Thanksgiving" an ein Dankesmahl, das die ersten Europäer mit den eingeborenen Amerikanern im 17. Jahrhundert feierten.

Das erste Thanksgiving

Als „Pilgerväter" bezeichnete man die Siedler, die die erste Kolonie in Plymouth im heutigen Massachussetts gründeten. Sie waren vor religiöser Diskriminierung in England geflohen. Am 5. August 1620 gingen sie im englischen Plymouth an Bord der Mayflower und Speedwell, mussten dann die Speedwell aufgeben und nur auf der Mayflower weitersegeln.

Im September 1620 landeten sie in Cape Cod. Während ihres ersten strengen Winters starb mehr als die Hälfte ihrer Gemeinschaft an Hunger und Krankheiten. Die wenigen Übrigen überlebten mit der Hilfe der eingeborenen Amerikaner, die ihnen zeigten, wie sie Getreide anbauen mussten, darunter auch Mais und Süßkartoffeln. Die Pilgerväter feierten 1621 ihr Überleben mit dem ersten historischen „Thanksgiving".

Viele der ersten Siedler suchten Frieden und religiöse Freiheit. Spätere Siedler teilten diese Ideale oft nicht. Daher betrachten einige Religionsgemeinschaften in den USA das Thanksgiving-Fest als Anlass zur Trauer über die Ausrottung und Ermordung der amerikanischen Urbevölkerung durch europäische Siedler.

Halloween

Über den Ursprung des Halloween-Festes gibt es viele Geschichten. Dieses sehr alte Fest findet am 31. Oktober statt, dem Abend vor Allerheiligen (oder altenglisch: All Hallows' Day). Manche Kirchen halten Festgottesdienste ab, doch für die meisten ist Halloween kein religiöses Fest.

Lange glaubte man, das am Abend vor Allerheiligen die Geister der Toten herauskommen. Überall auf der Welt dienen die Gebräuche – von Maskeraden bis zu Scheiterhaufen und eingeritzten Kreuzen

Das amerikanische Thanksgiving mit Truthahn, Moosbeerensauce, Süßkartoffeln und Kürbiskuchen erinnert an das Festmahl der ersten Europäer und der amerikanischen Ureinwohner in Massachussetts.

über der Tür – zur Abwehr von Unheil, das ihnen anhaften könnte. Heute ist Halloween eher eine Gelegenheit für makabre Späße. Man geht zu Halloween-Partys, verkleidet als Geist oder Vampir. Man höhlt Kürbisse zu Laternen aus (eine Sitte, die um 1900 aufkam) und erzählt Spukgeschichten. „Schoko oder Schabernack", verkleidete Kinder mit Masken ziehen von Haus zu Haus und bitten um Geschenke, meist Süßwaren, geht auf alte Heischegänge zurück, die an diesem Abend durchgeführt wurden.

Einige Aspekte der Halloween-Feiern mögen vom keltischen Fest Samhain stammen, das das Ende des Sommers markierte und an dem man der Toten gedachte. Die Geister der Verstorbenen, so meinte man, besuchen ihre Familien und suchen ein gutes, warmes Plätzchen, bevor der Winter kommt. In dieser Zeit kamen gute und böse Geister zu den Lebenden zurück. Die Verbindung von Hexen und Halloween geht auf das 19. Jahrhundert zurück. Damals brachten deutsche Einwanderer in die USA die Tradition der Walpurgisnacht mit.

Gruselmahlzeiten

Zu vielen Halloween-Traditionen gehört Essen in ungewöhnlicher Form. Es gibt zum Beispiel ziemlich unappetitliche schottische Rezepte, die jungen Mädchen erklären, was sie essen müssen, um von ihrem Zukünftigen zu träumen. Dazu gehört versalzenes Brot ohne Wasser, ein Brötchen mit Ruß darin oder ein geräucherter Hering, der vollständig verzehrt werden muss, mit Kopf und Schwanz und Gräten. Derartige Traditionen standen vielleicht Pate bei modernen Rezepten, in denen Nahrung in Form von etwas Widerlichem präsentiert wird. Diese Gerichte können andererseits auch auf Rezepten von Hexengebräu basieren wie dem aus Shakespeares Macbeth bekannten, das „Molchesaug und Unkenzehe, Hundezung und Hirn der Krähe" und andere Scheußlichkeiten umfasst.

WÄRMENDER HALLOWEEN-EINTOPF

Colcannon ist ein irischer Eintopf, der traditionell zu Halloween gekocht wurde. Er wärmt, sättigt und besteht aus Zutaten, die Ende Oktober verfügbar sind.

Kochen Sie die Kartoffeln in Salzwasser gar. Dämpfen Sie Kohl und Zwiebeln mit 25 g Butter in etwas Wasser weich. Zerstampfen Sie die Kartoffeln mit der restlichen Butter und ein wenig Milch. Geben Sie die Kohl-Zwiebel-Mischung hinzu. Erhitzen Sie die restliche Milch und rühren Sie sie hinein, damit die Konsistenz weich wird. Salzen und pfeffern nach Geschmack.

ZUTATEN

900 g Kartoffeln, geschält und in Stücke geschnitten
1 großer Weißkohlkopf, aufgeschnitten, ohne Strünke
1 große Zwiebel, geviertelt und in Scheiben geschnitten, oder ein Bund Frühlingszwiebeln, kleingeschnitten.
115 g Butter (oder Margarine)
Pfeffer und Salz
etwa 285 ml Milch

Die Tradition, in Rüben furchterregende Gesichter zu schneiden, dürfte in Schottland zur Abwehr der Geister entstanden sein, die zu Halloween unterwegs waren. Heute verwendet man meist Kürbisse.

MUSLIMISCHE FESTE

Der Islam (arabisch für Unterwerfung) entstand in Arabien im 6. Jahrhundert als Gründung und unter der Leitung des Propheten Mohammed. Muslime halten sie jedoch für die ursprüngliche Religion der Menschheit, die von allen Propheten Gottes seit Adam gepredigt und ausgeübt wurde, einschließlich vieler Propheten in jüdischen und christlichen Schriften wie Abraham, Moses und Jesus.

Muslime glauben, dass Gott diesen Propheten eine wahre Botschaft gab, die jedoch verzerrt oder verkürzt wurde, weil sie nicht sorgfältig festgehalten wurde. Mohammed gilt als Gottes letzter Prophet, weil ihm Gottes komplette Botschaft, der Koran, enthüllt und Wort für Wort niedergeschrieben wurde. Da Mohammed der Bote Gottes war, ehren ihn die Muslime. Sie versuchen seinem Beispiel zu folgen, beten ihn aber nicht an.

Der zentrale Glaube des Islam wird in der Schadada, der „Bezeugung" zusammengefasst: *„Es gibt keinen Gott außer Gott und Mohammed ist der Gesandte Gottes."* Ein Moslem ist jemand, der dies mit Ernsthaftigkeit und Verständnis sagen kann. Das arabische Wort muslim bedetet „einer, der sich unterwirft" (dem Wort Gottes). Gott, im Arabischen Allah, ist der Schöpfer und Bewahrer von allem, was ist, und das einzige Wesen, das angebetet werden soll.

Weltweit gibt es mehr als eine Milliarde Moslems oder Muslime: im Vorderen Orient und Nordafrika – hier sind in vielen Ländern mehr als 90 Prozent der Bevölkerung Muslime –, in Süd- und Osteuropa und in Malaysia. Es gibt zwei Hauptzweige des Islam: Sunniten, zu denen 80 Prozent der Muslime gehören, und Schiiten, die vor allem im Iran, Irak, im Jemen und Bahrain leben. Die Ausübung des Islam betont die Beachtung von Gottes Befehlen im täglichen Leben sowie einige jährliche Bräuche. Als Folge davon ist das Feiern von Festen im Islam weniger wichtig als in vielen anderen Religionen.

Diese Wiedergaben der Moschee und der Kaaba in Mekka auf der Wand eines muslimischen Hauses verkünden, dass sich der Besitzer auf der Pilgerfahrt nach Mekka, der Hadsch befindet.

Die Anfänge des Islam

In den Tagen vor dem Buchdruck wurde der Koran von Hand kopiert und oft mit geometrischen Ornamenten geschmückt. Die Abschnitte des Koran heißen Suren.

DER LETZTE GESANDTE GOTTES
Muslime glauben, dass Gott von Zeit zu Zeit Propheten wie Adam, Abraham, Moses und Jesus gesandt hat, um die folgenden Generationen zu belehren, doch dass deren Weisheit oft vergessen oder fehlgedeutet wurde. Von den 25 Propheten, die der Koran nennt, kommen alle außer Mohammed auch in jüdischen oder christlichen Schriften vor. Nach Mohammed kann es keine Propheten geben, da er Gottes Botschaft perfekt und vollständig übermittelt habe, so der Islam.

Der Islam konzentriert sich im Vorderen Orient und Nordafrika. Als Folge von Einwanderung und Bekehrung gibt es jedoch weltweit bedeutende Zahlen von Muslimen.

Muslime verehren einen Gott, Allah, den Schöpfer und Herrscher des Universums, der allmächtig ist und dem nichts gleicht. Der Islam ist eine umfassende Lebensform, er beschränkt sich nicht auf die spirituellen Aspekte. Der Prophet Mohammed wird respektiert und geehrt als letzter und treuester Botschafter des Islam, den es seit der Entstehung der Welt gab. Wenn ein Moslem Mohammeds Namen sagt oder schreibt, fügt er respektvoll „Friede sei mit ihm" bzw. „(s)" hinzu. Muslime unterscheiden zwischen Liebe und Respekt gegenüber dem Propheten und Verehrung, die nur Gott gebührt.

Das Leben Mohammeds
Mohammed war ein Händler in Arabien. Er galt als rechtschaffener, aufrechter und nachdenklicher Mann. Im Jahr 610, damals war er 40 Jahre alt, meditierte er in einer Höhle auf dem Berg Hira außerhalb von Mekka und hatte eine Vision des Engels Gabriel. Der Engel forderte ihn auf: „Trag vor!" Mohammed weigerte sich dreimal, bis der Engel sagte: „Trag vor im Namen deines Herrn, der erschaffen hat!" Der Engel gab ihm Worte ein, die heute zum Koran gehören.

Mohammed begann seine Botschaft in Mekka zu verkünden, stieß aber auf Widerstand all jener, die an mehrere Götter glaubten. Er und seine Anhänger zogen schließlich nach Yatrib (später Medina), wo die erste islamische Gemeinde gegründet wurde. Muslime datieren alle Ereignisse nach der Reise, der Hedschra, im Jahre 622, das als das Jahr 1 AH (nach der Hedschra) zählt. In seinem Leben erhielt Mohammed weitere Offenbarungen, die von seinen Anhängern niedergeschrieben wurden, so wie er sie vortrug.

Es folgte eine Phase der Mission, der politischen und militärischen Aktivität, sodass beim Tod des Propheten 632 der Islam im größten Teil der arabischen Halbinsel verbreitet war, auch in Mekka.

Der heilige Koran
Muslime glauben, der Koran sei von Gott geschrieben und Mohammed in Intervallen offenbart worden, von der Zeit sei-

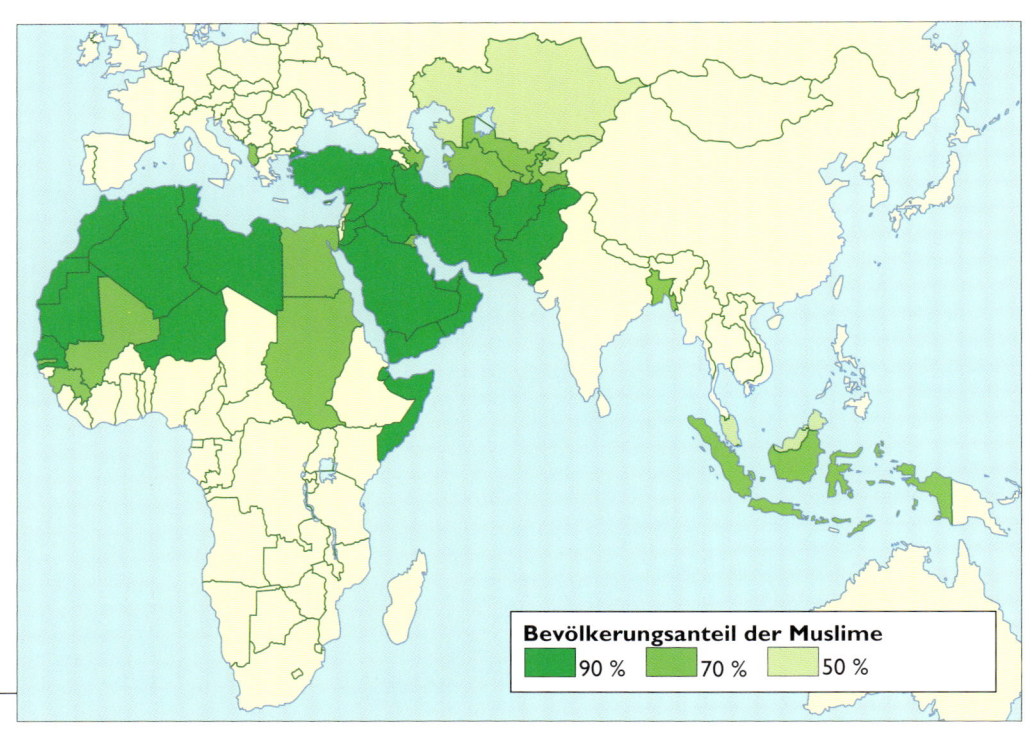

Bevölkerungsanteil der Muslime
90 %   70 %   50 %

ner ersten Vision im Alter von 40 Jahren bis zu seinem Tod mit 62 Jahren. Er prägte sich ihn ein und lehrte ihn Wort für Wort seinen Anhängern. Die Offenbarungen wurden niedergeschrieben und bald nach dem Tode des Propheten in einem Band gesammelt. Da die Worte als direkte Übermittlung von Gott selbst gelten, wird der Koran im arabischen Original gelesen und studiert und im Gottesdienst niemals übersetzt. Die Schönheit der Sprache des Koran wird oft als Beweis für seine göttliche Natur zitiert. Er gilt als Grundlage alles weiteren Wissens.

Hadithe

Und was euch der Gesandte gibt, das nehmt an, und was er euch untersagt, dessen enthaltet euch (Koran, Sure 59:7)

Mohammed soll das Wort Gottes durch seine Taten gedeutet haben. Geschichten über sein Leben und seine Worte wurden weitererzählt und 200 Jahre lang gesammelt. Gelehrte prüften sie auf ihre Zuverlässigkeit, indem sie die Tradition der Übermittlung verfolgten. Diese Berichte heißen Hadith und sind Orientierungsquellen für Moslims, wo besondere Anleitungen im Koran fehlen. Koran und Hadithe bilden die Basis des islamischen Rechts.

DIE FÜNF SÄULEN DES ISLAM

Muslime zeigen ihren Glauben im täglichen Leben durch die Einhaltung der fünf Säulen des Islam, die als Handlungen gelten, die aus dem Glauben entstehen.

1. Das Glaubensbekenntnis (Schahada)
Ein Moslem ist jemand, der mit Ernsthaftigkeit und Verständnis sagen kann:
„Es gibt keinen Gott außer Gott und Mohammed ist der Gesandte Gottes."

2. Das Gebet (Salat)
Täglich fünf Gebete: vor Sonnenaufgang, zu Mittag, am Nachmittag, nach Sonnenuntergang und in der Nacht.
Am Freitag treffen sich die Moslems zum Mittagsgebet in der Moschee. Freitag ist kein „heiliger Tag", das Geschäftsleben kann vor und nach dem Freitagsgebet weitergehen und er ist sonst wie jeder andere Tag.

3. Das Fasten (Saum)
Der Monat Ramadan ist als Monat des Fastens während der Tagesstunden festgelegt.

4. Die Armenabgabe (Zakat)
Zakat ist der Anspruch, den die muslimische Gemeinschaft an dem Geld des Einzelnen hat, das nicht zum täglichen Leben benötigt wird.
Oft wird er als 2,5 % kalkuliert und wird meist unter den Armen und Bedürftigen verteilt. Der Zakat ist das Minimum dessen, was ein jeder geben soll. Viele Muslime geben in Privatstiftungen oder Schenkungen weit mehr.

5. Die Pilgerfahrt (Haddsch oder Hadsch)
Alle Muslime sollen zumindest einmal im Leben nach Mekka pilgern, sofern sie es sich leisten können.
In vielen Ländern tragen jene, die diese Pilgerfahrt unternommen haben, den Titel „Hadschi" oder „Haddschi".

Muslime beten vor der Moschee in Lahore in Pakistan. Außer dem Freitagsgebet sprechen viele Muslime tägliche Gebete bei der Moschee.

GEMEINSCHAFTSRAUM
Der Islam lehrt, die ganze Welt ist eine Moschee, da man überall zu Gott beten kann. Eine Moschee bildet einen geeigneten Platz, an dem sich die muslimische Gemeinde treffen kann, und es gibt keine Unterscheidung zwischen Geweihtem und Alltag. In vielen Ländern rasten oder schlafen Reisende in Moscheen, da sie dem allgemeinen Gebrauch der Gemeinschaft dient.

Die Verbreitung des Islam

Diese Karte zeigt für alle Länder, in denen der Islam die Mehrheitsreligion ist, die Richtung an. In vielen sunnitischen Ländern gibt es jedoch große schiitische Minderheiten und im Irak lebt eine beträchtliche Menge Sunniten.

N ach dem Tode Mohammeds basierte die Führung der Moslemgemeinde auf einer Nachfolge von Kalifen („Stellvertreter"), unter denen sich der Islam weiter ausbreitete. Von der arabischen Halbinsel aus zogen arabische Truppen nord- und westwärts, eroberten Palästina, Jerusalem, Syrien, Ägypten und Nordafrika und drangen bis nach Spanien vor. Im Osten eroberten sie das persische Reich und standen zu Beginn des 8. Jahrhunderts in China. Kairo, Damaskus und Bagdad wurden bald wichtige soziale, politische und religiöse Zentren des Islam.

711 überquerten muslimische Truppen im Süden den Indus und zogen im Norden in Spanien ein. 732 erreichten sie ihren nördlichsten Punkt in Tours in Frankreich, wo sie geschlagen wurden.

Christliche Truppen aus Nordeuropa schlugen zurück und gewannen nach einigen Jahrhunderten die Kontrolle über Spanien, von wo die Muslime 1492 vertrieben wurden. Im 14. Jahrhundert zogen osmanische Türken aus Anatolien nach Osteuropa und nahmen den größten Teil des Balkans ein.

Unter dem Abbasidenkalifat in Bagdad (750–1258) dehnte sich ihre Kontrolle durch Nordindien bis an den Golf von Bengalen aus. Ab 1526 beherrschte das Mogulenreich in Indien den größten Teil des indischen Subkontinents, verlor aber allmählich den Einfluss auf Randgebiete und wurde schließlich 1858 von den Briten abgesetzt.

Sunniten, Schiiten und Sufis

Um die Mitte des 7. Jahrhundert unter dem Kalifat Alis spaltete sich der Islam wegen der Frage der religiösen Autorität innerhalb des Glaubens. So entstanden die beiden großen Hauptgruppen, die Sunniten („Mehrheit") und die Anhänger der Schia („Partei").

Sunniten halten die ersten drei Kalifen für legitime Nachfolger Mohammeds. Die Schiiten glauben, der erste wahre Nachfolger Mohammeds war Ali, sein Schwiegersohn. „Schia" bezog sich zunächst auf die Parteigänger des Ali und seine Söhne Hassan und Hussein, die 670 und 680 getötet wurden. Heute gibt es mehrere schiitische Gruppen. Die größte davon sind die Imamiten, die vor allem im Irak und Iran leben, und die Isamiliten, deren Mitglieder in alle Welt verstreut sind.

Seit dem 8. Jahrhundert entstand im Islam eine mystische Tradition, die den inneren spirituellen Zustand der Liebe zu Gott betont. Diese Tradition wurde als Sufismus bekannt. Es entstanden viele verschiedene Sufi-Orden, von denen einige bis heute bestehen. Im Gegensatz zu anderen Formen des Islam verwenden sufistische Muslime Musik, Trommeln und Tanz beim Gottesdienst. In letzter Zeit haben Sufis in allen Teilen der Welt starken Zuwachs erhalten.

Der Islam in der ganzen Welt

Auf der Erde leben derzeit mehr als eine Milliarde Muslime – konzentriert auf den

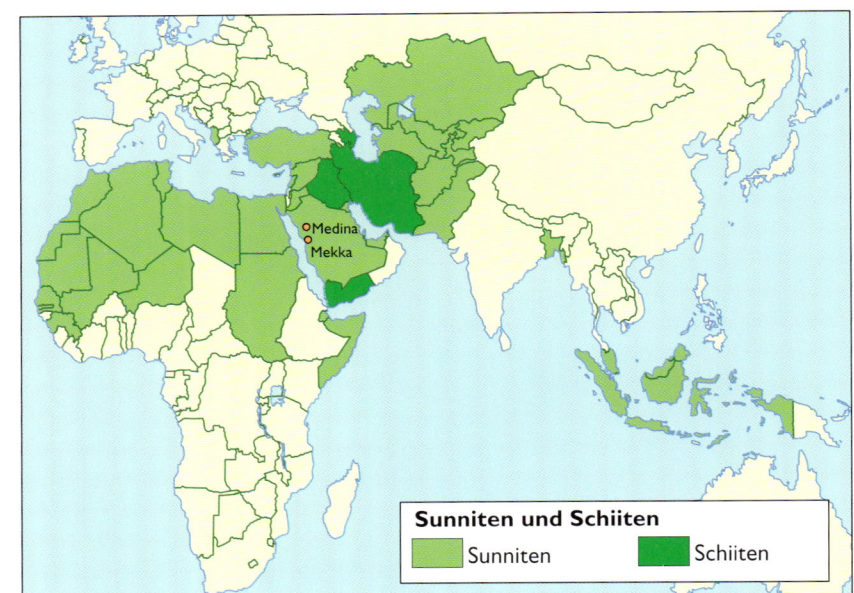

Sunniten und Schiiten
Sunniten
Schiiten
Medina
Mekka

Vorderen Orient und Nordafrika, sind aber auch in Westafrika, Süd- und Osteuropa und Malaysia zu finden. Zusätzlich gibt es starke muslimische Gemeinden in Westeuropa und den USA. Die meisten bestehen aus Einwanderern aus islamischen Ländern, doch vor allem in den USA brachte die Nation of Islam (auch: Black Muslims) viele Afroamerikaner dazu, zum Islam zu konvertieren.

Die islamische Regel der Bescheidenheit lässt Männer den Körper vom Hals bis zu den Knien bedecken. Frauen bedecken den ganzen Körper, manche lassen das Gesicht frei.

Eingang der Lotfollah-Moschee in Isfahan im Iran. Der Islam lehnt die Abbildung lebender Wesen ab, islamische Kunst verwendet stattdessen abstrahierte Formen und ausgeklügelte geometrische Muster.

71

Zeiten und Jahreszeiten

ID-FESTE
Die großen Feste des Islam – und die einzigen, die alle Moslems begehen – sind die beiden Ids und die drei heiligen Nächte. Beide Ids können zwei oder drei Tage dauern. Die vorgeschriebenen Rituale und Gebete müssen jedoch am ersten Tag des Festes ausgeführt werden.

D er islamische Kalender ist ein reiner Mondkalender, doch anders als in vielen anderen Mondkalendern findet keine Angleichung an den Sonnenkalender statt. Jeder Monat beginnt mit der Beobachtung der Mondsichel nach Neumond (Neulicht). Da das Mondjahr zehn oder elf Tage kürzer ist als das Sonnenjahr, verändern sich muslimische Datumsganbaben ständig im Verhältnis zum gregorianischen Kalender. Jahre zählen ab der Reise des Propheten nach Medina im Jahr 622). Das Jahr 1429 AH begann am 10. Januar 2008.

Arabische Feste
Das arabische Wort Id (Zeit oder Jahreszeit) ist für die Feste reserviert, die Mohammed einsetzte. Auch das gemeinsame Freitagsgebet in der Moschee ist ein Id im islamischen Sinn, auch wenn es kein Fest, sondern eine periodische freudige Zeit ist. Es gibt nur wenige überall begangene Feste im Islam, doch viele lokale Feste mit eigenen Traditionen. Manche Gruppen haben ihren eigenen Feiertag.

Singende Beduinen beim Id al-fitr am Ende des Ramadan.

EIN VON GOTT GEGEBENER KALENDER
„ Wahrlich, die Zahl der Monate bei Allah beträgt zwölf Monate, im Buche Allahs seit dem Tage, da Er Himmel und Erde erschuf."
(Koran, Sure 9:36)

Ein neuer Monat beginnt erst, wenn zwei verlässliche Zeugen das Neulicht des Mondes gesehen haben. Da das je nach Breitengrad und Wetter unterschiedlich sein kann, kann ein muslimisches Fest in verschiedenen Ländern auf verschiedene Tage fallen.

1 AL-HIDSCHRA (1. MUHARRAM)
Neujahrstag. Der Tag der Reise des Propheten von Mekka nach Medina, von dem aus das muslimische Datum berechnet wird

2 ASCHURA (9.–10. MUHARRAM)
Vom Propheten als Fastentag eingerichtet; heute bei Schiiten der Tag, an dem sie des Todes von Hussein, dem Enkel des Propheten in Kerbela gedenken

3 MAWLID AN-NABI (12. RABI' AL-AUWAL)
Geburtstag des Propheten Mohammed

4 TODESTAG VON ABD AL-QADIR AL-DSCHILANI (11. RABI' ATH-THANI)
Abd al-Qadir al-Dschilani gründete einen der größten Sufi-Orden. Am Jahrestag seines Todestags wird sein Tag in Indien und Pakistan mit Reden, Geschichten und einem Gedenkmahl gefeiert.

5 LAILAT AL MIRAJ (26./27. RAJAB)
Die Nachtreise des Propheten erinnert an die Reise Mohammeds von der Moschee in Mekka zur Al-Aksa-Moschee in Jerusalem und weiter in den Himmel.

6 LAILAT UL BARA'AH (14./15. SHA'BAN)
Die Nacht der Vergebung oder Nacht der Bestimmung, in der allen, die bereuen, Vergebung gewährt wird. Manche Muslime glauben, in dieser Nacht stellt Gott für jede Person die Weichen für das nächste Jahr. Daher bittet man um Gottes Segen oder um die Erfüllung eines Wunsches. Im Himmel soll es einen Baum geben, der in dieser Nacht Blätter verliert, von denen jedes den Namen von jemandem trägt, der im kommenden Jahr sterben wird.

Am 15. Sha'ban feiern Schiiten den Geburtstag des Imam Mahdi, des geheimen Imam, der eines Tages wiederkehren wird.

Muharram

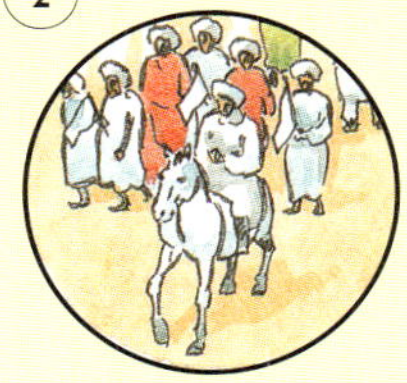

Safar

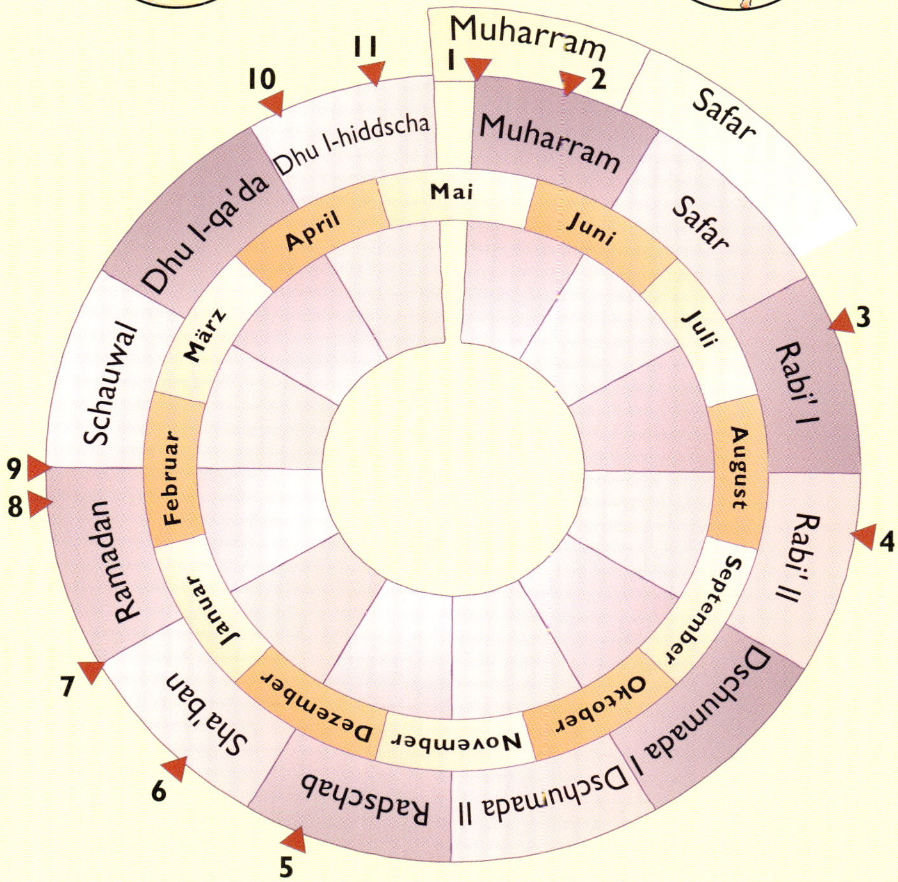

Rabi' I

Rabi' II

Dschumada I

Dschumada II

Radschab

Sha'ban

Ramadan

Schauwal

Dhu l-qa'da

Dhu l-hiddscha

Muharram

Safar

Mai

April

März

Februar

Januar

Dezember

November

Oktober

September

August

Juli

Juni

7 RAMADAN
Der Fastenmonat, in dem auch der Zakat eingehoben wird.

8 LAILAT AL-QADR (27. RAMADAN)
Die Nacht der Bestimmung, in welcher der Koran erstmalig offenbart wurde.

9 ID AL-FITR (1. SCHAUWAL)
Das Fest des Fastenbrechens am Ende des Ramadan, das zweite Hauptfest des Islam.

10 ID UL-ADHA (10. DHU L-HIDDSCHA)
Das Opferfest, der Höhepunkt der Hadsch, der jährlichen Pilgerzeit.

11 ID AL-GHADIR (18. DHU L-HIDDSCHA)
Das Teichfest, auch Ghadir-Khum-Fest. Schiiten feiern den Tag, an dem Mohammed seinen Schwiegersohn Ali beim Teich Khumm zu seinem Nachfolger bestimmt haben soll.

Ramadan und Id al-fitr

Pfannkuchen oder Samosas mit Quark und Nüssen, in Sirup getunkt, sind im Ramadan eine beliebte Süßigkeit. Viele Leute kaufen sie auf dem Heimweg für ihr iftar-Mahl.

Ramadan, der neunte Monat des islamischen Kalenders, ist der Monat, in welchem der Prophet den Koran vom Engel Gabriel erhalten haben soll. Er ist ein Monat des Fastens, in welchem alle außer Kinder, Schwangere, Reisende und Schwerkranke von Sonnenaufgang bis Sonnenuntergang fasten. Da der Islamische Kalender ein Lunarkalender ist, findet er zu unterschiedlichen Jahreszeiten statt. In Breitengraden fern des Äquators kann es wegen der langen Tage im Sommer weit schwieriger sein als im Winter. Anfang und Ende des Ramadan werden vom Erscheinen der neuen Mondsichel markiert.

Fasten und Gebet

Kinder werden schon früh allmählich dazu angehalten, zu fasten. Sie versuchen es erst einen Teil des Tages, dann einen Tag der Woche, dann an aufeinanderfolgenden Tagen, sodass sie ein Erfolgserlebnis haben, wenn sie einen ganzen Monat fasten sollen. Wer krankheitshalber oder aus anderen Gründen Tage auslassen muss, holt sie nach. Wer gar nicht fasten kann, spendet stattdessen Geld oder Nahrung. Wer nicht fastet, sollte zu Hause essen und trinken; in muslimischen Ländern ist das Essen und Trinken in der Öffentlichkeit im Ramadan verboten. Abends versammeln sich die Familie und Gäste und warten auf den Ruf zum Gebet, der das Ende des Tagesfastens anzeigt. In jeder Nacht werden in der Moschee etwa ein Drittel des Korans rezitiert und besondere Gebete gesprochen.

Abends besucht man Freunde und Verwandte und versucht, zerbrochene Beziehungen zu heilen. Manche bleiben die Nacht über wach und schlafen in den frühen Morgenstunden und vor Sonnenuntergang. Tagsüber arbeitet man, doch im Vorderen Orient ist die Arbeitszeit oft um eine bis zwei Stunden verkürzt.

Die Nacht der Bestimmung

Mohammed erhielt die ersten Worte des Korans vom Engel Gabriel an einem ungeraden Tag im letzten Drittel des Ramadan (meist am 27. gefeiert). Dies ist Lailat al-Qadr – die Nacht der Bestimmung. Der Koran beschreibt diese Nacht als

Am Ende des Fastenmonats Ramadan versammelt sich die Menge: Das Aufgehen der neuen Mondsichel zeigt das Ende des Fastens an, nun wird gefeiert.

„besser als tausend Monate" und fügt hinzu: In dieser Nacht werden die Gebete des aufrichtigen Moslems gehört."

Id al-fitr

Gegen Ende des Ramadan säubern Muslime ihr Haus, bereiten neue Kleider und Geschenke vor und planen ein großes Fest für das Erscheinen der neuen Mondsichel, die das Ende des Fastens markiert. Es wird gefeiert und man tauscht Grüße oder Karten mit den Worten „Id mubarak" (Gesegnetes Fest) oder „Elveda, ey Ramazan" (Leb Wohl, Ramadan!).

Die frühmorgendlichen Id-Gebete finden oft im Freien statt, um die großen Mengen unterzubringen, die in ihren besten Kleidern kommen, um zu feiern und Gott zu danken. Später besuchen die Familien oft die Gräber ihrer Verwandten, tauschen Geschenke aus und feiern. Kandierte Mandeln sind ebenso wie Schokolade und Nüsse eine Spezialität des Festes. Zum Hauptfest wird oft ein ganzes gefülltes Lamm mit vielen Beilagen serviert.

RAMADAN-SPEISEN

Jede Kultur hat ihre eigenen Spezialitäten als Ramadan-Speisen, Es gibt keine Regeln, Die meisten der folgenden Beispiele stammen aus Ländern des Vorderen Orients.

SUHOOR - VOR SONNENAUFGANG

„Der Prophet sprach: Wie gut sind doch Datteln als Suhoor des Gläubigen" (aus der Sunna des Propheten, den Worten und Taten Mohammeds).

Suhoor-Speisen sollen sättigen, aber nicht gesalzen sein, mit viel Flüssigkeit dazu.
  Brot mit Olivenöl
  Dattel- oder Rosinenbrot
  Reis- oder Weizenbrei oder andere Körnerkost
  Gekochte Eier
  Quark oder Joghurtkäse – ungesalzen, eventuell mit Zucker oder Honig gesüßt, mit Rosenwasser gewürzt
  Datteln oder andere Früchte
  Qamer ed-din, ein Getränk aus Aprikosen, das in Jordanien beliebt ist
  Süßer Tee

IFTAR – NACH SONNENUNTERGANG

Zum Fastenbrechen:
  Ein paar Datteln, traditionell eine ungerade Zahl
  Kleine gewürzte Kuchen mit Käse
  Pistazien
  Fruchtsaft – Aprikosen- und gesüßter Tamarindensaft sind besonders beliebt
  Ein Tee aus Hibiskusblüten oder Süßholzwurzeln

All dies hilft, die Säfte im Körper auszugleichen und den Magen sanft auf die größere Mahlzeit vorzubereiten.

Caritas

Eine Art, das Ende des Ramadan zu feiern, besteht darin, den Zakat zu spenden in Anerkennung von Gottes guten Gaben, der weltweiten Familie des Islam und der Bedürfnisse der Hungrigen. Dies ist der Zakat al-fitr, eine zusätzliche Spende zum verpflichtenden Zakat, der eine der fünf Säulen des Islam bildet. Er sollte vor dem Beginn des Id-Gebets gespendet werden, doch viele Muslime spenden vor dem Ende des Ramadan, damit auch die Bedürftigen das Fest vorbereiten können wie alle anderen.

Nach dem Maghrib, dem Abendgebet:

  Eine nahrhafte Linsen- oder Kichererbsensuppe oder eine Hühnerbrühe mit Nudeln
  Ein herzhafter Fleisch- oder Gemüseeintopf, mit gewürztem Reis und getrockneten Früchten
  Salat mit Zitrone und Minze
  Essiggemüse und Dips wie Kichererbsen- oder Auberginendip
  Süßigkeiten, oft Gebäck oder Pfannkuchen, mit Quark und Nüssen gefüllt und in Sirup oder Honig getaucht

Zu jeder Zeit der Nacht

  Snacks wie Trockenfrüchte oder Nüsse
  Getränke, vor allem Kräutertee und Fruchtsaft

Die Hadsch und Id ul-Adha

D ie jährliche Wallfahrt nach Mekka – die Hadsch – und das Opferfest Id ul-Adha gehen auf die Gründung der heiligen Stadt Mekka durch Abraham und seinen Sohn Ismael vor langer Zeit zurück.

Ein Platz in der Wüste

Der Prophet Abraham war ein Freund Gottes und hielt hartnäckig an der Einheit Gottes fest, obgleich viele Leute um ihn herum viele Götter anbeteten. Jahrelang hatte Abraham keine Kinder, doch dann versprach Gott ihm einen Sohn von seiner zweiten Frau Hagar. Als dieser Sohn noch ein Baby war, befahl Gott Abraham, die Mutter und das Kind in der Wüste zurückzulassen, mit etwas Wasser, und zwar an der Stelle, wo heute Mekka liegt. Dieser Platz werde eine Gemeinde begründen, in der Gott verehrt würde.

Als das Wasser aufging, weinte das Baby vor Durst. Verzweifelt lief Hagar siebenmal zwischen den Hügeln, die heute als Safa und Marwa bekannt sind, hin und her, doch sie fand kein Wasser. Da half ihr der Engel Gabriel. Er schlug

auf den Boden und eine Quelle kam hervor. Sie ist heute in einem Brunnen gefasst und heißt Zamzam. Mutter und Kind tranken und ließen sich an der Quelle nieder. Abraham besuchte sie immer wieder und als das Kind Ismael älter war, bauten Vater und Sohn die Kaaba wieder auf als erste Moschee zur Verehrung Gottes. Sie riefen Leute aus der Umgebung auf, jährlich an diesen Ort zu pilgern.

Doch dann kam noch ein schwererer Test für Abraham: Gott befahl ihm, seinen Sohn Ismael zu opfern. Abraham wartete, bis Ismael alt genug war und erzählte ihm dann traurig von Gottes Befehl. Zu seiner Überraschung sagte ihm der Junge, er sei bereit zu erleiden, was auch immer Gott verlangt habe. Also brachen sie nach Mina auf, dem geplanten Opferplatz. Unterwegs versuchte der Teufel dreimal, Abraham zu versuchen und von seinem Gehorsam abzubringen, doch Abraham bewarf ihn mit Steinen und er versank im Boden.

Als Gott sah, dass Abraham und sein Sohn seinen Befehl ausführen wollten, griff er ein und befahl Abraham stattdessen eine Ziege zu opfern.

Das Opferfest

Id ul-Adha, das Opferfest, erinnert an Abraham und Ismaels Bereitschaft, Gott alles zu opfern. Das dreitägige Fest, das Hauptfest des Islam, beginnt am 10. Tag des letzten Monats des islamischen Jahres. Dies ist der Monat der Hadsch – Dhu l-hiddscha –, der Wallfahrt nach Mekka, die einen der fünf Pfeiler des Islam bildet.

Das Fest beginnt bei Sonnenuntergang mit Gebeten. Alle Familienmitglieder tragen neue Kleider. Dann wird ein Lamm oder ein Schaf geopfert, mit Kopf nach Mekka. Sein Fleisch wird innerhalb

Jedes Jahr kommen zur Zeit der Hadsch mehr als zwei Millionen Menschen nach Mekka und wandern siebenmal um die Kaaba im Hof der Moschee.

DIE RITEN DER HADSCH

Bei der Ankunft in Mekka
Männer legen das Pilgergewand an und beten: „Hier bin ich, Gott, zu deinem Dienst! Hier bin ich zu deinem Dienst!"

8. Dhu l-hiddscha
Wanderung nach Mina, ein kleiner, unbewohnter Ort östlich von Mekka

9. Dhu l-hiddscha
In die Ebene Arafat, wo die Pilger bis Sonnenuntergang meditierend stehen. Muslime in der ganzen Welt versammeln sich in der nächsten Moschee in geistiger Gemeinschaft mit jenen in Arafat. Zurück nach Muzdalifa, um 49 Kieselsteine zu sammeln.

10 Dhu-l-hiddscha
Sieben Steine gegen jeden der drei weißen Steinpfeiler von Mina werfen in Erinnerung von Abrahams Widerstand gegen die Versuchung.
Durchführung des Opfers.
Pilgergewand ablegen und Alltagsgewand anlegen.
Haarschnitt – bei Männern der ganze Schädel, bei Frauen eine symbolische Locke.
Nach Mekka für den tawaf, die siebenmalige Umrundung der Kaaba, bei jeder ist ein Gebet zu sprechen.
Dann beten und das Wasser des Zamzam trinken.
Sa'y, der siebenmalige Lauf zwischen Al-Safa und Al-Marwa, zwei kleinen Hügeln, die knapp 500 m voneinander entfernt liegen, zur Erinnerung an Hagars Suche nach Wasser.

11.–13. Dhu l-hiddscha
Rückkehr nach Mina, um die restlichen Kiesel gegen die Steinpfeiler zu werfen.
Vor der Abreise aus Mekka umrunden die Pilger die Kaaba meist erneut, um sich von der heiligen Stadt zu verabschieden.

Stehen in Meditation

Zelte für die Pilger

Mina – symbolische Steinigung des Teufels

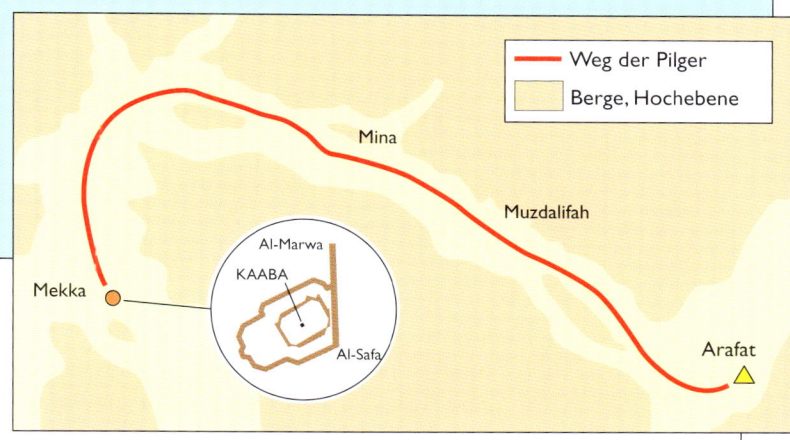

der Familie, an Nachbarn und die Armen ausgeteilt und Karten und Geschenke werden ausgetauscht. Für die Zubereitung des Lamms gibt es sehr unterschiedliche Rezepte; in einem wird es ganz gebraten mit einer Süßigkeit im Maul.

Kinder freuen sich auf dieses Fest, denn sie bekommen besondere Zuwendung, Aufmerksamkeit und Geschenke.

Pilgerreise nach Mekka
Für die rund 2,5 Millionen Muslime, die jährlich nach Mekka reisen, ist die Hadsch der Höhepunkt ihres religiösen Lebens. Vor dem Aufbruch sollten Pilger alle

Schulden bezahlen und dafür sorgen, dass sie sich die Reise leisten können und dass ihre Familie gut versorgt ist.

Während der Haddsch versuchen Muslime, einander wie Geschwister zu behandeln. Um alle Klassenunterschiede zu beseitigen, tragen männliche Pilger nur zwei weiße Baumwolltücher, den Ihram, und Frauen ein schlichtes Gewand, das sie völlig einhüllt.

Die Karte zeigt den Schauplatz der Riten der Hadsch. Die Distanz zwischen Mekka und Arafat beträgt rund 24 km, von Safa bis Marwa (kleine Karte) sind es rund 500 Meter.

Aschura, Mawlid an-Nabi, Lailat al-Miraj

M anche muslimische Feste wie Mawlid an-Nabi und Lailat al-Miraj entstanden nicht mit dem Propheten oder wurden von ihm nicht anerkannt, und es gibt heftige Debatten und Streitereien unter den religiösen Autoritäten, ob sie überhaupt gefeiert werden sollen. Ein weiteres Fest, Aschura, wurde von Mohammed anerkannt, seine Bedeutung hat sich seither aber verändert.

Aschura wird am 9. und 10. Muharram gefeiert. Es mag auf das jüdische Pessachfest zurückgehen. Offenbar richtete Mohammed, der Sitte der Juden von Medina folgend, ein zweitägiges Fest ein, doch sagte er auch, dass das nicht verpflichtend war.

Das Fest erinnert heute an die Ereignisse, die an jenen Tagen der Tradition zufolge stattfanden. Dazu gehört Noahs sichere Landung mit der Arche nach der Sintflut ebenso wie die Geburt des Propheten Abraham, der später die Kaaba errichtete. Doch für Schiiten ist Aschura von größter Wichtigkeit: Sie betrauern den Tod von Hussein, dem Enkel Mohammeds, in der Schlacht von Kerbela.

Zu Ehren des Propheten

Der Tradition zufolge wurde der Prophet Mohammed am 12. Rabi' al-auwal in Mekka geboren und starb 632 um die gleiche Jahreszeit. Zum Fest Mawlid an-Nabi feiert man seine Geburt und betrauert seinen Tod. Im Gedenken an die zwölf Tage von Mohammeds letzter Krankheit dauert es die ersten zwölf Tage des Monats. Wie der Tag begangen wird, ist sehr unterschiedlich und hängt von lokalen, im Volk verankerten Gebräuchen ab. Die Sufis lehren, es sei eine Zeit, um seine Liebe und seinen Respekt gegenüber dem Propheten zum Ausdruck zu bringen.

Nächtliche Himmelfahrt

Gepriesen sei Der, Der bei Nacht Seinen Diener von der heiligen Moschee zu der fernen Moschee, deren Umgebung Wir gesegnet haben, hinführte, auf daß Wir ihm einige Unserer Zeichen zeigten. Wahrlich, Er ist der Allhörende, der Allsehende.
(Koran, Sure 17:1)

Lailat al-Miraj, die Nacht der Auferstehung, erinnert an die Reise, die Mohammed von der Moschee in Mekka aus zur Al-Aksa-Moschee in Jerusalem und von dort in den Himmel unternahm. Muslime debattieren darüber, ob dies eine rein spirituelle Erfahrung oder eine körperliche Reise war, die durch ein Wunder in einer Nacht stattfand.

DER RESPEKTIERTE MONAT
Muharram, der Name des ersten Monats des muslimischen Kalenders, bedeutet „respektiert". Der Islamische Kalender zählt die Monate ab dem Tag der Hedschra, der Auswanderung des Propheten Mohammes von Mekka nach Medina. Der erste Tag des Muharram heißt al-Hidschra. An diesem Tag besuchen Muslime die Moschee, um Geschichten vom Propheten und seinen Begleitern auszutauschen.

Der Tempelberg in Jerusalem mit dem Felsendom. Von der Al-Aksa-Moschee aus trat Mohammed seine Himmelfahrt an.

DIE MÄRTYRER VON KERBELA

In der Zeit der Verwirrung und des Streits über die Anführung der muslimischen Gemeinschaft wurde Hussein, der Enkel des Propheten, Herrscher des heutigen Irak.

Schiitischer Tradition zufolge baten die Bewohner von Kufa, einer Stadt im heutigen Irak, Hussein, anstelle von Yazid, ihr Herrscher zu werden, dessen Herrschaft sie als Unrecht betrachteten. 51 AH (561 n. Chr.) brach Hussein mit seiner Familie und einigen Anhängern in dem Glauben nach Kufa auf, er hätte dort Unterstützung. Doch Yazid befahl seinen Soldaten, sie in der Wüste zu umzingeln und daran zu hindern, Kufa zu erreichen. In Kerbela litt Husseins Gruppe aus Männern, Frauen und Kindern erst Hunger und Durst, ehe sie von einer riesigen Armee angegriffen und niedergemetzelt wurden. Schiiten erzählen, wie Husseins jüngster Sohn in seinen Armen getötet wurde. Als Hussein endlich fiel, wurde sein Kopf im Triumph zu Yazid gebracht.

Für schiitische Muslime ist Kerbela ein Wallfahrtsort gleich hinter Mekka. Die ersten 10 Tage des Muharram gelten als Trauerzeit. Das wichtigste Ereignis dieses schiitischen Fests ist eine große Prozession durch die Straßen zu Ehren der Märtyrer.

Zur Prozession gehören Nachbildungen von Husseins Grab aus Bambus und Papier, die grünen Flaggen von Husseins Armee und ein weißes Pferd. Ringer, Tänzer und Schauspieler stellen die Schlacht von Kerbela nach, und Trauergebete werden gesprochen, während junge Männer sich auf die Brust schlagen und klagen: „O Hussein, wir waren nicht da!"

Muslime in Neu-Delhi in Indien bauen eine Kopie vom Grab Husseins für die Muharram-Prozession.

Das Fest wird traditionell in der Nacht vor dem 27. Rajab gefeiert. In der Moschee werden Berichte von der Reise und Reden über die Bedeutung der vielen Zeichen, die er unterwegs sah, gehalten.

Dem Bericht des Propheten zufolge, den mehrere seiner Zuhörer wiedergeben, habe er mitten in jener Nacht in der Moschee in Mekka gebetet und sei dann eingeschlafen. Der Engel Gabriel weckte ihn und gab ihm ein Wundertier (Buraq), auf dem er nach Jerusalem ritt, wobei er immer wieder anhielt, um zu beten. Bei der Al-Aksa-Moschee in Jerusalem leitete er das Gebet früherer Propheten.

Dann erhob ihn Gabriel vom Felsen Stufe für Stufe in den siebten Himmel und schließlich in die Gegenwart Gottes. Gott lehrte ihn die Lebensweise der Muslime, wozu 50 Gebete täglich gehörten. Auf Anraten von Moses bat Mohammed mehrmals um eine Verringerung dieser Zahl: so viele Gebete würde niemand bewältigen. Als die Zahl auf fünf reduziert worden war, bat er um keine weitere Reduktion.

FESTE DER HINDUS

Der Hinduismus ist die ureigene Religion Indiens. Sie hat sich über tausende Jahre zu einem Lehr- und Kulturgebäude entwickelt und hat ihren Namen nach einem alten westlichen Wort für Indien: „Hind", das Land jenseits des Indus. Die indische Eigenbezeichnung lautet Sanatana Dharma, was etwa mit „unablässige Arbeit der Seele" oder „ewige Wahrheit" übersetzt werden kann. Religion war in Indien immer ein Teil des Alltags: für den Körper ist es natürlich, zu atmen und zu essen; für die Seele, Religion zu erfahren.

Wahrheit und Illusion

Die älteste Lehre des Hinduismus ist der Rigveda, die vedischen Hymnen: Dichtung, die aus urvordenklicher Zeit mündlich überliefert und schließlich um 1.500 v. Chr. in Sanskrit festgehalten wurde. Das zentrale Thema des Rigveda ist die Suche der Seele nach Befreiung vom Leid und die letztendliche Erlösung vom Kreislauf von Geburt und Tod.

Die gegenwärtige, veränderliche Welt von Geburt und Tod, durch die unser aller Lebensweg führt, ist, so die vedische Lehre, eine Illusion: die Wahrheit ist unveränderlich und ewig. Diese ewige Wahrheit ist als Weltseele oder Brahman allgegenwärtig – die Kraft, die das Universum erhält. Gott manifestiert sich in den vielen Gottheiten und den unzähligen lebendigen Wesen auf Erden.

Soziale Verpflichtungen

Über die Jahrtausende entwickelte die hinduistische Gesellschaft eine ausgeklügelte soziale Ordnung, in der jeder eine Rolle hat. Im Zentrum dieser Ordnung steht das Konzept des Dharma (Sitte, Recht, Pflicht, Moral), das von einigen verlangt, mit ihren Händen zu arbeiten, von anderen, Kaufleute, Anführer oder Lehrer zu sein. Es gibt Pflichten in Verbindung mit der Familie, mit bestimmten Lebensabschnitten und mit der Teilnahme an bedeutenden Riten zu Geburt, Heirat und Tod. Alles zielt auf die ultimative Pflicht ab: das wahre Selbst zu verstehen, wie es das Sanskrit-Wort „Tat Tvam Asi" zusammenfasst: „Du bist Geist".

Hindus hören beim Bad im heiligen Ganges einem Brahmanen zu, der aus den Schriften vorliest.

Die Ursprünge des Hinduismus

Schiwa Nataraja, der „König der Tänzer", symbolisiert den ewigen Rhythmus von Schöpfung und Zerstörung.

Die Lehren des Hinduismus, die Veden, wurden zunächst in Form von Geschichten und Liedern mündlich überliefert, bewahrt von spirituellen Lehrern. Diese *Brahmanen* führten ihre Weisheit bis auf das erste erschaffene Wesen zurück: Brahma, der von Vishnu, dem „Alldurchdringenden", der jenseits von Zeit und Raum existiert, belehrt wurde. Nach seiner Lehrzeit bei Vishnu war es Brahma, der das Universum schuf. Die älteste Schule des Hinduismus ist auch heute noch als Brahma Sampradaya bekannt: „die Lehren, die von Brahma auf uns kamen".

Fusion von drei Kulturen

Modernen Gelehrten zufolge zeigen die Veden den Einfluss der frühen Indoiraner, den östlichsten der indogermanischen Völker, die das Gebiet des heutigen Iran besiedelten. Es gibt Beweise dafür, dass die Indoiraner, die sich selbst „Arier"

Anhänger versammeln sich in einem Krishna-Tempel in Jaipur, um Auslegungen der Lehren der Bhagavad Gita zu hören.

KARMA – DIE REISE DER SEELE

Das Gesetz von Ursache und Wirkung, das Karma, bestimmt das Geschick aller Wesen. Mitunter wird es als simpler Prozess von Belohnung und Strafe aufgefasst. Auf einer tieferen Verständnisebene hat es jedoch mit der Erfüllung der Wünsche und dem Erfassen des Weges der Seele auf der materiellen Ebene zu tun.

Krishna lehrt in der Bhagavad Gita, dass die Seele nach dem Tod in einen neuen Körper wiedergeboren wird, der so beschaffen ist, dass er die Wünsche der Seele genau erfüllen kann – etwa wie ein Vogel fliegen zu können oder friedvoll und gütig wie eine Kuh zu sein. Jenen, die es nach Weisheit verlangt, wird eine Geburt als Mensch geboren; dies öffnet den Pfad zur Selbsterkenntnis und damit letztendlich zum Ausstieg aus dem Kreislauf von Geburt und Tod. Als Mensch geboren zu werden gilt daher als das größte aller Geschenke.

nannten, zwischen 3000 und 1500 v. Chr. nach Indien einwanderten.

In Nordindien trafen die Arier auf eine etablierte Kultur: die Stadt Mohenjo-Daro im heutigen Pakistan z. B. verfügte über gepflasterte Straßen und ein sorgfältig gepflegtes Abwassersystem. Südindien hatte die neolithische Dekkan-Kultur hervorgebracht, die über 1.500 Jahre bis etwa 1000 v. Chr. ihre Blüte erlebte. Der frühe Hinduismus entstand aus der Fusion dieser drei Kulturen.

Heilige Schriften

Vor etwa 3.000 Jahren begann den Hindus zufolge Kaliyuga, das „Eiserne Zeitalter", und damit der Verfall von Intelligenz und Gedächtnis der Menschheit. Die Veden mussten aufgeschrieben werden, um sie für kommende Generationen zu erhalten. Die Gesänge wurden auf vier Bücher aufgeteilt: *Rigveda, Samaveda, Atharvaveda* und *Yajurveda*. Daraus entwickelte sich eine umfassende spirituelle Lehre in Form der heiligen Schriften, zu denen auch die Upanishaden (philosophische Abhandlungen) und die Puranas („historische" Epen) gehören.

Zwei dieser Epen wurden zu den bestimmenden Texten für Glauben und Verehrung der Hindus: das *Ramayana* und das *Mahabharata*, die die Geschichte von Rama und Krishna erzählen und die essenziellen Lehren der hinduistischen Tradition enthalten. Neben diesen heute populärsten hinduistischen Schriften gibt es noch das *Bhagavatapurana* über das Leben Krishnas (als Avatar Vishnus), das viele ältere vedische Weisheiten enthält.

Der „Gesang Gottes"

Das *Mahabharata* enthält die Bhagavad Gita („Gesang Gottes"), die vielen Hindus als die Essenz hinduistischer Weisheit gilt. Im Dialog zwischen Krishna und seinem Freund Arjuna lehrt Krishna ihn den Weg des Bhakti, der Hingabe an einen personalen Gott, als dem Pfad, der von allen am einfachsten zu befolgen sei.

DAS UNSTERBLICHE ATMAN

Die Veden lehren, dass das wahre Selbst, das *Atman*, eine unsterbliche Seele ist, die in einem Körper nach dem anderen reinkarniert. Demnach ist jedes Lebewesen, egal ob Tier oder Mensch, im Kern eine ewige Seele, die einen vergänglichen Körper bewohnt.

Das eigene Atman kann nicht im Feuer verbrannt werden, es wird vom Wasser nicht feucht und vom Wind nicht beeinflusst. Es ist ohne Anfang und Ende. Durch seine Präsenz als Selbst gibt das Atman dem Körper Energie. Jede Seele will auf ihre eigene Art die Welt erfahren, und um dieses Begehren erfüllen zu können, betritt sie den Kreislauf der Wiedergeburten, genannt *Samsara*.

Verlässt die Seele einen Körper, stirbt dieser, und die Seele wird in einen neuen Körper geboren. Auf ihrer Wanderung von Körper zu Körper, immer auf der Suche nach dem Glück, nimmt die Seele jede Lebensform an, vom Insekt bis zum Gott:

„Denn wie die Seele jetzt im Leib
Zum Knaben, Jüngling, Greise wird,
So lebt sie auch im neuen Leib:
Das glaubt der Weise unbeirrt."
(Bhagavad Gita 2.13)

Weil die Seele unsterblich ist, findet sie Zufriedenheit nicht in den vorübergehenden Vergnügungen dieser Welt, sondern im ewigen Reich des Geistes. *Moksha*, die Befreiung aus dem Samsara, wird mit der Erkenntnis möglich, dass das Atman (das individuelle Selbst) und das Brahman (das kosmische Selbst) im Wesenskern identisch sind. Geschieht dies, wird das Atman von der Reinkarnation befreit und mit dem Brahman wieder vereinigt.

Krishna lehrt, dass alle Lebewesen die ewigen Kinder Gottes sind und Glückseligkeit erfahren dürfen, wenn sie ihr gesamtes Tun in eine Hingabe an Gott verwandeln. Dies befreie das Selbst aus dem Kreislauf der Wiedergeburten und ermögliche ihm die Rückkehr in das ewige spirituelle Reich und die Wiedervereinigung mit Gott. Krishna rät zu Taten in der Welt, ohne den Folgen anzuhaften: die Absicht zählt. Durch selbstloses Handeln zu Ehren Gottes finde der Einzelne zu Freiheit und Frieden:

Was du vollbringst und was du isst, / Dein ganzes Opfern und Kastein, / Das sollst du gleichsam immerdar / Als eine Darbietung mir weihn. / So wirst du frei vom Bann der Tat, / Ob Freuden oder Leid sie bringt, / Zu mir geht einst erlöset ein, / Wem der Entsagung Werk gelingt.
(Bhagavad Gita 9:27–28)

Ein Brahmane hält vor einem Hanuman-Schrein in Khajuraho in Nordindien eine Puja ab.

Hindu-Gottheiten

Weltweit gibt es ca. eine Milliarde Hindus; die Mehrheit lebt in Südost-asien. Abgesehen vom UK, der USA, Kanada und Südafrika haben sich noch in Mauritius, Fidschi, Guyana und Trinidad und Tobago Gemeinden mit mehr als 300.000 Mitgliedern etabliert.

Hindus glauben an ein höchstes Wesen in unendlich vielen Gestalten. Die beiden großen Gottheiten des Hinduismus sind Vishnu und Schiwa, die beide Aspekte des einen höchsten Wesens sind. Sie haben ihre je eigenen glühenden Anhänger, die sie als die höchste Gottheit verehren, und eigen-ständige Traditionen der Lehre und Ver-ehrung. Gemeinsam mit Brahma bilden sie die Trinität aus Brahma, Vishnu und Schiwa, den Göttern der Schöpfung, der Bewahrung und der Zerstörung.

Die Balance zwischen Vishnu und Schiwa erhält die Göttin Devi. Die Mut-tergöttin begleitet Vishnu als Lakshmi und Schiwa als Parvati. Alle anderen Göt-ter und Göttinnen sind Ausprägungen der drei Gottheiten Vishnu, Schiwa und Devi bzw. des einen höchsten Wesens.

Der Bewahrer

Vishnu ist die Grundlage der Existenz. Er gebiert Brahma, den Schöpfer, und tritt als Narayana in die Welt, als „ewiger Mann" oder „der aus dem Wasser Kommende". Er schläft am Urgrund des Universums, umsorgt von der Göttin Lakshmi. Wann immer es eine Störung im Gleichgewicht des Universums gibt, nimmt er menschliche Form an, um die religiösen Lehren wieder zu festigen und die Rechtschaffenheit zu beschützen. Seine Rolle als gerechter und pflichtbe-wusster Führer zeigt sich exemplarisch in seiner Inkarnation als Rama, dessen Ge-schichte im *Ramayana* erzählt wird. Als Krishna, der die Bhagavad Gita lehrte, tritt er in seiner Rolle als Unterweiser auf.

Der Zerstörer

Schiwa verkörpert die Kräfte von Tod und Vernichtung. Er ist leicht zu erfreuen und seinen Anhängern gegenüber nachsichtig. Wenn das Universum durch Schiwas Macht an sein Ende kommt, schlägt er seine kleine Trommel, mit der er seinen Tanz der Zerstörung begleitet.

Er reitet den Nandi-Bullen und trägt auf seinem Haupt eine Mondsichel. Aus seinem Haar fließt Wasser – Symbol für den Ganges, den er auffing, damit sein Gewicht nicht die Berge zertrümmert. Seine Heimat ist der Berg Kailash im Himalaja, wo er sehr viele Anhänger hat. Man sagt, dass er auf verbrannter Erde lebt und seinen Körper mit Asche be-streut oder in tiefer Meditation verharrt.

Die zehn Inkarnationen des Vishnu

Vishnu kommt zehnmal als Avatar - „Der Herabsteigende" - in die Welt, um das Gleichgewicht von Gut und Böse wieder herzustellen. Vishnus Avatare nehmen fortlaufend komplexere Formen an, vom Fisch übers Säugetier zum Menschen. Die Geschichten um diese Avatare hatten großen Einfluss auf die Hindu-Kultur.

1. Matsya der Fisch rettete die Veda-Gesänge und alles Leben vor der Flut.

2. Kurma die Schildkröte half den Göttern, Unsterblichkeit zu erlangen.

3. Varaha der Eber rettete die Erde vom Urgrund des Universums.

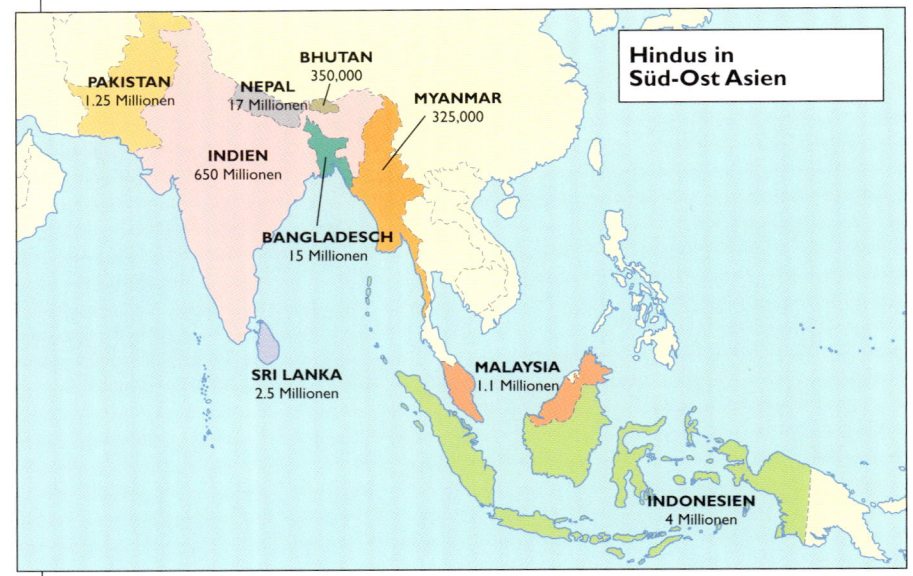

Hindus in Süd-Ost Asien

PAKISTAN
1.25 Millionen

NEPAL
17 Millionen

BHUTAN
350.000

MYANMAR
325.000

INDIEN
650 Millionen

BANGLADESCH
15 Millionen

SRI LANKA
2.5 Millionen

MALAYSIA
1.1 Millionen

INDONESIEN
4 Millionen

4. Narasimha, der Löwenmensch, tötete den Dämon Hiranyakashipu und rettete dessen Sohn Prahladaa.

5. Vamana, der Zwerg, besiegte den mächtigen König Bali.

6. Parasurama besiegte die Kriegerkönige und brachte Frieden.

7. Rama, der Held des *Ramayana*.

8. Krishna, der Kuhhüterjunge und Lehrer der Bhagavad Gita.

9. Buddha lehrte Gewaltfreiheit und Mitgefühl.

10. Kalki wird am Ende der Zeit erscheinen, die Dämonen überwinden und einen neuen Zyklus des Universums begründen.

Jungen bei einer Puja für Vishnu im Tempel von Budhanilakanath im Tal von Kathmandu in Nepal. Der aus schwarzem Stein gehauene Vishnu liegt halb unter Wasser auf der kosmischen Schlange Anantasesh.

Eine Frauengruppe, die aus ihrem Dorf in Nordindien nach Varanasi gepilgert ist, hält an den Ufern des heiligen Flusses Ganges eine Puja ab.

Kalendarisches und Saisonales

Sadhus aller hinduistischen Traditionen Indiens versammeln sich alle zwölf Jahre zur Kumbh Mela. Die Millionen Menschen bei diesem größten religiösen Fest der Welt baden am Zusammenfluss von Ganges und Yamuna und an dem Ort, an dem der historische Fluss Saraswati aus dem Boden entsprungen sein soll.

Der Kalender der Hindus ist in Sanskrit abgefasst, der alten Sprache Indiens. Er besteht aus 12 lunaren Monaten zu jeweils 30 lunaren Tagen, den *Tithis*. Die Monate sind in Hälften (*Pakshas*) von je 15 Tagen geteilt.

Am Tag des Neumondes beginnt die *Suklapaksa* (lichte Hälfte des Monats), mit dem Vollmond die *Krsnapaksa* (dunkle Hälfte des Monats). In indischen Datumsangaben wird die lichte Hälfte gerne mit „*Sudi*", die dunkle mit „*Badi*" abgekürzt. Das Janmashtami-Fest z. B., das am 8. Tag der dunklen Hälfte im Sravana begangen wird, fiele demnach auf Sravana Badi 8.

Das Mondjahr

Da ein Mondmonat $29\frac{1}{2}$ Tage dauert ist das lunare Jahr nur ungefähr 354 Sonnentage lang. Deshalb werden der lunare und der solare Kalender alle zwei bis drei Jahre durch den Einschub eines lunaren Extra-Monats wieder synchronisiert. Traditionellerweise wurde dieser nach den Monaten Ashadha oder Sravana hinzugefügt.

Wegen der differierenden Jahreszeiten in den verschiedenen Teilen Indiens variiert auch der Beginn des neuen Agrarjahres und damit der Tag, der traditionell als Neujahr gilt. Mancherorts beginnt das Neue Jahr im Chaitra (März/April), andernorts im Kartika. Auch der Beginn der lunaren Monate ist nicht einheitlich: In manchen Regionen ist der Neumond, in anderen der Vollmond der erste Tag des neuen Monats.

ASTROLOGISCHE DATIERUNG
Der astrologische Kalender, basierend auf den 12 Tierkreiszeichen, wird für die Datierung einiger religiöser Feiertage und zur Bestimmung glückverheißender Tage benützt. Die Sankranti, die Zeit des Sonnenübergangs von einem Tierkreiszeichen zum nächsten, sind solche Tage. Die Kumbh Mela, das religiöse Massenfest mit rituellem Massenbad, findet alle zwölf Jahre in Allahabad am Sankranti zwischen Makara (Steinbock) und Kumbha (Wassermann) statt.

DER HINDU-KALENDER

In Indien finden eine Vielzahl von lokalen und regionalen Festen zu Ehren von Gottheiten eines Gebietes oder einer Gemeinschaft statt, um agrarische Ereignisse zu feiern oder historischen Begebenheiten und Personen zu gedenken. Manche Feste stehen in der Tradition Vishnus, andere in der Schiwas. Aber selbst beim Diwali-Fest, das fast überall in Indien begangen wird, gibt es regionale Unterschiede bezüglich des religiösen Rituals, der besonderen Speisen und der zugrunde liegenden Überlieferungen.

1 SARASWATI-PUJA (5. TAG DER LICHTEN HÄLFTE IM MAGHA)
Saraswati, die Göttin der Gelehrsamkeit und der Künste, wird bei diesem Fest zur Feier des Frühlingsanfangs geehrt.

2 MAKARA SANKRANTI (AM ÜBERGANG DER SONNE VOM WENDEKREIS DES KREBSES ZUM WENDEKREIS DES STEINBOCKS)
Dieses Erntefest kennzeichnet das Ende des Winters; in Nordindien gilt der Tag als glückverheißend für ein rituelles Bad. In Tamil Nadu und Andhra Pradesh heißt das Fest Pongal, im Punjab Lohri.

3 MAHASHIVARATRI (13. ODER 14. TAG DER DUNKLEN HÄLFTE IM MAGHA)
Der Gott Schiwa, der die Schöpfung vernichtet, um einen Neuanfang zu ermöglichen, wird in „Der großen Nacht des Schiwa" verehrt.

4 HOLI (VOLLMOND IM PHALGUN)
Die Kornernte wird mit Freudenfeuern und wildem Herumwerfen mit gefärbtem Wasser und Farbpulver in den Straßen zelebriert.

5 RAMA NAUMI (9. TAG DER LICHTEN HÄLFTE IM CHAITRA)
Der Geburtstag von Rama, die 7. Inkarnation des Gottes Vishnu und Held des Ramayana.

6 HANUMAN JAYANTI (VOLLMOND IM CHAITRA)
Der Geburtstag des Affengottes Hanuman, der für seine Stärke, Sanftmut und unerschütterliche Loyalität zu Rama verehrt wird.

7 RATHA YATRA (2. TAG DER LICHTEN HÄLFTE IM ASHADHA)
Ein Wagenfest zu Ehren des Gottes Jagganath; berühmt sind die Festlichkeiten in Puri.

8 NAGA PANCHAMI (5. TAG DER LICHTEN HÄLFTE IM SRAVANA)
Dieses Fest wird zu Ehren der Schlangen (*nagas*) abgehalten, die als halbgöttlich gelten.

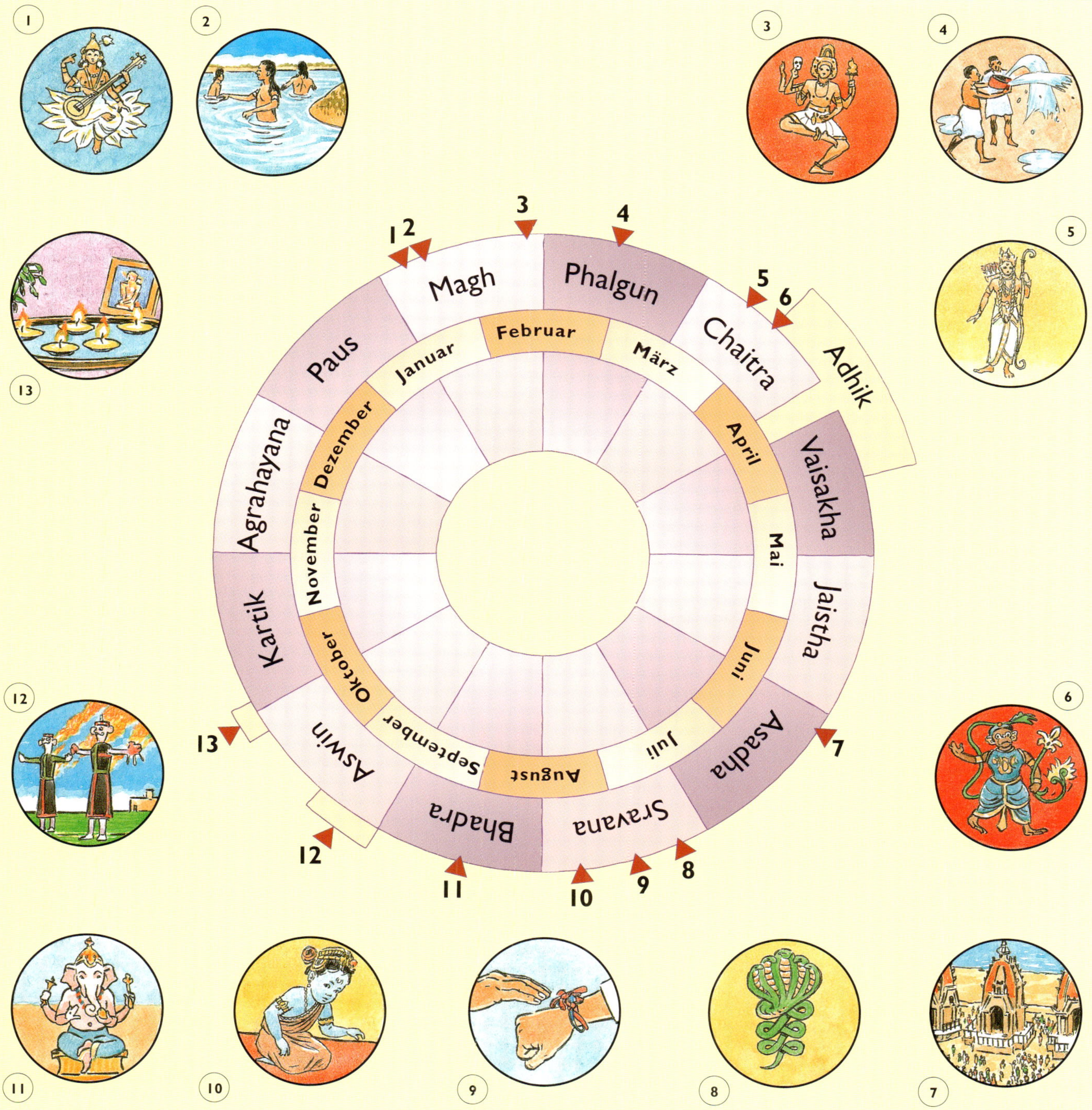

Magh

Phalgun

Chaitra

Adhik

Paus

Vaisakha

Agrahayana

Jaistha

Kartik

Asadha

Aswin

Sravana

Bhadra

Januar
Dezember
November
Oktober
September
August
Juli
Juni
Mai
April
März
Februar

9 RAKSHA BANDHAN (VOLLMOND IM SRAVANA)
An diesem Tag binden Schwestern ihren Brüdern *Rakhis* ums Handgelenk, die das Band aus Zuneigung und Schutz zwischen Geschwistern versinnbildlichen.

10 JANMASHTAMI (8. TAG DER DUNKLEN HÄLFTE IM SRAVANA)
Der Geburtstag Krishnas, die 8. Inkarnation Vishnus und der Lehrer der Bhagavad Gita, dem „Gesang Gottes".

11 GANESH CHATURTHI (4.–14. TAG DER LICHTEN HÄLFTE IM BHADRA)
Ein Fest zu Ehren des elefantenköpfigen Ganesh, Sohn von Schiwa und Parvati, der als der Überwinder von Hindernissen gilt.

12 DURGA-PUJA ODER NAVARATRI (1. TAG DER LICHTEN HÄLFTE IM ASHVINA; DAUERT NEUN NÄCHTE). DASAHRA (10. TAG IM ASHVINA)
Devi, der weibliche Aspekt der göttlichen Macht, wird auf verschiedene Art verehrt.

Dasahra feiert Durgas Sieg über den Dämon Mahishasura und Ramas Sieg über den Dämon Ravana.

13 DIWALI (13. TAG DER DUNKLEN HÄLFTE IM ASHVINA)
Das Lichterfest zu Ehren Lakshmis, der Göttin des Glücks, dauert fünf Nächte und feiert die triumphale Rückkehr von Rama und Sita in ihr Königreich nach 14 Jahren im Exil. Für viele Hindus beginnt an diesem Tag das neue Jahr.

Saraswati-Puja und Mahashivaratri

V asant Panchami ehrt Saraswati, die Göttin der Weisheit, der Gelehrsamkeit und der Künste, und fällt auf den 5. Tag der lichten Hälfte im Magha. In Nordindien kündigt es den Beginn des Frühlings an. Für einen guten Start des Agrarjahres tragen die Frauen Gelb, gelbe Girlanden schmücken die Häuser; Gelb steht für Frühling und Königtum. Viele malen sich mit Gelbwurz *Tilaks* auf die Stirn und bereiten *Kesar Halva* zu, ein Gericht aus Nüssen, Zucker, Mehl und Ghee (geklärte Butter).

Saraswati ist besonders in Westbengalen populär, wo eine riesige Statue der Göttin zu Prozessionen mit viel Musik gehören. Nach der Puja für Saraswati wird die Statue in einen Fluss getaucht: Man gedenkt ihrer Rolle als Wassergottheit und Göttin des Flusses Saraswati, der westlich des Himalaya verlief. Saraswati ist die Frau von Brahma, der schöpferischen Kraft des Universums. Ihr wird die Erfindung des Sanskrit zugeschrieben, der Schriften- und Gelehrtensprache; besondere Verehrung genießt sie unter Musikern, Malern, Schreibenden und Studenten. In Bildungsstätten und zu Hause wird enthusiastisch gefeiert. Ihr zu Ehren werden Stücke aufgeführt, es wird musiziert und getanzt und Bücher, Stifte und Musikinstrumente werden zu ihren Schreinen gebracht. Manche Eltern wählen diesen Tag als ersten Schultag für ihr Kind, andere bitten Priester, die Hand des Kindes zu führen, wenn sie das erste Mal schreiben.

Die „Große Nacht des Schiwa"

Neumondnächte werden Schiwaratri genannt – „Nacht des Schiwa". Der 14. Tag der dunklen Hälfte im Magha aber ist Mahaschiwaratri, die „Große Nacht des Schiwa", und wird besonders begangen.

Am Tag vor dem Erscheinen des Neumonds beginnt eine 24-stündige Fastenperiode. Während der Nacht wird Schiwa in Tempeln und *Pandals* (offene Zelte, die eigens für große Menschenansammlungen aus diesem speziellen Anlass errichtet werden) die Puja dargebracht. Es wird aus Schriften gelesen, *Bhajans* werden gesungen und die Schiwa-Lingams erhalten eine rituelle Waschung mit den fünf *Panchagavya* – Milch, Joghurt, Butter, Honig und Zucker. Die ganze Nacht fließt beständig Milch über den Lingam.

Die waagrechten Striche auf der Stirn dieses Sadhus weisen ihn als Anhänger Schiwas aus, die Kreise sind das Zeichen des höchsten Wesens.

Pujaopfer (Korn, Blätter, Blüten und rote Kum-Kum-Paste) schmücken diesen Saraswati-Schrein. Sie sitzt auf einer Lotosblume, dem Symbol für Reinheit, und hält die Veden und Gebetsperlen in Händen.

Zu den Opfergaben an Schiwa, seine Frau Parvati und seinen Sohn Ganesh gehören Blätter des Belbaums, Kokosnüsse, Früchte, Korn, Milch und Wasser. Mit Anbruch des nächsten Tages wird das Fasten gebrochen.

Der Mahashivaratri-Eid

In der Festnacht erzählt man die Geschichte eines Jägers, der verborgen in einem Belbaum auf seine Beute wartete. Da die Blätter seine Sicht behinderten, riss er einige ab, die auf ein Schiwa-Lingam neben dem Stamm des Baumes fielen.

Eine Hirschkuh kam zu einer nahen Tränke; als der Jäger auf sie anlegte, bat sie ihn, sie so lange zu verschonen, bis sie sich von ihren Kindern verabschiedet habe. Der Jäger war gezwungen, die ganze Nacht zu warten und zu fasten; dabei sprach er einmal den Namen „Schiwa" aus.

Ohne es zu wissen hatte er den Mahashivaratri-Eid abgelegt: er hatte Schiwa angerufen, Belblätter geopfert und eine Nacht lang gewacht und gefastet. Er war dadurch so von Mitgefühl erfüllt, dass er die Hirschkuh, als sie am Morgen erschien, unbehelligt ziehen ließ.

DIE DREI GESTALTEN DES SCHIWA

Schiwas schöpferische Kraft manifestiert sich im Lingam, der Gestalt, in der er die meiste Verehrung erhält. Der Legende nach hat dieses uralte Phallussymbol seinen Ursprung in der Lichtsäule, als die Schiwa vor Brahma und Vishnu erschien. Die beiden konnten weder Spitze noch Basis der Säule entdecken und schlossen daraus, dass Schiwa der Gott ohne Anfang und ohne Ende sei.

DER LINGAM

Mahayogi

Schiwa Nataraja

In der Gestalt des Mahayogi ist Schiwa im Himalaya in tiefer Meditation versunken. Er hält einen Dreizack, das Symbol für Blitz und zerstörerische Kraft. In seinem verknoteten Haar ist manchmal das Gesicht der Flussgöttin Ganga zu sehen. Um seinen Hals, seinen Körper und sein Haar schlingen sich angriffsbereite Kobras. Die blaue Farbe kommt von dem Gift, das er nahm, weil es den Kosmos zu zerstören drohte.

Als Schiwa Nataraja oder „Tanzender Schiwa" symbolisiert er den ewigen Rhythmus des Universums. Der Klang seiner Trommel erhält die Welt. Verstummt sie, geht das All im Feuer unter, bis ein neuer Rhythmus den nächsten Akt der Schöpfung beginnen lässt. Das erhobene Bein steht für *Moksha* (Erlösung). Er steht auf einem Zwerg, was den Sieg der Weisheit über die Ignoranz symbolisiert.

Rama Naumi und Hanuman Jayanti

Rama Naumi feiert die Geburt von Rama, dem Helden des *Ramayana*, am neunten Tag der lichten Hälfte im Chaitra. Bis dahin wird acht Tage lang von Priestern und Gemeindemitgliedern das *Ramayana* rezitiert. Etliche fasten einige Zeit. An Rama Naumi selbst würde man typischerweise Salz, Getreide und Gemüse meiden, Milchprodukte wie z. B. gesüßtes Joghurt wären aber im Gedenken an die Nahrung eines Neugeborenen erlaubt.

Rama und Ravana

Im *Ramayana* kommt der Gott Vishnu als Rama auf die Erde, um den zehnköpfigen Dämonenkönig Ravana zu besiegen. Dieser hatte die Gunst Brahmas

Kinder in Varanasi betrachten ein Gemälde mit Szenen und Charakteren aus dem Ramayana.

erlangt, der ihm Immunität gegen Angriffe von Göttern oder Dämonen garantiert hatte, missbrauchte aber seine Macht und attackierte die Götter mit aller Gewalt.

Ravana war aber zu stolz gewesen, um auch nach Unangreifbarkeit von Sterblichen zu fragen. Deshalb beschloss der Rat der Götter, Vishnu als Mensch zu entsenden, um ihn zu vernichten. Währenddessen opferte auf Erden der alternde und kinderlose König Dasaratha den Himmelsmächten mit der Bitte um eine Familie. Er wurde erhört: Ihm wurden vier Söhne in vier Aspekten Vishnus geboren. Das Epos erzählt wie Rama, einer der vier, heranwuchs, um Ravanas Gräuelherrschaft zu überwinden.

Feiern und fasten

Der Tag beginnt mit der Opferung von Früchten und Blumen an Rama und Gebeten für Vishnu. Im Zentrum nordindischer Prozessionen steht ein Festwagen, auf dem vier Personen als Rama, Sita, Lakshman und Hanuman auftreten.

In manchen Teilen Indiens locken *Kathas* genannte Versammlungen riesíge Menschenmengen an, die Lesungen aus

Eine girlandengeschmückte Statue von Ravana, dem Dämonenkönig, der Sita auf der Insel Lanka gefangen hielt.

dem *Ramayana* hören und deren Auslegung durch Gurus. Ein Abbild des kindlichen Rama wird in Tempeln in geschmückte Wiegen gelegt und mit einem Tuch bedeckt; zu Mittag, der angenommenen Geburtsstunde Ramas, wird es enthüllt. Die Gläubigen stellen sich an, um die Wiege zu schaukeln; die Andachten für Rama setzen sich den ganzen Tag fort. Um Mitternacht wird das Fasten mit Früchten und Nüssen gebrochen.

Der Affengott

Hanuman Jayanti, das Geburtsfest für den Affengott Hanuman, folgt am Vollmondtag im Chaitra. Hanuman ist in ganz Indien ein beliebter Volksheld, verehrt für seine Stärke, seinen Mut und seine unverbrüchliche Hingabe an Rama.

Als unverheirateter Gott ist er der Schutzherr der *Brahmacharis* (junge religiöse Studenten); seine Kraft und Geschwindigkeit machen ihn zum Patron der Ringer, Bodybuilder und physisch Bedürftigen.

Frühmorgens versammeln sich seine Anhänger in Hanuman-Tempeln und -Schreinen. Priester reinigen die Gottheit und bestreichen sie mit Öl und einer orangeroten Paste (*Sindoora*), die Leben und Stärke versinnbildlicht. Man opfert u. a. Süßes und Früchte, v. a. Bananen.

Pandals werden errichtet, in denen Hanuman-Geschichten vorgelesen und dramatisiert nachgestellt werden. Häufig finden sportliche Wettkämpfe statt. Bei diesen, v. a. in den Staaten Uttar Pradesh und Bihar beliebten Events, messen Ringer und Bodybuilder Hanumans Mut und Stärke zu Ehren ihre Kräfte, nachdem sie sich seines Segens versichert haben.

Hanuman, der Sohn der Affenkönigin Anjuna und des Windgottes Vayu, wurde frühmorgens geboren. Er hielt die Sonne zuerst für eine reife Frucht und flog darauf zu. Indra aber, der Sturmgott, schlug ihn nieder. Vayu gebot verärgert den Winden Einhalt; um des Friedens willen versprach Indra Hanuman unüberwindliche Stärke.

RAMAS ERGEBENER DIENER

Das *Ramayana* erzählt von Hanumans Stärke, seinem Mut und seiner Hingabe an Rama. Nach der Entführung von Ramas Frau Sita suchte Hanuman sie tagelang, bis er sie gefangen im Palastgarten des Dämonenkönigs Ravana auf der Insel Lanka entdeckte.

Eine große Armee formierte sich zu ihrer Befreiung; in einer der vielen blutigen Schlachten, die nun geschlagen wurden, erlitt Ramas Bruder Lakshman eine sehr schwere Kampfwunde. Das einzige Heilkraut, das ihm noch helfen konnte, wuchs weit im Norden in einem entlegenen Teil des Himalaya.

Um Lakshman zu retten, flog Hanuman dorthin, konnte aber unter den vielen Pflanzen die richtige nicht bestimmen. Verzweifelt nahm er alle Kraft zusammen, riss den Berg aus der Erde, schulterte ihn und flog zum sterbenden Lakshman zurück. Unterwegs wurde er verwundet, kämpfte sich aber dennoch bis Lanka durch. Lakshmans Arzt identifizierte das Heilkraut sofort, pflückte es vom Berg und rettete damit Lakshmans Leben.

Holi – Feuer und Festivitäten

Holi fällt auf den Vollmondtag im Monat Phalguna, aber die Festlichkeiten können bis zu fünf Tage dauern. Seinen Namen hat es von der Dämonengöttin Holika, die den jungen Prinzen Prahlada ermorden wollte.

Die Holi-Legende

Prahlada war der Sohn des Königs Hiranyakashipu, der von Brahma ein besonderes Geschenk erhalten hatte. Ihm wurde versichert, er könne nicht getötet werden – weder bei Tag noch bei Nacht, nicht innerhalb oder außerhalb seines Hauses und von keinem Menschen, Tier oder Gott. Der König hielt sich deshalb für unangreifbar und unsterblich und verbot, einen anderen Gott als sich selbst anzubeten. Sein Sohn verehrte jedoch ausschließlich Vishnu.

Der König setzte Giftschlangen auf Prahlada an und wollte ihn von Elefanten von einer Klippe stürzen lassen. Prahlada aber konnte nicht bezwungen werden. Holika, die Schwester des Königs, lockte ihn in ein rasendes Feuer, aber Vishnu beschützte seinen Jünger und es war Holika, die verbrannte. Aus Mitleid für sie benannte Prahlada das Fest nach ihr; deshalb werden Feuer entzündet.

Prahlada lebte immer noch und predigte seinem Vater die Allgegenwart Vishnus. Entnervt wandte sich der König einer Säule zu. „Steckt Vishnu da drin-

In Vrindavan und Mathura, den Orten, in denen Krishna seine Kindheit verbrachte, dauern die Holi-Festlichkeiten mehrere Tage. Die mit Farbwasser und -pulver befleckten Pilger im Bild passieren den Sankhari Khori, wo Krishna Radha und die Gopis aufhielt und Wegzoll verlangte.

nen?" verlangte er zu wissen, und Prahlada bestätigte das. Der König trat gegen die Säule, da entstieg ihr Vishnu als Narasimha – halb Mensch, halb Löwe – und zerfetzte den König. Brahmas Immunität konnte ihn nicht schützen. Es war Abend, also weder Tag noch Nacht, und Narasimha war nichts zur Gänze, weder Mensch oder Tier noch Gott.

Farben, Pulver und Feuer

Holi ist ein panindisches Fest mit besonderer Bedeutung im Norden. Da werden Häuser in hellen Farben gestrichen und Farbpulver in *Rangoli*-Mustern nahe der Tür gestreut. Alt und Jung rüstet sich mit Farbwasser und Spritze – eine traditionelle Bambuspistole, eine Plastik-Wasserpistole oder eine leere Spülmittelflasche. Die Farben werden aus Pflanzen gemacht oder heute auch einfach gekauft.

In den Wochen vor Holi werden vor allem Holzstücke, alte Möbel, Heu und Kuhdung an einen zentralen Platz gebracht. Das Brennmaterial wird zur Zeit des aufgehenden Mondes gestapelt und am Vorabend des Festes – Choti Holi („kleines Holi") – in Brand gesteckt. Am folgenden Morgen jagt jeder jeden, spritzt mit Farbwasser herum und treibt seine Spielchen. Zum traditionellen Holi-Essen gehören die süßen *Malpua*, eine Art Pfannkuchen mit Zucker und Trockenfrüchten; *Dahi Wada*, Linsenpasteten mit Joghurtsauce; und ein Gericht aus roher Jackfrucht, einer Brotfrucht-Art.

In Westbengalen werden Vishnu-Abbilder, denen Farbpulver geopfert wird, gerne in geschmückte Schaukeln gesetzt. In Mathura, Krishnas Geburtsstadt, liegt der Schwerpunkt mehr auf dessen Liebe zu Radha.

HOLI-BRÄUCHE

Man versammelt sich um die riesigen Freudenfeuer, die am Vorabend von Holi entfacht werden, um zu singen, zu tanzen und Krishna zu ehren. Die Feuer sind ein Sinnbild von Vishnus Macht – sie gelten als Reinigung und Läuterung und künden an Holi das Frühjahr an. Zu den Opfergaben gehören Getreide und Kokosnüsse, die in dieser Erntesaison an die Fruchtbarkeit der Erde erinnern. Die Kokosnüsse werden im Feuer erhitzt und dann als von den Göttern gesegnete Speise unter allen Anwesenden verteilt.

Hindus feiern Holi mit ausgelassenem Gesang, während sie einen der Pilgerpfade um ihr Dorf abschreiten. Zu den Festlichkeiten gehören auch Puppenspiele, Jahrmärkte und Straßentheater.

Holi ist eines der turbulentesten Feste der Hindus. Tausende stürmen die Straßen, um beim wildesten Teil des Festes mitzumachen – dem gegenseitigen Bewerfen mit Farbpulver. Wer auch immer seine vier Wände verlässt, hat nur sehr geringe Chancen, dem zu entgehen.

Ratha Yatra und Raksha Bandhan

Das berühmteste Ratha Yatra oder Wagenfest findet am 2. Tag der dunklen Ashadha-Hälfte in Puri in Orissa statt. Ein weiteres großes Ratha Yatra wird in Karnataka abgehalten, kleinere finden sich im ganzen Land.

Wagenzug

Der Tag, an dem die großen Tempel Ratha Yatra feiern, richtet sich nach dem traditionellen Festtagskalender in der Region. Am Feiertag wird eine Statue der Tempelgottheit aus ihrem Schrein genommen und in einer farbenprächtigen, hingebungsvollen Prozession auf einem *Rath* (Wagen) durch die Straßen geführt.

In Puri sind es die großen Holzdarstellungen von Krishna, seinem Bruder Balaram und seiner Schwester Subhadra, die aus dem großen Tempel von Jagganath, dem Herrn des Universums, genommen werden. Jede Gottheit wird auf einen riesigen, eigens für das Fest in Form eines Tempels konstruierten Wagen gestellt. Krishnas Wagen ist der größte: Mehr als 400 Männer sind nötig, um das Gefährt mit 16 zwei Meter großen Rädern zu ziehen. In Begleitung einer enormen Menschenmenge werden die Wagen den ganzen Tag vom Jagganath-Tempel über die breite Hauptstraße der Stadt zum Gartentempel von Gundica gebracht, ihrer zeitweiligen Residenz.

Geschwisterbande

Der Vollmond im Sravana ist die Zeit des Raksha Bandhan. Dieses besonders in Nord- und Westindien populäre Fest feiert die Bande zwischen Brüdern und Schwestern und stärkt sie durch das Binden eines *Rakhi*, eines farbigen Fadens oder Schmuckbands. Wenn die Schwester das *Rakhi* um das Handgelenk des Bruders bindet, zeigt sie ihm ihre Liebe und Zuneigung; im Gegenzug bietet er ihr seinen Schutz an. Raksha Bandhan bedeutet „schützende Verbindung".

Der Legende nach führte der große vedische Gott der Stürme, Indra, die

Tausende versammeln sich in den Straßen von Puri rund um die drei Prunkwagen für Krishna, Balaram und Subhadra.

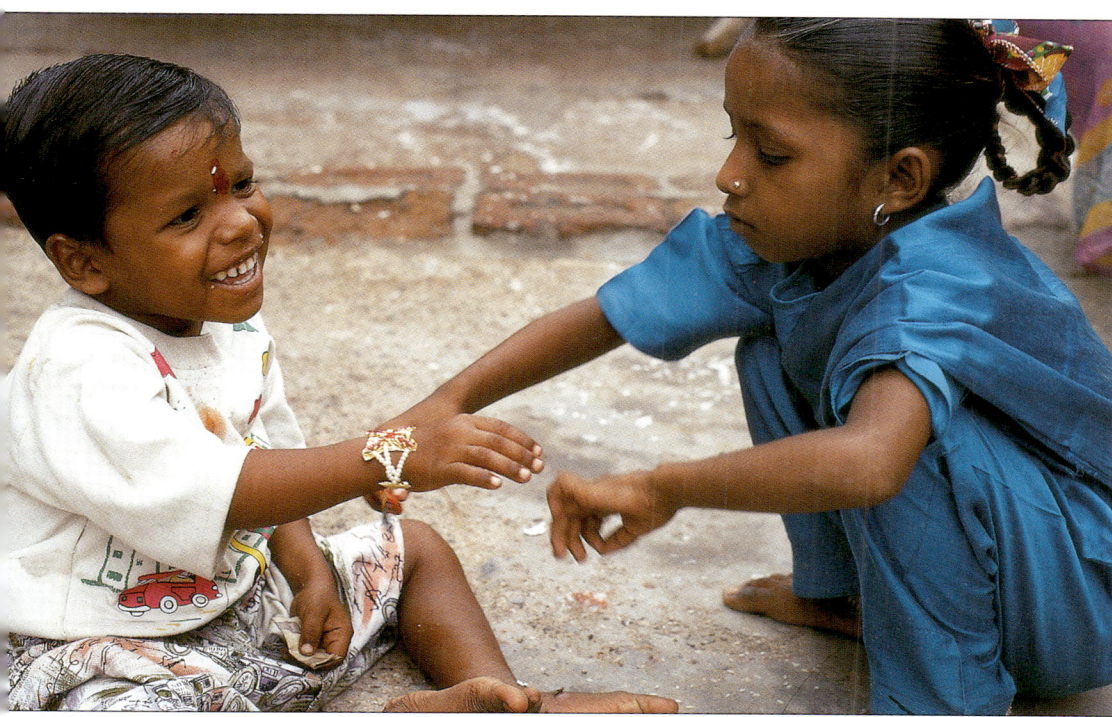

Rakhis können einfache, häufig rote Baumwoll- oder Seidenfäden oder ein Geflecht verschiedenfarbiger Garne sein. Auch Gold- oder Silberfäden werden manchmal hineingewebt. Es gibt aufgestickte Blumen und Perlen oder aufgemalte Symbole wie das Om oder die Swastika, das Zeichen für Schutz und ein glückliches Geschick.

Andrang vor einem Stand, der im Vorfeld von Raksha Bandhan eine breite Auswahl an farbigen Rakhis feilbietet.

Götter in die Schlacht gegen die Dämonen, doch diese übernahmen die Herrschaft über das himmlische Königreich. Um Indra in der Schlacht zu schützen, band ihm seine Frau einen Seidenfaden ums Handgelenk. So gestärkt überwanden Indra und die Götter die Dämonen und eroberten ihr Reich zurück.

Eine Schwester malt ihrem Bruder einen *Tilak* aus Zinnober auf die Stirn und führt eventuell ein *Arti* durch (Opferung einer heiligen Flamme und begleitender Gebete vor dem Abbild einer Gottheit), bevor sie ihm, Schutzmantras rezitierend, das *Rakhi* ums rechte Gelenk bindet. Danach steckt sie ihrem Bruder als Symbol für die Zärtlichkeit ihrer Worte eine Süßigkeit in den Mund. Der Bruder segnet sie und überreicht ihr ein Geschenk als Zeichen seiner Zuneigung. Ein Mädchen ohne Bruder kann einem Cousin ein *Rakhi* binden. Falls nötig werden *Rakhis* auch per Post verschickt.

Janmashtami und Ganesh Chaturthi

Ganeshas Popularität zeigt sich in den zahllosen ihm geweihten Schreinen und den vielen Bildern in Auslagen und an Türen, Toren und auf Plakatwänden. Der Name bedeutet „Herr aller Lebewesen".

Krishna ist die achte Inkarnation des Gottes Vishnu. Sein Geburtstag wird an Janmashtami gefeiert, dem achten Tag der dunklen Hälfte im Sravana.

Der Legende nach wurde Vishnu als Krishna geboren, um die Welt von dem Despoten Kansa zu befreien. Dieser war allerdings gewarnt worden: seine Schwester Devaki werde ein Kind gebären, das ihn letztendlich töten würde. Jedes Kind, das Devaki gebar, ließ Kansa ermorden.

Nachdem Devaki zum 8. Mal – mit Krishna – schwanger geworden war, warf Kansa sie und ihren Mann Vasudeva in den Kerker. Als Krishna zur Welt kam, griffen die Götter ein: Sie ließen die Wärter schlafen und öffneten die versperrten Türen, sodass Vasudeva seinen neugeborenen Sohn über den Fluss Yamuna in Sicherheit bringen konnte. Ein weibliches Baby ersetzte Krishna. Als Kansa es am Morgen erschlagen wollte, verwandelte es sich in die Göttin Devi und verkündete, dass Krishna sicher sei.

Geburtstagsfest

Des Augenblicks von Krishnas Geburt wird um Mitternacht gedacht; dem geht ein Tag mit Fasten, Gebet, religiösem Gesang und Tanz voraus. Es wird aus der *Bhagavata Purana* gelesen, der Geschichte von Krishnas ersten Jahren. Ein Abbild des Baby-Krishna wird in einer Mixtur aus Joghurt, Milch, Honig und Tulsiblättern gebadet, die danach als *Prashad* (heilige Speise) gereicht wird.

Nach dem Bad setzt man Krishna auf eine geschmückte Schaukel oder in eine Wiege; dazu wird gesungen. Kurz vor Mitternacht wird ein besonderes *Arti* dargeboten, und um Schlag zwölf verkünden die Tempelglocken die Geburt Krishnas. Die Gläubigen drängeln sich um das Recht, die Schaukel zu schwingen oder die Wiege zu schaukeln, während es Blüten über die Statue regnet. Mit der Verteilung des *Prashad* wird das Fasten gebrochen.

Ganesha, der Glücksbringer

Der elefantenköpfige Gott Ganesha, der Glück bringende Überwinder von Hindernissen, ist eine der beliebtesten hinduistischen Gottheiten. Vor jedem größeren Vorhaben wird zu ihm gebetet: Hochzeit, Hauskauf oder der Antritt einer Reise.

Ganesh Chaturthi, das Fest zu Ehren Ganeshas, wird in ganz Indien zwischen

---

SÜSSER REIS UND LADDU

Krishnas Vorliebe für Butter und Milch spiegelt sich in Festspeisen und speziellen Puja-Darbringungen wider: Kahchoris (pikante, in Ghee frittierte Gemüse-Linsen-Pasteten), Lassi (süßes Joghurt-Getränk) sowie süßer Reis und Laddu.

SÜSSER REIS: ZUTATEN

Eine halbe Tasse Basmati-Reis
2 Liter Vollmilch
2 Tassen Zucker

Man lässt den Reis unter ständigem Rühren bei schwacher Hitze eine Stunde lang in der Milch köcheln. Zucker zugeben und vor dem Servieren gut umrühren.

LADDU: ZUTATEN

1 Tasse Kichererbsenmehl
250 g Butter
250 g Puderzucker

Braten Sie das Mehl bei schwacher Hitze in der Butter, bis es goldbraun ist. Den Zucker unterheben, aus der Masse etwa 5 cm große Kugeln formen und auskühlen lassen.

dem 4. und dem 14. Tag der lichten Hälfte im Bhadra begangen, im besonderen Maßstab im Staat Maharasthtra.

Am ersten Tag des Festes wird eine Tonstatuette von Ganesha in einen eigens vorbereiteten Hausschrein gestellt. Man bringt die Puja dar und ein Priester führt ein Ritual durch, das die Statue mit Leben erfüllen soll. Während der folgenden neun Tage wird das Abbild mit *Artis*, Speisen, Räucherwerk und Gesang verehrt. Die Dauer der Anbetung kann auch nur zwei, fünf oder sieben Tage betragen. In vielen Gemeinden werden auch große Ganesha-Statuen für die tägliche Puja öffentlich aufgestellt.

Nach maximal zehn Tagen im Schrein ist Ganesha bereit, das Heim zu verlassen, und wird mit großem, farbenprächtigem Gepränge verabschiedet. Statuen aus Häusern und Tempeln werden mit einem Gefolge aus Priestern, Musikern, Tänzern und Sängern durch überfüllte Straßen zur Küste oder einem Fluss getragen. Die Menschen stellen sich am Ufer auf und stimmen, sobald die Statuen untergegangen sind, ein Abschiedslied an: „Vater Ganesha, komm nächstes Jahr wieder". Dazu werden letzte Opfergaben – Blüten und Kokosnüsse – ins Wasser geworfen.

KRISHNAS ORTE DER KINDHEIT

Festivals zu Ehren von Krishna finden in Mathura, seiner Geburtsstadt, und Vrindavan, dem Ort, in dem er seine Kindheit verbrachte, das ganze Jahr über statt.

In den Tagen vor Janmashtami werden die Straßen und Häuser mit Mangoblättern oder ganzen Bananenstauden geschmückt, und die hunderten Krishna geweihten Tempel erhalten farbenprächtige Kleider aus Blüten und Licht.

In großen Tempeln wie Radha Raman, Banki Behari, Krishna Balarama und Rangaji werden in tänzerischen Schauspielen Szenen aus der Lila, dem Lebenszyklus Krishnas, gezeigt. Die Darsteller sind ausschließlich Knaben, die sowohl die männlichen als auch die weiblichen Rollen übernehmen. Die Bühnen für die Tanzdramen werden in Pandals (große offene Zelte) errichtet. Tausende Menschen folgen für lange Stunden gebannt den Geschichten über den kindlichen Krishna.

Tag und Nacht ist die Luft dank dieser Aufführungen in den Tempeln mit religiöser Musik und erbaulicher Rede erfüllt. An Janmashtami, dem achten Tag des abnehmenden Monds im Srivana, sind die Tempel mit Krishna-Anhängern überfüllt, die vielfach weite Reisen auf sich nahmen, um an diesem Tag dort zu sein.

Musiker und Gläubige versammeln sich zur Janmashtami-Zeremonie in der Nähe von Vrindavan. Dabei singt man Bhajans (religiöse Volkslieder) und erzählt Geschichten aus seinem Leben.

Die Liebe zwischen Krishna und Radha symbolisiert die göttliche Liebe zwischen der Seele und Gott.

Durga-Puja, Navaratri und Dasahra

Die Durga-Puja- oder Navaratri-Festlichkeiten beginnen am ersten Tag der lichten Hälfte im Ashvina und dauern neun Nächte. In ganz Indien wird Devi verehrt, der weibliche Aspekt göttlicher Macht, die in ihren verschiedenen Erscheinungsformen liebevoll und beschützend oder gewalttätig und zerstörerisch sein kann. In Ostindien, besonders in Westbengalen, wird sie als Durga verehrt; im Norden und Westen Indiens betet man unterschiedliche Manifestationen Devis an. Der Höhepunkt des Festes ist Dasahra am zehnten Tag, an dem der Triumph des Guten über das Böse gefeiert wird, personifiziert durch Durgas Sieg über den Dämon Mahishasura und Ramas Zerstörung des Dämonenkönigs Ravana.

Durga-Puja

Es heißt, Durga steige vom Reich der Götter herab, um vom 6. bis zum 10. Tag des Festes auf Erden präsent zu sein. Abbilder von Durga, der mächtigen, achtarmigen, schützenden Kriegsgöttin, werden aus Ton angefertigt und mit roten

Tempelschnitzerei Durgas, die den Büffeldämon Mahishasura (unter dem linken Fuß) bezwingt.

Eine britische Hindu-Gemeinde aus Gujarat führt einen Stocktanz an Navaratri auf. Im indischen Staat Gujarat gibt es die Tradition des gemeinsamen Tanzes um einen Devi-Schrein während der neun Nächte von Navaratri. Familien und Freunde kommen zum freudigen Garba (Klatschen) und Raf (Stock)-Tanzen zusammen.

Girlanden und einer Krone geschmückt, die man traditionell aus weißem indischem Kork schneidet. *Puja Mandaps* – spezielle Zelte – werden für die gläubige Menge um die Standbilder errichtet.

An Mahalaya, dem ersten Tag des Festes, sollen Gesänge und Pujas Durgas Aufmerksamkeit erringen. Die Vorbereitungen für die Ankunft von „Ma" (Mutter), wie man sie liebevoll nennt, dauern die nächsten fünf Tage an. Am sechsten Tag wird ihre Statue in den *Puja Mandaps* aufgestellt und ein Ritual abgehalten, das dem Abbild ihre Präsenz eingeben soll. Von nun an bis zum zehnten Tag im Ashvina gilt die Göttin als auf der Erde gegenwärtig.

Sashthi, der sechste Tag, wird von vielen als Fasttag betrachtet; besonders von Müttern, die eine besondere Affinität zu Durga haben und sich von „Ma" Wohlergehen ihrer Kinder erbitten. An den Tagen sieben bis neun des Festes kommen Tausende, um ihr die Ehrerbietung zu erweisen, bevor sie am zehnten Tag feierlich verabschiedet wird.

Der zehnte Tag

Vijayadashmi – „siegreicher zehnter Tag" – gedenkt Durgas Sieg über den Dämon Mahishasura, der die Macht missbrauchte, die ihm Brahma verliehen hatte.

Bevor Durga die Erde endgültig verlässt, wird ihr Abbild von einem Priester symbolisch gereinigt: Er fängt ihr Spiegelbild in einem wassergefüllten Gefäß ein und die Göttin kehrt zu den Ihren zurück. Danach wird die Statue zeremoniell von ihrem zeitweiligen Schrein gehoben und durch die Straßen getragen, begleitet von Gesang, Tanz und Musik. Zu Abschiedsrufen und der Opferung von Früchten, Blüten und Lampen wird sie in ein Gewässer versenkt.

NEUN ASPEKTE DEVIS

Maya – die Quelle der Illusion
Durga – schwierig zu finden
Bhadra – Glück verheißend
Kali – tiefes Blau
Vijaya – voller Kraft
Vaisnavi – Vishnu-Energie
Kumuda – die Genuss bereitet
Candika – Feinde strafend
Krishna (mit langem „a") – Reichtümer gebend

NAVARATRI UND DASAHRA

Während der neun Navaratri-Nächte werden unterschiedliche Aspekte von Devi verehrt. Lesungen würdigen ihre allumfassende Macht.

Zu den Navaratri-Ritualen gehört das Pflanzen von Gerstenkörnern in einem Schlammbett nahe dem häuslichen Devi-Schrein. Nach neun Tagen täglicher Puja werden die Schösslinge, die die Ernte symbolisieren, aus dem Schlamm genommen und Familie und Freunden als Zeichen des göttlichen Segens überreicht.

Manche fasten das ganze Navaratri, andere für kürzere Zeit; die meisten halten eine vegetarische Diät ein. Am 8. Tag opfern aber einige Gemeinden ein Tier (Büffel, Schwein, Ziege) im Gedenken an Durgas Sieg über den Dämon Mahishasura.

Am zehnten Tag, dem Dasahra-Fest, feiert man die Vernichtung des Dämonenkönigs Ravana durch Ramas Armee mit der Verbrennung riesiger Bildnisse von Ravana, seinem Bruder Kumbhkarna und seinem Sohn Meghnad. Im *Ramayana* heißt es, Rama habe

in neun Nächten zu neun Aspekten Devis gebetet und so genügend Kraft gesammelt, um am „siegreichen zehnten Tag" Ravana endlich überwinden zu können.

In Nordindien werden Szenen aus der Ram Lila, der Geschichte von Ramas Leben, an Navaratri allerorten von Profidarstellern wie Amateuren nachgestellt.

Mit Dasahra erreichen die Ereignisse ihren Höhepunkt. Die Menge strömt in Parks und offenes Gelände, wo mit Feuerwerkskörpern gefüllte Dämonenbildnisse errichtet wurden. Vor den Augen tausender Schaulustiger stellen Männer und kleine Buben, gekleidet als Rama, Lakshman und andere Charaktere aus dem *Ramayana,* die entscheidende Schlacht dar. Sie feuern Brandpfeile auf die „Dämonen" und führen so ein explosives und feuriges Ende für die Kräfte des Bösen herbei.

Der Triumph des Lichts über die Dunkelheit

Diwali leitet sich von „Deepavali" ab, einer „Lampenreihe". Traditionell dauern die Festlichkeiten fünf Tage lang, auch wenn außerindische Hindu-Gemeinschaften sich oft mit zwei Tagen begnügen. Diwali ehrt Lakshmi, die Göttin des Wohlstands und des glücklichen Geschicks, und feiert die Rückkehr von Rama und Sita in ihr Königreich nach vierzehn Jahren im Exil.

Symbolisch steht Diwali für den Triumph des Lichts über die Finsternis und des Guten über das Böse. Im Herbst, zur Erntezeit, ist es ein Fest der Lichter und bedeutet für einige Hindus den Beginn des neuen Jahrs – eine Phase der Erneuerung, in der das Haus gesäubert, Geschenke und Karten ausgetauscht und Reihen von *Diwas* (Tonlampen) als Willkommen für Lakshmi entzündet werden, der Verheißerin von Wohlstand. Besonders im Geschäftsleben ist es traditionell die Zeit, Verbindlichkeiten auszugleichen und das Wirtschaftsjahr zu beschließen.

Diwali wird auf vielerlei Arten zelebriert. Die Rituale an den fünf Tagen und die Gottheiten, die geehrt werden, differieren gemäß regionaler Traditionen.

Wohlstand und Überfluss

Diwali beginnt am 13. Tag der dunklen Hälfte im Ashvina mit Dhantrayodashi („Wohlstand" und „13. Tag"). Lakshmi

DIWALI-SYMBOLIK

Als Feier des Triumphes des Lichts über die Finsternis und des Guten über das Böse wird Diwali in ganz Indien und von Hindus weltweit zelebriert. Lakshmi wird als Göttin des glücklichen Geschicks geehrt und der glorreichen Rückkehr von Rama und Sita in ihr Reich gedacht.

LAKSHMI
Häuser und Geschäfte sind hell erleuchtet, um Lakshmi, die Göttin des Wohlstands, in der Hoffnung willkommen zu heißen, sie werde für Überfluss sorgen. Diwali markiert traditionell das Ende des Wirtschaftsjahres. Man bringt Rechnungsbücher zu ihrem Schrein, dankt für abgeschlossene Geschäfte und erbittet ihren Segen für das nächste Jahr.

SÜSSIGKEITEN
Süßigkeiten, meist auf Ghee-Basis, gehören zu den beliebtesten Geschenken unter Verwandten und Freunden. Kleine Tabletts mit vielfarbigen Süßigkeiten sind auch eine traditionelle Opfergabe an die Göttin.

FEUERWERK
Als Zeichen für das Licht, das die Finsternis überwindet, wird die Aufgeregtheit an Diwali mit Freudenfeuern, farbenprächtigen Feuerwerken und Knallkörpern noch gesteigert – speziell in der dritten Nacht, in der der Neumond den Beginn des Monats Kartika anzeigt.

DIWALI-KARTEN
Diwali, eines der größten Feste der Hindus und für viele der Beginn des Neujahrs, ist die Zeit, Differenzen beizulegen und Freundschaftsbande durch Familientreffen, den Austausch von Karten und Geschenken und gemeinsame Festessen zu stärken.

TONLAMPEN
Diwas, kleine Lampen aus Ton, werden mit Ghee oder Öl gefüllt und in Fenster, auf Dächer oder um Höfe herum aufgestellt. Reihen aus Diwas umkränzen auch häusliche und Tempel-Schreine.

wird an diesem Tag als Göttin des Reichtums und der Großzügigkeit verehrt. Auch wenn um Wohlstand gebetet wird, erinnert der Tag auch daran, dass Reichtum nicht missbraucht werden sollte.

In der Puja wird Lakshmi rituell gereinigt, bekleidet und mit Girlanden geschmückt; man opfert Süßes, Früchte, Ghee (geklärte Butter) und Blumen. Während des Festes quellen die indischen Märkte von Diwali-Waren über: *Diwas*, Kerzen, Feuerwerk, *Hatri* (kleine Tongebilde mit Abbildern Lakshmis) und Diwali-Süßigkeiten und -Leckereien. Abends begrüßen Kerzen die Göttin und das glückliche Geschick, das sie bringt.

In der ersten Nacht wird zudem Yama, der Gott des Todes, durch eine nach Süden, seinem Herrschaftsgebiet, weisende *Diwa* geehrt. Andachten sollen den verfrühten Tod von Familien fernhalten und daran erinnern, dass der Tod ein Teil des natürlichen Zyklus ist.

Sieg über die Dämonen

Der nächste Tag des Festes heißt Narak Chaturdashi („Hölle" und „14. Tag"). Er erinnert an den Dämon Naraksur, der 16.000 Frauen versklavte. Vishnu erhörte ihre Gebete, erschien als Krishna, besiegte Naraksur und befreite die Frauen.

In Westbengalen wird um diese Zeit die Göttin Kali angebetet. Die Göttin der Stärke hatte den Dämonen Raktavija besiegt und getötet. In Südindien wird Narasimhas Sieg über den Dämonenkönig Hiranyakashipu zelebriert.

Lichter in der Nacht

An Narak Chaturdashi stehen die Menschen früh auf, um zu baden und sich mit Ölen zu parfümieren. Dann teilen Familie und Freunde oft ein festliches Frühstück. Untertags bringt man Vishnu, Kali oder anderen Gottheiten, deren Triumph über die Mächte des Bösen man feiert, die Puja dar. Abends werden in Fenstern, auf Dächern, entlang von Wegen und in Höfen weitere Diwas entzündet.

DIE GÖTTIN LAKSHMI

Lakshmi ist in allen zehn Inkarnationen Vishnus dessen Gemahlin. Häufig werden die Gottheiten auf ihrem Reittier dargestellt: Garuda, ein Adler in Gestalt eines geflügelten Mannes, der sich als König der Vögel mit der Geschwindigkeit des Windes und des Lichts bewegt.

In Vishnus Inkarnation als Rama wurde Lakshmi aus einer Furche in einem Feld als dessen ergebene Frau Sita geboren. Vamana, Vishnus Zwergeninkarnation, erschien Lakshmi auf einer Lotosblume schwimmend, dem Symbol für Reinheit und spirituelle Stärke. Tritt Lakshmi alleine auf, verkörpert sie die mächtige weibliche Energie und wird Lakshmi Mata (Mutter Lakshmi) genannt.

In den Tagen vor Diwali legt man Rangolimuster bei Türschwellen und in Höfen an, um Lakshmi willkommen zu heißen. Die Muster aus Sand, Reis, Pulver oder Kreide zeigen Gottheiten, religiöse Symbole, Tiere, Bäume, Vögel oder sind geometrisch. Manchmal stellt man kleine Fußabdrücke aus Reispaste dar, die Lakshmis Spuren beim Betreten des Hauses darstellen.

Licht, Wohlstand und gutes Essen

Ein Hindu-Priester und einige Geschäftsleute führen in einem britischen Tempel eine Puja über ihren Rechnungsbüchern durch. Sie danken damit Lakshmi und bitten um Erfolg im nächsten Jahr. In die offenen Bücher zeichneten sie eine Swastika, das Symbol für Schutz und Glück. Blumen, Blätter und Früchte wurden vor einer Darstellung von Lakshmi geopfert und auf die Dokumente gelegt.

Lakshmi-Puja, der dritte Tag von Diwali und der letzte im Ashvina, ist ganz speziell Lakshmi gewidmet. Man schließt die Geschäftsbücher und bringt die Puja im Tempel oder vor einem häuslichen Schrein dar: Rechnungs- und Scheckbücher, Banknoten oder Juwelen sind sämtlich Symbole für die Göttin. Das Ritual dankt Lakshmi für den Erfolg im vergangenen und bittet um ihren Segen für das kommende Jahr.

In dieser Neumond- und für viele Hindus Neujahrsnacht erstrahlen Häuser, Tempel und Straßen im Schein von *Diwas*, Kerzen, Lampen und anderen Lichtern: Lakshmi würde ein dunkles Heim nicht betreten. Die *Diwas* erinnern an die Lichter, die zu Ehren von Ramas und Sitas Rückkehr in das Königreich Ayodyha entzündet wurden. Knaller explodieren und Familien teilen ein Diwali-Festmahl.

Geschenke und Speisen
Am ersten Tag im Kartika beginnt das neue Finanzjahr. Der vierte Tag von Diwali ist ein Tag der Familie, an dem Kinder Geschenke bekommen und Ehemänner sich mit einem neuen Sari oder Goldschmuck bei ihren Frauen einstellen. Diwali-Karten und Süßes wird zwischen Freunden und Verwandten ausgetauscht. Viele besuchen den Tempel mit einem zum *Anakoot* („Kornhügel") aufgetürmten Speiseopfer. Dies symbolisiert den Berg Govardhan, den Krishna mit dem Finger anhob, um die Menschen und ihre Tiere und Ernte vor den Überschwemmungen durch den Sturmgott Indra zu bewahren. Nach dem Ende der Pujas wird dieses Essen als *Prashad* geteilt.

Tag der Brüder und Schwestern
Der zweite Kartika und letzte Tag von Diwali ist als Bhaibij bekannt – „Geschwistertag". Er erinnert an den Besuch des Gottes Yama bei seiner Schwester Yamuna, der Göttin des Flusses Yamuna.

Angenehm überrascht bereitete Yamuna ein raffiniertes Mahl zu; gerührt von so viel Zuneigung gewährte Yama seiner

DIWALI-SPEISEN

Essen ist ein wichtiger Teil von Diwali. Es wird vor dem Hausschrein oder im Tempel geopfert, steht aber auch im Zentrum von Familientreffen und der Gastfreundschaft zwischen Freunden und Nachbarn.

Manche Gerichte wie Barfi oder Penda sind in ganz Indien beliebt. Dazu kommen fast überall regionale Spezialitäten, z. B. Gughara, eine Gujarati-Süßigkeit aus Kokosnuss, Mehl, Zucker, Johannisbeere und Kardamom.

Barfi gehört zu den populärsten hinduistischen Festspeisen und ist häufig ein Teil der Puja-Gaben, wird bei Familienfeiern gereicht oder Freunden zum Geschenk gemacht.

Mischen Sie das Milchpulver und die Kondensmilch, bis die Masse krümelig wird. Fügen Sie die gehackten Pistazien und die Prisen Muskatnuss und Kardamom hinzu.

Erhitzen Sie Wasser und Zucker zusammen leicht und rühren Sie, bis ein dünner Sirup entsteht. Vermischen Sie nun sorgsam alle Zutaten. Bestreichen Sie ein mit Butter oder Ghee befettetes Backblech etwa 4 cm hoch mit der Masse.

Optional: Schmelzen Sie 4 Stücke Schokolade und bestreichen Sie damit die Masse. Auskühlen lassen und in Stücke schneiden.

BARFI-ZUTATEN

1 Tasse Milchpulver
1 Tasse Zucker
1 Tasse geraspelte Kokosnuss
1 Schüssel Wasser
1 kleine Dose Kondensmilch
Pistazien
Prise Muskatnuss
Prise Kardamom
4 Stücke Kochschokolade (optional)

Schwester einen Wunsch. Sie bat ihn, jedes Jahr zu kommen. Yama betrachtete dies als Vergnügen und keine Pflicht und gewährte ihr noch einen Wunsch. Sie erbat sich, dass Geschwister, die an diesem Tag im Yamuna badeten, im nächsten Leben wieder vereint sein würden.

An Bhaibij besuchen Brüder ihre Schwestern und weiblichen Verwandten zur Stärkung der Familienbande, tauschen Geschenke aus und genießen ein speziell von den Frauen bereitetes Mahl. Viele kommen zum Yamuna für ein Bad in seinem geheiligten Wasser.

Ein Straßenstand in Vrindavan verkauft die unterschiedlichsten Diwali-Süßigkeiten in allen Farben.

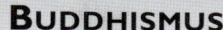

BUDDHISTISCHE FESTE

In der buddhistischen Tradition wird der Ehrentitel „Buddha" außergewöhnlichen Menschen verliehen. Ein Buddha hat die wahre Natur der Dinge erkannt und aufgehört zu leiden. Aus Mitleid und Weisheit lehrt ein Buddha andere, damit auch sie die Wahrheit verstehen und Erlösung vom Leiden finden. Buddha bedeutet „erwacht" oder „erleuchtet", und die meisten Buddhisten glauben, dass es in der Vergangenheit einige Buddhas gegeben hat und dass es auch in Zukunft noch Buddhas geben wird.

Der Begründer des Buddhismus

Der historische Buddha wurde um das 5./6. Jahrhundert v. u. Z. als Siddhartha Gautama im Norden Indiens geboren. Sein Vater regierte die Shakya, weshalb Buddha auch als „Shakyamuni" bezeichnet wird, als „Weiser des Shakya-Volkes". Er wuchs im Palast seines Vaters im Luxus auf, fernab der Realitäten der Welt, doch er begann, über Krankheit, Alter und Tod nachzudenken. Einigen Quellen zufolge schockierte ihn die Begegnung mit einem Alten, einem Sterbenden und einem Leichnam bei seinem ersten Ausflug aus dem Palast. Dann beobachtete er die Abgeklärtheit eines wandernden Asketen und wurde selbst, mit 29 Jahren, zum Asketen, um nach einer Antwort auf das menschliche Leid zu suchen.

In den folgenden sechs Jahren studierte Siddhartha Gautama bei spirituellen Lehrern und folgte dann einem Pfad der strengen Askese, wobei er beinahe bis zum Hungertod fastete. Er erkannte, dass ein Leben in Extremen keine Antwort auf die Natur des Leids war und dass die Wahrheit im „Mittleren Weg" lag. Unter einem Bodhi-Baum sitzend erkannte er beim Meditieren das Dharma – die wahre Natur aller Dinge – und erreichte so Erleuchtung.

Heilige Sprachen

„Siddhartha Gautama" und „Dharma" entstammen dem Sanskrit, der heiligen Sprache des antiken Indien, die für Schriften und gelehrte Texte des Mahayana-Buddhismus verwendet wird. Die Pali-Sprache findet sich in den Schriften, Liturgien und gelehrten Kommentaren des Theravada-Buddhismus. Auf Pali wird „Siddhartha Gautama" zu „Siddhattha Gotama", „Dharma" zu „Dhamma". In diesem Kapitel werden zumeist die Sanskrit-Versionen verwendet, mit Pali-Entsprechungen in Klammern, wo nötig.

Buddhistische Novizinnen, Shwedagon-Pagode in Rangun, Myanmar.

Der Weg zur Erleuchtung

Die Karte zeigt die Ausbreitung des Buddhismus in Asien. Theravada ist auch als südlicher Buddhismus bekannt, Mahayana (tibetisch) als nördlicher Buddhismus und Mahayana (chinesisch-japanisch) als östlicher Buddhismus. Vier große Pilgerstätten in Indien und Nepal sind mit Buddha verbunden: sein Geburtsort Lumbini; Bodh Gaya, wo er Erleuchtung erlangte; Sarnath, wo er seine erste Rede hielt, sowie Kusingara, wo er der Überlieferung zufolge starb.

K urz nach seiner Erleuchtung hielt Buddha vor einigen seiner Schüler in Sarnath in Nordindien seine erste Rede. Als sie seine Lehren gehört und verstanden hatten, wurden diese fünf Schüler erleuchtet und zu den ersten Mitgliedern des Sangha (Gemeinschaft der Mönche und Nonnen). In Sarnath lehrte Buddha erstmals die Vier Edlen Wahrheiten und den Achtfachen Pfad, womit er das Wesen des Leids und den Weg zur Beendigung desselben beschrieb.

Theravada

Buddha reist und lehrte danach im Norden Indiens bis zu seinem Tod im Alter von 80 Jahren und versammelte dabei eine große Schar von Anhängern um sich. Der Überlieferung zufolge trafen sich 500 Arhats – „Würdige", die Erleuchtung erlangt hatten – drei Monate nach Buddhas Tod, um aus ihrer Erinnerung die Worte Buddhas zu rezitieren. Die Lehren Buddhas zerfielen in drei Kategorien, die heute Tripitaka genannt werden,

„Drei Körbe". Die in den Frühzeiten fixierten Traditionen und Lehren des Buddhismus werden am strengsten von Theravada-Buddhisten befolgt. Theravada bedeutet „Schule der Älteren".

Mahayana

Im ersten Jahrhundert n. u. Z. entstand eine neue Art des Schrifttums im indischen Buddhismus und bildete schließlich die Basis des Mahayana oder „Großen Fahrzeuges/Weges". Man behauptete, dass diese neuen Schriften direkt von Buddha stammten und nicht Kommentare zu seinen Worten waren. Den Mahayana-Schriften wurden auch gelehrte Texte hinzugefügt sowie einige buddhistische Vorstellungen im Lichte dieser Schriften adaptiert und neu interpretiert.

Wiedergeburt und Erlösung

Mein Leben vergeht Augenblick für Augenblick wie Luftblasen im Wasser
Es zerfällt und vergeht so schnell;
Nach dem Tod kommt das Resultat meiner guten und schlechten Taten
wie der Schatten dem Körper folgt.
(Je Tsongkhapa, „Die Begründung aller Exzellenz", Vers 3)

Samsara, „beständiges Wandern" ist der endlose Kreis von Tod und Wiedergeburt.

MONGOLEI

NEPAL
Lumbini
Kusinagara
Sarnath
Bodhgaya

INDIEN

CHINA

JAPAN

INDIEN

Legende
Theravada-Buddhismus
Mahayana-Buddhismus (tibetisch)
Mahayana-Buddhismus (chinesisch-japanisch)
Andere

Bei einer Weihe-Zeremonie in Sukhotai, Thailand., tragen neu ordinierte Mönche Blumen- und Rauchopfer für den Buddha.

VIER EDLE WAHRHEITEN, DER ACHTFACHE PFAD

Die Vier Edlen Wahrheiten sind die wichtigsten Eckpfeiler, auf denen die buddhistischen Lehren basieren. Um sie zu verstehen, muss der Geist zuerst geöffnet und ausgeglichen sein.

Erste Edle Wahrheit Leiden existiert.
Zweite Edle Wahrheit Es gibt Gründe für das Leiden.
Dritte Edle Wahrheit Das Leiden kann beendet werden.
Vierte Edle Wahrheit Der Weg zur Beendigung des Leidens führt über den Achtfacher Pfad.

Buddha verglich das Leiden mit einer Krankheit, die eine Ursache hat: Wenn die Ursache erkannt ist, kann sie beseitigt und die Krankheit geheilt werden. Die Heilung für das Leiden, das Buddha meinte, lag im „Achtfachen Pfad" oder „Mittleren Weg". Der Pfad folgt einem natürlichen Verlauf, wobei die Schritte aufeinander aufbauen. Er erfordert geistige und körperliche Disziplin. Viele, die sich dem Pfad verschrieben haben, finden Lehrer, die ihnen helfen, ihn zu verstehen und zu leben.

Der Achtfache Pfad
Rechte Erkenntnis Die Vier Edlen Wahrheiten kennen und verstehen.
Rechte Gesinnung Das Wollen und Begehren loslassen, mit Wohlwollen handeln und Leid vermeiden.
Rechte Rede Die Wahrheit sagen, freundlich und weise sprechen.
Rechtes Handeln Nicht stehlen oder betrügen.

Rechter Lebenserwerb Ein Beruf, in dem kein Blut vergossen wird und der anderen nicht schadet.
Rechtes Streben Positives Denken fördern und entwickeln, um dem Pfad folgen.
Rechte Achtsamkeit Sich der Gedanken und Taten bewusst sein, die die Welt heute beeinflussen und dies auch in Zukunt tun werden.
Rechte Konzentration Friedliche Geisteshaltung, die durch das korrekte Befolgen des Achtfachen Pfades entsteht.

Es besagt, dass wir unzählige vorherige Leben in menschlicher und tierischer Gestalt haben, in Himmeln und Höllen, doch nur die menschliche Wiedergeburt bietet die Gelegenheit zu sprituellem Wachstum und Erlösung von Samsara.

Die Wiedergeburt wird durch Karma – das Gesetz von Ursache und Wirkung (Kamma auf Pali) – bestimmt. Buddhisten glauben, es gibt (und wird immer geben) unendliche viele Lebenszyklen, Welten und Galaxien, die alle vom Gesetz des Karma regiert werden. Buddha verglich Karma mit einem Samen, der in diesem und im nächsten Leben Früchte hervorbringen wird: Taten aus Zorn und Hass erzeugen Leid, doch Taten aus Mitleid und Großzügigkeit Glück und Zufriedenheit. Verdienst wird durch positive Taten vergrößert, durch negative geschmälert. Da Karma die Wiedergeburt bestimmt, versuchen Buddhisten, durch Denken und Taten positives Karma zu sammeln.

Ziel des buddhistischen Pfades ist, Nirwana zu erlangen, die endgültige Befreiung von den Gesetzen des Karma. Nirwana (Nibbana auf Pali) bedeutet „ausgelöscht", was sich auf die Feuer des Leidens und die Sehnsucht nach Erlösung bezieht. Es ist ein Zustand jenseits der Wiedergeburt, in totalem Frieden. Buddha beschrieb es als „Ort des Nicht-Besitzes und der Nicht-Bindungen ... das Ende von Tod und Vergänglichkeit", doch Nirwana sprengt jede verbale Definition.

Eine Statue aus Myanmar zeigt Buddha bei seiner ersten Lehrrede nach seiner Erleuchtung. Er hielt sie vor fünf Gefährten, die zuvor mit ihm in Armut gelebt hatten. Nachdem sie Buddhas Lehren vernommen und verstanden hatten, wurden auch sie erleuchtet.

Hingabe, Meditation und Weisheit

DIE WAHRHEIT DER WELT
Der Dharma (Dhamma auf Pali) ist das allen Dingen zugrunde liegende Wesen und die Wahrheit der Welt. Bei seiner Erleuchtung erwachte Buddha zum Dharma (der Wahrheit) und wurde gleichzeitig selbst Dharma. Dharma umfasst auch Buddhas Lehren vom spirituellen Pfad, die durch die Sangha weitergegeben werden. So wird der Dharma zu einem Leben nach Buddhas Lehren, in dem man vermeidet, anderen und sich selbst Leid oder Schaden zuzufügen. Wenn man Dharma in den Lehrreden gehört und verstanden hat, kann man es in die Praxis umsetzen und schließlich durch Erleuchtung auch erkennen.

I n der buddhistischen Lehre sind alle Dinge vergänglich: sie entstehen und vergehen. Deshalb sind Bindungen an Wünsche, Leid, Menschen oder Objekte wie Illusionen, da nichts bleibt, wie es ist. Der Buddhismus lehrt, dass Leid und Schmerz durch Gier und selbstbezogene Taten entstehen und dass man, um sich vom Leid zu befreien, Folgendes bedenken muss:

Es war einmal ein Reisender, der sich an einen zerstörten Ort verirrt hatte. Von Hunger und Durst geplagt brach er zusammen und verlor das Bewusstsein. In seinen Träumen sah er köstliche Speisen und bediente sich davon, bis er satt war. Als er erwachte, war er hungrig und durstig wie zuvor. Daher erkannte er, dass alle weltlichen Dinge wie leere Träume sind, und suchte fortan unermüdlich nach dem wahren Erwachen.
(Pratyutpanna-samadhi Sutra)

Meditation

Die siebte Stufe auf dem Achtfachen Pfad lehrt, dass alles Handeln achtsam erfolgen sollte: man sollte sich der Auswirkungen bewusst sein, die Gedanken und Taten auf andere und einen selbst haben. Durch Mitgefühl wird der Geist von egoistischem Denken befreit; Taten, die man aus Mitgefühl begeht, bewirken Edelmut und innere Ruhe. Meditation besänftigt den Geist, sodass sich eine friedvolle und mitfühlende Haltung einstellt.

Es gibt zwei Arten der buddhistischen Meditation: *Samatha* (stille Meditation) und *Vipassana* (Einsichtsmeditation). Bei Samatha konzentriert man sich auf einen Vorgang wie den Atem oder ein Objekt, etwa die Flamme einer Kerze. Durch rechtes Streben wird der Geist ruhig und fokussiert. Diese Art von Meditation ist die Basis für Vipassana, die den Geist öffnet, um Gedanken und Gefühle zu analysieren. Indem man Achtsamkeit auf Gefühle wie Zorn, Begehren, Schmerz und Enttäuschung richtet, dürfen diese entstehen und vergehen. Nach und nach verblassen Wünsche und Täuschungen und man sieht die Dinge, wie sie wirklich sind.

Mönche sammeln Nahrung auf ihrem täglichen Bettelgang. Den Sangha und der Gemeinschaft im Allgemeinen zu spenden ist ein wichtiger Teil der buddhistischen Praxis, da dies das Mitgefühl mit anderen steigert. Außerdem erlangt man durch den Akt des Gebens Verdienst, womit man sein Karma in diesem und im nächsten Leben verbessern kann.

Die Dreifache Zuflucht und die Sangha

Das Bekenntnis zum Buddhismus wird durch die Dreifache Zuflucht verkörpert, die meist zu Beginn einer Zeremonie als Akt der Hingabe rezitiert wird:

Ich nehme Zuflucht zu Buddha
Ich nehme Zuflucht zum Dharma
Ich nehme Zuflucht zum Sangha.

„Zuflucht nehmen" geht oft mit drei Verbeugungen vor einem Buddha-Schrein oder -Abbild einher, sowie Gesang oder Gaben. Es bedeutet, einen Ort des Friedens und eine Quelle der Weisheit zu finden in einer Welt, die voller Ansprüche, Leid und Begehren ist. Buddha, Dharma (Lehren und Weg des Buddha) und Sangha sind auch als „Juwelen" bekannt.

Der Sangha wurde aus der Gemeinschaft der Mönche und Nonnen, die Buddha gefolgt waren, gebildet. Es ist ihre Pflicht, Buddhas Lehren zu pflegen und zu erhalten. Sangha umfasst im Theravada-Buddhismus geweihte Mönche und Nonnen, im Mahayana-Buddhismus bezeichnet er Bodhisattvas und kann Gelehrte, Lehrer und Laien einschließen.

Ein Leben als buddhistischer Mönch bzw. Nonne bedeutet, sich dem Vinaya zu unterwerfen, den aus Buddhas Lehren abgeleiteten Ordensregeln. Ein neuer Mönch bzw. eine Nonne tritt in eine Ordenstradition ein, eine Linie von Lehrern und Schülern, die oft bis auf Buddha zurückgeht. In der Theravada-Tradition wurde die Linie der Frauenorden unterbrochen und Frauen können sich nur denselben Regeln unterwerfen wie Mönche, doch dies ändert sich.

Als Bekenntnis zum mönchischen Leben rezitiert ein Mönch bzw. eine Nonne die Drei Juwelen und unterwirft sich den mehr als 200 Regeln des Vinaya. Sie lassen sich den Kopf scheren und besitzen nichts außer ihrem Gewand und ihrer Almosenschale. Die Sangha erhalten Essen, Kleidung, Unterkunft und andere wichtige Dinge von Laien und geben dafür das Geschenk des Dharma zurück.

Buddhisten bekunden ihren Respekt vor den Drei Juwelen durch Verbeugung. Die Haltung der Hände ist als Namaskara bekannt.

Buddha-Statue, die sich in einem Lotusblütenteich spiegelt, auf dem Gelände der antiken thailändischen Hauptstadt Sukhothai.

ANDACHTSZEREMONIE

Paritta ist eine von Mönchen für Laien durchgeführte Andacht im Thervada, um Schutz zu erbitten und negative Einflüsse fernzuhalten. Die Zeremonie findet häufig bei Feiern und Festlichkeiten statt, um ein Familienereignis zu feiern, vor Krankheit zu schützen, eine gute Ernte einzufahren oder allgemeinen Schutz anzurufen.

Bei der Zeremonie werden die Drei Juwelen Buddha, Dharma und Sangha von Mönchen, buddhistischen Schriften und einem mit Buddha assoziierten Relikt repräsentiert.

Die Mönche werden mit einem Faden verbunden, der auch mit einem Buddha-Bild verknüpft ist. Rundum werden Wasserschalen aufgestellt. Sutras (Suttas auf Pali) werden rezitiert und der Faden in kurze Stücke geschnitten, die um Hals und Handgelenke der Laien gebunden werden.

Nun werden die Laien mit dem Wasser besprenkelt, das mit dem Segen der Zeremonie durchtränkt ist. In Mahayana-Schulen werden Dharani, Schutzgebete, angestimmt: Formeln aus zu Silben verkürzten Worten.

Gebete spielen in der buddhistischen Praxis eine große Rolle. Besonders wirkungsvoll ist das Gebet von Mönchen, da sie durch ihre Praxis ein tieferes Verständnis des Dharma besitzen. Gebete beruhigen und öffnen den Geist für die Wahrheit, erzeugen liebevolle Güte, (*metta*) und Mitgefühl (*karuna*). Sie bringen positives Karma für die Betenden und die Zuhörenden.

Der Kalender des südlichen Buddhismus

Während des Vesakh-Festes wird in Wat Chedi in der Stadt Chiang Mai in Thailand eine Buddha-Statue gewaschen.

Dem südlichen oder Theravada-Buddhismus hängt der Großteil der Bevölkerung von Thailand, Myanmar, Kambodscha, Laos und Sri Lanka an und er wird in Teilen von Indien, Bangladesch und Vietnam praktiziert.

Ein Mondkalender

Die wichtigsten religiösen Fest werden im Theravada durch einen Mondkalender festgelegt. Das neue Jahr ist jedoch durch ein Sonnendatum festgelegt. Alle zwei bis drei Jahre wird zur Angleichung an den Sonnenkalender ein zusätzlicher Monat zwischen die Mondmonate Asalha und Savana eingeschoben. Savana, Potthapada, Assayuja und Kattika sind die Monate des Regens und in drei dieser vier Monate bleiben die Sangha zurückgezogen im Kloster. Jeder dieser Monate endet an einem Vollmondtag.

Für Buddhas Geburt werden mehrere Daten zwischen ca. 566 v. u. Z. und ca. 486 v. u. Z. angenommen. Alle Quellen stimmen überein, dass Buddha im Alter von 80 Jahren gestorben sein soll, und die meisten buddhistischen Kalender beginnen mit seinem Todestag. Dieser gilt jedoch nicht als sein Tod, sondern als sein endgültiger Übergang in das Nirwana.

In buddhistischen Ländern umfasst der Festtagskalender verschiedene Feierlichkeiten, einige davon direkt buddhistisch, einige mit buddhistischen Ritualen und einige, die mit dem landwirtschaftlichen Jahr, lokalem Brauchtum, regionalen oder internationalen Ereignissen verbunden sind. An solchen Festen haben die Menschen für gewöhnlich frei und feiern mit ihren Familien. Häufig gibt es Paraden, Kapellen, Imbissstände, Straßentheater, Wahrsager, Akrobaten etc.

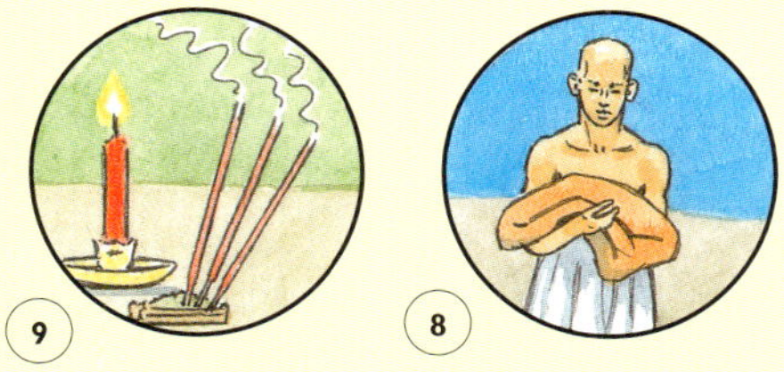

1

2

3

4

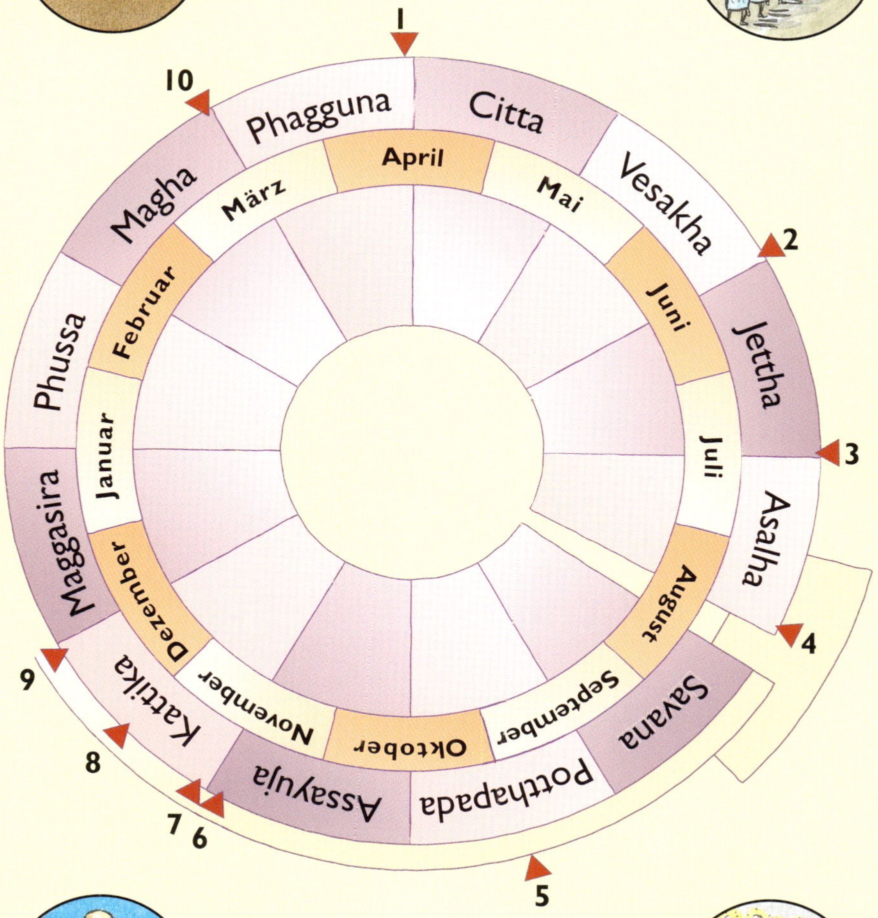

5

10

9

8

7

6

Citta

Vesakha

Jettha

Asalha

Savana

Potthapada

Assayuja

Kattika

Maggasira

Phussa

Magha

Phagguna

April
März
Februar
Januar
Dezember
November
Oktober
September
August
Juli
Juni
Mai

Kambodschanische Pilger in der Tempelanlage in Angkor Wat. Musiker führen die Prozession an, die dem Buddha-Schrein Blumen, Geld und Zierrat darbringt.

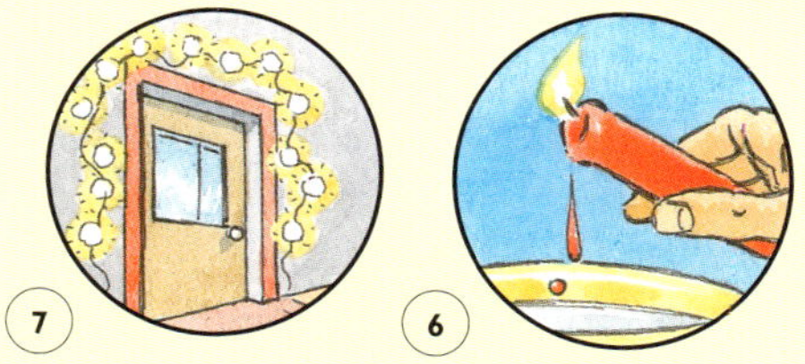

9 KATTIKA (VOLLMOND DES KATTIKA)
Hier werden die ersten Missionare gefeiert, die Buddhas Lehren verbreiteten. Wenn die Regenzeit spät einsetzt, ist Kattika das späteste Datum für die Beendigung von Vassa.

10 MAGHA PUJA (VOLLMONDTAG DES MAGHA)
An diesem Fest gedenkt man der spontanen Versammlung von 1250 Mönchen am selben Ort und zur selben Zeit, um Buddhas Lehren zu hören.

Neujahr und das Vesakha Puja

Das Datum für die traditionellen Neujahrsfeiern in südbuddhistischen Ländern wird vom Sonnenkalender bestimmt, wobei die Festivitäten von 13. bis 15. April drei Tage lang dauern. In Sri Lanka ist dies eine Zeit der Ernte und des Erntedanks. In Myanmar, Thailand, Kambodscha und Laos markiert das Fest das Ende der Trockenperiode und die Ankunft des Sommers. Neujahr war ursprünglich kein buddhistisches Fest, doch im Lauf der Zeit wurden damit buddhistische Rituale verbunden.

Ein Neubeginn

Vor Neujahr werden die Häuser sorgfältig von Schmutz und Staub des vergangenen Jahres befreit. Das ist nicht nur ein Neubeginn, sondern symbolisiert auch, dass Unglück nicht mitgenommen wird. In

In einem Akt des Mitgefühls mit allen Lebewesen wird ein gefangener Aal während des Vesakh-Festes freigelassen.

Tempeln und Schreinen werden Buddha-Statuen mit Duftwasser gewaschen. Als Zeichen des Respekts vor dem Wasser wird es zeremoniell in die Hände von Mönchen, Eltern und älteren Verwandten gegossen. Wenn man den Mönchen spendet und Verwandten Geschenke bringt, erwirbt man Verdienste für die Zukunft und reinigt sich von alten Missetaten.

Buddhisten in Kambodscha, Laos und Thailand bauen in Tempeln oder an Flussufern Stupas. Am Neujahrstag wird der Sand dann zu einem neuen Boden nivelliert oder vom Fluss davongeschwemmt, wie negative Taten gesäubert werden sollten. Es ist eine Zeit, in der man Mitgefühl mit allen Lebewesen zeigt, indem man Fische, Schildkröten oder Vögel freilässt. In dieser Trockenperiode sitzen oft Fische in austrocknenden Flüssen fest; sie zu retten ist also ein Akt des Mitgefühls.

In Sri Lanka fällt der Neujahrstag stets auf den 14. April, doch der exakte Beginn wird nach günstigen astrologischen Vorhersagen festgelegt. In den Stunden davor kochen die Familien im Freien und viele Menschen bleiben zu Hause, da es Unglück bringen soll, während des *punyakalaya* zu arbeiten, den wenigen Stunden zwischen dem Ende des alten Jahres und dem Beginn des neuen.

Vesakha Puja

Das Vesakha Puja, auch Wesak Puja, fällt auf den Vollmondtag des Monats Vesakha. Mit diesem Großereignis wird die Geburts des Buddha als Prinz Siddhatha, seine Erleuchtung unter dem Bodhi-Baum sowie sein Eingang in das Nirwana bei seinem Tod gefeiert. Für viele Buddhisten ist es das wichtigste Fest des Jahres. Im Westen heißt es Buddha-Tag und wird mit verschiedensten traditionellen Ritualen groß begangen.

Zentrale Punkte des Festes sind die Tempel. Menschen versammeln sich, um Buddha mit Blumen, Weihrauch, Lampen und Speisen zu ehren. Das Vesakh-Fest gibt Anlass, sich auf buddhistische Gebote zu konzentrieren und Verdienste zu sammeln durch Almosen, Mitgefühl für eingesperrte Tiere und Zuhören bei Gesängen oder Lehrreden der Mönche. Zur Zeit des Festes haben vor allem die Laien Gelegenheit zu verstärkter religiöser Besinnung.

Häuser und Tempel werden mit Blumen geschmückt und mit Laternen, Ker-

Chiang Mai im Norden Thailands ist für sein Wasserfest berühmt. Mehrere Tage lang sind die Straßen mit Menschen verstopft, die an den Songkran-Feiern teilnehmen.

zen oder Lichterketten erhellt – als Symbol für Buddhas Erleuchtung. Abends werden in den Straßen rund um die Tempel Prozessionen mit Fackeln abgehalten.

In Thailand, Kambodscha und Laos führen Mönche die Laien dreimal rund um den Stupa, zu Ehren der Drei Juwelen (Buddha, Dharma, Sangha). Dann versammelt sich die Gemeinde, um den Reden des Buddha zu lauschen, was oft die ganze Nacht dauert. In Myanmar schmückt man Bodhi-Bäume mit Blumengirlanden und besprengt sie mit Duftwasser.

In Sri Lanka feiert man Buddhas Leben mit Straßentheater, Pantomimen sowie Lichterspielen und Kunst aller Art. An großen Kreuzungen werden in den meisten Städten Sri Lankas *pandala* errichtet, große Gerüste mit Buddha-Bildern, oder buddhistische Geschichten aus Blinklichtern. Verwandte und Freunde errichten *dansala*, Almosenhütten, auf den Straßen, wo sie Passanten Speisen anbieten oder streunende Tiere füttern.

SPEISENOPFER

Viele Besucher bringen Speisen als Opfergaben an Buddha und Sangha in den Tempel. Die verschiedenen lokalen Traditionen spiegeln sich nicht nur in den Festen, sondern auch in den Speisen, die dazu gekocht werden. Reis ist die Basis vieler Speisenopfer, doch es werden verschiedenste süße oder pikante Speisen zubereitet. Obwohl Vegetariertum nicht verpflichtend ist, sind vegetarische Speisen an den Festtagen weit verbreitet, da die Laiengemeinde versucht, die fünf Vorsätze des Buddhismus zu befolgen. Der Akt des Gebens (dana) von Almosen an die Mönche oder die Gemeinschaft ist ein zentrales Element der buddhistischen Praxis, da hiermit die Sensibilität gegenüber anderen gefördert wird.

KIRIBAT AUS SRI LANKA

Kiribat (Milchreis) wird zu besonderen Anlässen gegessen, wie Neujahr, Vesakh-Fest oder Geburtstag.
1. Den Reis mit etwas mehr Wasser als üblich kochen, sodass er weich und klebrig wird (1 Tasse Reis auf 2½ Tassen Wasser).
2. Die Kokosmilch entweder aus getrockneter Kokosnuss mit heißem Wasser oder aus Kokosmilchpulver zubereiten.
3. Den gekochten Reis mit Kokosmilch bedecken, eine Prise Salz und die ganze, geschälte Knoblauchzehe hinzufügen und zum Kochen bringen.
4. Hitze abdrehen und Reis ziehen lassen. Es sollte ein sehr klebriger Reis entstehen, den man in eine Schüssel presst und dann stürzt, sodass er seine runde Form beibehält.
5. Kiribat wird warm gegessen, nicht heiß oder kalt, und stets mit Chili-Paste.
Für die Chili-Paste die Zwiebel sehr

ZUTATEN

1 Tasse Reis
2½ Tassen Wasser
1 Tasse Kokosmilch
1 Knoblauch (geschält, ganz)
1 Prise Salz

Chili-Paste:
1 Zwiebel
1 Chilischote
frischer Limettensaft
1 Prise Salz

dünn schneiden und in einem Mörser mit Chili-Stücken (nicht Pulver), Salz und Limettensaft vermengen. Da diese Paste sehr scharf ist, benötigt man zu jedem Löffel Reis nur eine erbsengroße Menge (oder weniger).

Asalha Puja

Asalha Puja fällt auf den Vollmondtag des Monats Asalha. Mit diesem Fest wird daran erinnert, dass Buddha seinem Leben in Reichtum und Luxus abschwor und seine Reise begann, um zu verstehen, warum das Leid existiert und wie man es beenden kann. Als Buddha erleuchtet wurde, hielt er seine erste Lehrrede vor fünf Anhängern in einem Tierpark bei Sarnath im Norden Indiens. Er lehrte die Vier Edlen Wahrheiten und den Achtfachen Pfad. Seine Rede wurde bekannt als „Drehen des Dharma-Rades", womit gemeint ist, dass nun die Lehren des Buddha über die wahre Natur der Dinge begonnen hatten.

Eine Zeit der Besinnung

Asalha Puja ist ein Tag, an dem man sich auf Buddhas Lehren konzentriert. Viele Menschen besuchen Klöster, um Gaben zu bringen und die Lehrreden der Mönche zu hören. Der Tag endet oft mit Kerzenlicht-Prozessionen, die zu Ehren der Drei Juwelen dreimal um den Stupa geführt werden.

Das Fest markiert den Beginn von Vassa, der dreimonatigen Regenzeit und Periode des Rückzugs, wenn die Mönche in den Klöstern bleiben und sich auf Studium und Meditation konzentrieren. Die Tradition nahm ihren Anfang, als Buddhas Schüler während der Regenzeit ihre Wanderungen unterbrachen und Zuflucht suchten.

Für Laien ist dies eine ruhige, besinnliche Periode. Manche Menschen beschäftigen sich intensiver mit ihrer Religion und suchen an den Uposatha-Tagen die lokalen Klöster auf. Öffentliche oder familiäre Feste wie Hochzeiten werden oft auf die Zeit nach Vassa verschoben.

Prozession des Heiligen Zahnes

Das Fest Esala Perahera wird auf Sri Lanka im Monat Asalha (Esala auf Sri Lanka) begangen. Dazu werden auf den Straßen von Kandy große, prächtige Prozessionen (perahera) organisiert, deren Höhepunkt die Prozession des Heiligen Zahnes, eines Buddha-Relikts, darstellt. In der zehnten Nacht des Festivals – der Vollmondnacht – paradieren mehr als hundert prunkvoll geschmückte Elefanten in einem Meer aus Trommlern, Peitschenknallern, Fackelträgern und anderen Künstlern, begleitet von Feuerwerk.

Das Fest findet zu Ehren Buddhas statt, man bittet um Gesundheit, Regen und reiche Ernte. Der wichtigste Elefant in der Prozession – der Dalada Maligawa Tusker – trägt eine Kopie der geschmückten Reliquienschatulle mit dem Heiligen Zahn auf seinem Rücken. Der Zahn soll im 4. Jahrhundert n. u. Z. im Haar einer

DIE FÜNF TUGENDREGELN

Ich gelobe, mich darin zu üben:
Keine Lebewesen zu verletzen;
nicht zu nehmen, was nicht freiwillig gegeben wird;
mich nicht anstößigen Vergnügungen hinzugeben;
nicht zu lügen;
mich nicht selbst zu vergiften mit Alkohol oder Drogen.

Die Fünf Tugendregeln bilden einen ethischen Kodex oder „Übungsregeln". Indem man sie akzeptiert, verpflichtet man sich, nach Buddhas Lehren zu leben. Das Gelöbnis, sich den Fünf Tugendregeln zu unterwerfen, kann allein erfolgen, indem man sie sich selbst vorbetet, oder – traditionellerweise – sie werden von einem Mönch gesungen und dann vom Einzelnen wiederholt.

Da es oft schwierig ist, sich ständig an die Fünf Regeln zu halten, bemühen sich die Menschen an den Festtagen besonders, sie zu befolgen. Wer sich besonders streng an die buddhistischen Regeln halten will, kann während eines Festes über Nacht oder in der Vassa-Periode in einem Kloster bleiben und sich für begrenzte Zeit den Acht Tugendregeln unterwerfen.

Wer sich langfristig einem strengen ethischen Kodex unterwerfen will, ohne voll ordiniertes Mitglied des Sangha zu werden, kann sich permanent den Acht Tugendregeln oder den Zehn Tugendregeln für Novizen unterwerfen.

indischen Prinzessin auf die Insel geschmuggelt worden sein und wurde stets mit größtem Respekt behandelt.

Der Elefant, der den Heiligen Zahn früher getragen hatte, war bei der Bevölkerung von Sri Lanka sehr beliebt. Nach dem Tod des Tieres wurde der Kadaver in einem Nebengebäude im Dalada-Maligawa-Komplex, wo der Heilige Zahn aufbewahrt wird, konserviert.

Sri Lankas erste Buddhisten

Mit dem Fest Poson feiert man die Ankunft des Buddhismus auf Sri Lanka durch den Mönch Mahinda, den Sohn des indischen Kaisers Ashoka, im 3. Jahrhundert v. u. Z. Es findet am Vollmondtag des Monats Jettha statt, den man auf Sri Lankas Poson nennt.

An diesem Tag erklimmen tausende Buddhisten die 1.840 Stufen zum Mihintale-Felsen, wo Mahinda König Devanampiyatissa die buddhistischen Lehren nähergebracht haben soll. Der Fels besteht aus 68 Höhlen oder Zellen, die der König für Mahinda und eine Schar buddhistischer Mönche errichten ließ. Am Gipfel,

Ein reich geschmückter Elefant zieht durch die Straßen von Kandy; er ist Teil der Esala-Perahera-Prozession.

wo sich König und Mönch erstmals begegneten, steht der Ambastala Stupa, in dem sich Reliquien von Mahinda befinden. Mahinda hatte seinen Vater, Kaiser Ashoka, gebeten, Buddha-Reliquien nach Sri Lanka zu senden, um die Menschen ständig an Dharma zu erinnern. Mahindas Schwester überbrachte die Reliquien gemeinsam mit einem Bodhi-Schössling, der im Garten von Mahamega eingepflanzt wurde und bis heute wächst.

Obwohl Mihintale der Hauptpilgerort in Poson ist, wird das Fest auf der ganzen Insel gefeiert. Viele Leute suchen Tempel auf und bringen den Sangha oder Armen Almosen. In ganz Sri Lanka werden die buddhistischen Lehren und vor allem die Ankunft des Buddhismus mit Liedern, Theaterstücken und Paraden gefeiert.

Zu Beginn von Vassa akzeptiert ein Junge seine vorübergehende Ordination in einem birmesischen Tempel.

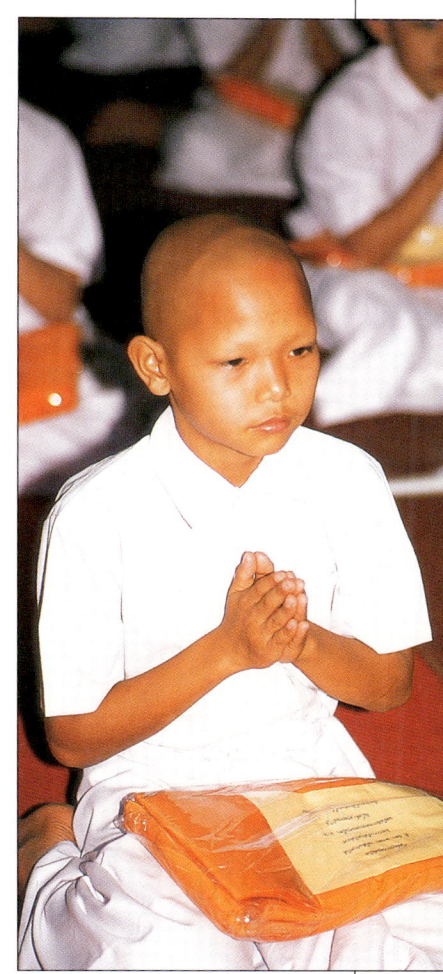

Pavarana, Tavatimsa und Kathina

Mit Pavarana endet Vassa, die Zeit des Rückzugs ins Kloster. Es fällt meist auf den Vollmondtag von Assayuja. An diesem Tag der Meditation und Andacht vollziehen die Mönche eine Zeremonie, in der das Wachs einer brennenden Kerze in eine Wasserschale tropft und das Wasser dabei mit dem Verdienst anfüllt, den die Mönche durch Studium und Meditation erworben haben. Das Wasser sprenkeln sie über die im Kloster versammelten Laien. Diese Zeremonie findet auch bei anderen Anlässen statt, etwa bei Begräbnissen, wenn man Verdienst auf den Toten übertragen will.

Fest des Lichts

In Südostasien ist Tavatimsa ein Fest des Lichts, das Buddhas Rückkehr aus dem Himmel feiert. Der Überlieferung nach stieg Buddha in Vassa in den Tavatimsa-Himmel auf, um seiner Mutter seine Lehren zu vermitteln, bevor er zur Erde zurückkehrte. Der Tavatimsa-Himmel oder „Himmel der 33 Götter", ist einer der Himmel, in den man laut buddhistischem Glauben wiedergeboren werden kann.

Das Fest findet am Tag nach Pavarana statt. In Häuser, Auffahrten und Tempeln werden Lichter aufgehängt. Auf geschmückten kleinen Flößen aus Blättern lässt man Lichter auf Flüssen treiben. Das Licht symbolisiert die Erleuchtung, die Buddha zurück zur Erde gebracht hat, nachdem er im Tavatimsa-Himmel gewesen war, und bedeutet einen Neubeginn nach der Vassa-Periode.

Zeremonie der Roben-Übergabe

Kathina findet im Monat nach Vassa statt. Mit der zeremoniellen Übergabe von Gewändern wird die Rolle des Sangha innerhalb der buddhistischen Gemeinschaft geehrte. Zentral für dieses Fest ist der Akt des Gebens (*dana*), er reflektiert

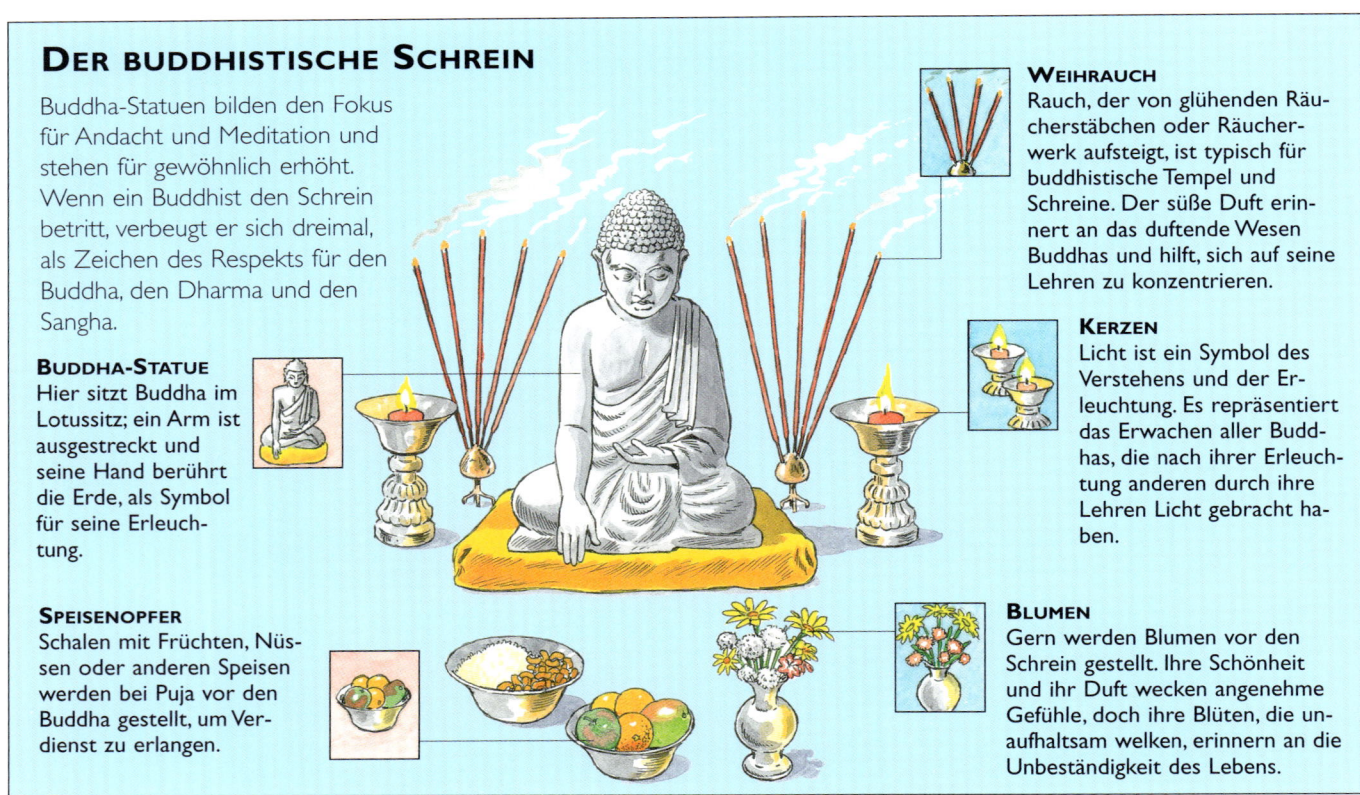

DER BUDDHISTISCHE SCHREIN

Buddha-Statuen bilden den Fokus für Andacht und Meditation und stehen für gewöhnlich erhöht. Wenn ein Buddhist den Schrein betritt, verbeugt er sich dreimal, als Zeichen des Respekts für den Buddha, den Dharma und den Sangha.

BUDDHA-STATUE
Hier sitzt Buddha im Lotussitz; ein Arm ist ausgestreckt und seine Hand berührt die Erde, als Symbol für seine Erleuchtung.

SPEISENOPFER
Schalen mit Früchten, Nüssen oder anderen Speisen werden bei Puja vor den Buddha gestellt, um Verdienst zu erlangen.

WEIHRAUCH
Rauch, der von glühenden Räucherstäbchen oder Räucherwerk aufsteigt, ist typisch für buddhistische Tempel und Schreine. Der süße Duft erinnert an das duftende Wesen Buddhas und hilft, sich auf seine Lehren zu konzentrieren.

KERZEN
Licht ist ein Symbol des Verstehens und der Erleuchtung. Es repräsentiert das Erwachen aller Buddhas, die nach ihrer Erleuchtung anderen durch ihre Lehren Licht gebracht haben.

BLUMEN
Gern werden Blumen vor den Schrein gestellt. Ihre Schönheit und ihr Duft wecken angenehme Gefühle, doch ihre Blüten, die unaufhaltsam welken, erinnern an die Unbeständigkeit des Lebens.

die gegenseitige Abhängigkeit von Sangha und Laien. Durch großzügige Taten steigern sowohl Individuum als auch die Gemeinschaft ihr Wohlbefinden, wodurch Verdienst erschaffen wird. Die Laien erfüllen die praktischen Bedürfnisse der Mönche, wofür die Mönche das Geschenk des Dharma zurückgeben.

Die Kathina-Spenden werden meist von einer lokalen Gruppe in einem Ort, einer Straße oder einem Klub organisiert. Diese Menschen kaufen genügend Stoff für eine Robe und spenden auch andere wichtige Dinge.

Festlich gekleidet und oft in Begleitung von Musikern, ziehen die Gemeindemitglieder zum Kloster, um ihre Gaben zu übergeben. Den Gesetzen des Vinaya zufolge muss der Stoff ein Geschenk an den gesamten Sangha sein, nicht an ein bestimmtes Individuum. Er wird noch am selben Tag gefärbt und zur Robe verarbeitet. Dann wird ein Mönch bestimmt, der das fertige Gewand erhält.

Die Stoffteile erinnern an die Stofffetzen, die frühe buddhistische Mönche sammeln mussten, während sie von Dorf zu Dorf reisten. Da sie einem einfachen Leben verpflichtet waren, färbten sie diese Stoffteile selbst und nähten daraus mit der Hand eine Robe.

Als Teil der täglichen Ehrerweisung und bei Festen zündet man Räucherstäbchen an.

VERSAMMLUNG DER „WÜRDIGEN"

Makha Puja, am Vollmondtag von Makha, erinnert an die spontane Versammlung von Arhats zu Ehren Buddhas. Arhat, was „würdig" bedeutet, bezieht sich auf jemanden, dessen spirituelle Übung vollendet ist: die Person hat zu ihren Lebzeiten Nirwana erfahren und wird nicht wiedergeboren werden.

Der Überlieferung zufolge versammelten sich bei der Ankunft Buddhas in der Stadt Rajagaha im Norden Indiens 1250 Arahats, geleitet vom Dharma und ohne vorherige Absprache, bei Wat Veruvana, um ihn sprechen zu hören. Dies soll im ersten Jahr nach seiner Erleuchtung geschehen sein. Buddha fasste seine Lehren in 423 Versen (Dhammapada oder „Verse des Dhamma"), zusammen: *Nichts Böses zu tun, das Gute zu fördern und den Geist zu reinigen – dies* sind die Lehren der Buddhas. *Nachsichtige Geduld ist die oberste Autorität, Nibbana das Höchste, sagen die Buddhas.* (Dhammapada, Verse 183–4).

Tagsüber besuchen Buddhisten den Tempel, um Gaben darzubringen, Puja (Andacht) zu verrichten und den Mönchen bei Gebeten und Reden zuzuhören. Abends ziehen Laien und Mönche in einer Prozession im Kerzenschein dreimal um den Tempel, zu Ehren der Drei Juwelen.

Im Namen der Gemeinschaft bringen Vertreter eines Dorfes im Rahmen der Kathina-Zeremonie dem Abt ihres lokalen Klosters Stoffe.

Der Kalender des östlichen Buddhismus

Den östlichen Buddhismus findet man hauptsächlich in China, Japan, Vietnam und Korea. In diesen Ländern haben viele Buddhisten auch starke Bindungen an andere große religiöse Traditionen. Zum Beispiel kann Buddhismus in China neben Taoismus oder in Japan neben Shinto praktiziert werden, und es ist nicht ungewöhnlich, dass die Feste beider Traditionen ebenso intensiv gefeiert werden. Einige Feste teilt man sich für gewöhnlich, etwa Neujahr oder das buddhistische Fest Ullambana (O-Bon in Japan), das im Taoismus als „Fest des hungrigen Geister" bekannt ist.

Das Jahr folgt einem Mondkalender, der im Januar oder Februar jedes Jahres beginnt. Ein Mondjahr hat zwölf Monate zu je 29$\frac{1}{2}$ Tagen. Um in vollen Tagen zu zählen, besitzen einige Mondmonate 30, andere 29 Tage. Im Durchschnitt ist ein Mondjahr um zehn, elf oder zwölf Tage kürzer als ein Sonnenjahr, deshalb wird alle zwei bis drei Jahre ein zusätzlicher Monat eingeführt, um Mond- und Sonnenjahr wieder anzugleichen.

Ein Neujahrsbankett, zubereitet von einer Familie in Hongkong, die es mit Freunden und Nachbarn teilen wird. Die Speisen und deren Namen symbolisieren den Wunsch nach Glück, Gesundheit, Reichtum und Erfolg im neuen Jahr.

FESTKALENDER FÜR DEN ÖSTLICHEN BUDDHISMUS

Der Mondkalender wurde in Japan von China und Korea im 6. Jahrhundert n. u. Z. eingeführt. Er wurde verwendet, bis man 1872 für den Alltag und das Geschäftsleben offiziell den gregorianischen Kalender übernahm. Religiöse Feste wurden nach und nach an Sonnendaten angepasst, vor allem in großen Städten und im Osten Japans. Für einige religiöse Zeremonien in kleinen Gemeinden und im Westen Japans blieben jedoch die Monddaten gültig. So kann das O-Bon-Fest zum Beispiel von 13.–15. August oder am 13.–15. Tag des siebten Mondmonats gefeiert werden.

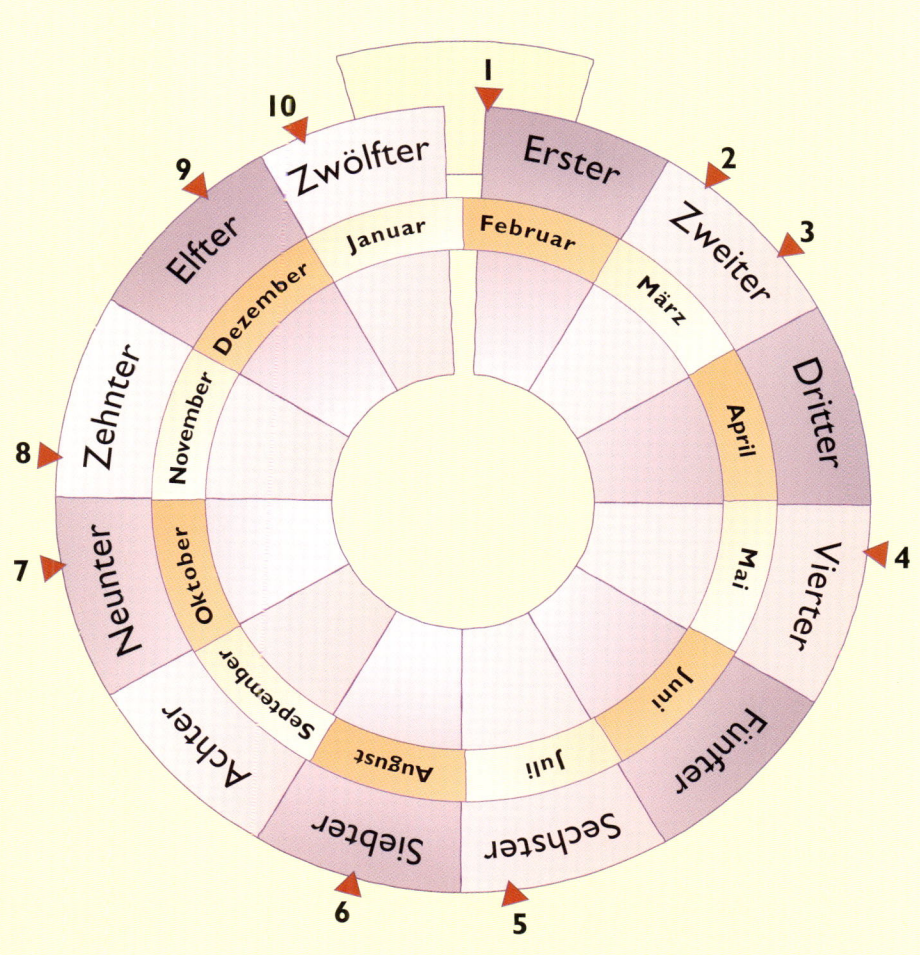

1 NEUJAHR (ERSTER TAG DES ERSTEN MONDMONATS)
Familienmitglieder reisen weit, um miteinander zu feiern, das Haus wird sorgfältig geputzt und man bringt Gaben zum lokalen Tempel oder Schrein. Dieser Tag ist auch der Geburtstag des Buddhas Maitreya, der als Buddha der Zukunft gilt (in China Mi-Le-Fo).

2 TOD DES BUDDHAS SAKYAMUNI
Am achten Tag des zweiten Monats, in Japan am 15. Februar, gedenkt man des endgültigen Eingangs Buddhas in das Nirwana nach dem Tod (parinirvana).

3 GEBURTSTAG DER KUAN-YIN (19. TAG DES ZWEITEN MONATS)
Kuan-yin (auch Guanyin; Kannon in Japan and Korea) wird als Bodhisattva des Mitgefühls verehrt, die viele Male wiedergeboren wurde. Kuan-yin ist die weibliche Form des Bodhisattva, Avalokiteshvara die männliche.

4 GEBURT DES BUDDHAS SHAKYAMUNI
Der Geburtstag des Buddhas wird am achten Tag des vierten Monats, im Japan am 8. April, gefeiert.

5 ERLEUCHTUNG DER KUAN-YIN
Fällt auf den 19. Tag des sechsten Monats.

6 ULLAMBANA (FEST DER HUNGRIGEN GEISTER)
Familien besuchen die Gräber ihrer Vorfahren, um sie zu ehren und das Leiden unerlöster Geister zu lindern. Das Fest fällt auf den 15. Tag des siebten Mondmonats, nur in Japan, wo es O-Bon genannt wird, begeht man das Fest von 13.–15. August.

7 TODESTAG DER KUAN-YIN
Das Gedenken fällt auf den 19. Tag des neunten Mondmonats.

8 TODESTAG DES BODHIDHARMA
Des Todestags des indischen Mönchs, der die Ch'an-(Meditations-)Schule des Buddhismus in China begründete, wird am fünften Tag des zehnten Monats gedacht. Der Fokus dieser Linie liegt in tiefer Einsicht und Erleuchtung durch Meditation. In Japan ist dies als Zen bekannt.

9 GEBURTSTAG DES BUDDHAS AMITABHA (BUDDHA DES UNERMESSLICHEN LICHTS)
Der in Japan als Amida und in China als A-mi-t'o fo bekannte Buddha-Festtag fällt auf den 17. Tag des elften Monats. Den Sutras des Reinen Landes zufolge werden jene, die treu über den Namen des Amitabha-Buddha meditieren, bei ihrem Tod in das Reine Land eingehen.

10 ERLEUCHTUNG DES BUDDHAS SAKYAMUNI
Die Erleuchtung des Buddhas unter einem Bodhi-Baum bei Bodh Gaya wird am achten Tag des zwölften Monats, in Japan am 8. Dezember, gefeiert.

Mitglieder einer chinesischen Oper, zu Besuch in Manchester, UK, auf dem Weg zur Bühne, wo sie vor einer großen Menge im Zentrum der Stadt das chinesische Neujahr feiern.

Neujahrs-feierlichkeiten

In China feiern Buddhisten das neue Jahr zusammen mit anderen Chinesen in einer Mischung aus buddhistischen und taoistischen Ritualen. Ein wichtiges Element ist die Reinigung von Fehlern oder Missetaten des vergangenen Jahres und das Sammeln von Verdienst für das kommende Jahr.

In ganz China sind die Menschen in dieser vielversprechenden Zeit unterwegs, um zu ihren Familien zurückzukehren. Man putzt das Haus sorgfältig und opfert den Buddhas und Bodhisattvas in den Familienschreinen und in Tempeln. Während der gesamten Neujahrsfeiern bringt man Blumen, Speisen, Weihrauch, Kerzen und Geld mit in den Tempel.

Vegetarische Lebensweise
Ein deutlicher Einfluss des Buddhismus auf die chinesischen Neujahrsfeiern macht sich beim Verzehr vegetarischer Speisen bemerkbar. Man glaubt, dass das Töten eines Tieres für eine Mahlzeit in dieser schlechtes Karma für das neue Jahr bringt.

Es gibt außerdem eine Fülle symbolischer Rituale, um das Glück, das diese Zeit verheißt, zu optimieren. So räumt man etwa scharfe Messer beiseite, damit sie nicht das Glück, das nun herrscht, zerschneiden. Man kauft kleine Orangenbäumchen mit Mini-Orangen dran, da ein Reichtum an Früchten Reichtum und Wohlstand verheißt.

Das japanische Neujahrsfest
Den letzten Tag des alten Jahres nennt man in Japan omisoka. In der Zeit eines der wichtigsten Feste des japanischen Kalenders vereinigen sich Familien und Freunde. An den Tagen vor omisoka wird die Vergangenheit real und symbolisch hinweggefegt, indem man das Haus

Unter explodierendem Feuerwerk, das Pech bringende Geister fernhalten soll, tanzt ein „Löwe" durch die Straßen von Guangxi, China, um Läden und Restaurants das Glück des neuen Jahres zu bringen.

gründlich reinigt, was *susu-hari* oder „Ruß-Beseitigung" genannt wird.

Am Abend vor Neujahr beendet man die Vorbereitungen und die Verwandtschaft versammelt sich bei Buchweizennudeln (*toshikoshi* oder „Jahresübergang") in der Hoffnung, dass ihr Leben so lang sein möge wie diese Nudeln. Kurz vor Mitternacht läuten die buddhistischen Tempelglocken 108 Mal. Jeder Glockenschlag muss verklungen sein, bevor der nächste Gong geschlagen werden darf. Das kann bis zu einer Stunde dauern. Menschen sollen 108 Leidenschaften haben, die man überwinden muss, um Erleuchtung zu erlangen. Jeder Glockenschlag soll eine Leidenschaft auflösen.

Das neue Jahr beginnt mit dem dreitägigen Fest O Shogatsu. Bevor die Sonne aufgeht, ziehen Buddhisten und Shinto-Anhänger zu den Tempeln, um für ein erfolgreiches und gesundes Jahr zu beten. Dieser Brauch wurzelt in der Shinto-Tradition, dass man vor Sonnenaufgang am Schrein sein muss, um bei Tagesanbruch die Schutzgötter zu ehren. Der *hatsu-mairi*, der „erste Besuch" für den Neujahrssegen, sollte so bald wie möglich, auf jeden Fall aber vor dem 7. Januar erfolgen.

Feiern zu Buddhas Leben

Buddhas Geburt, Erleuchtung und Übergang in das Nirwana bei seinem Tod wird an jeweils dem achten Tag des vierten, zwölften und zweiten Mondmonats gedacht. In Japan fallen diese Tage auf den 8. April, den 8. Dezember und den 15. Februar. An all diesen Tagen ehrt man Buddha, vor allem sein Geburtstag ist Anlass zu großen Feierlichkeiten.

Für Buddha werden besondere Speisen dargebracht, ebenso Weihrauch, Kerzen und Blumen, die besonders mit Buddhas Geburt verbunden sind. Er soll in einem Blumenhain bei Lumbini geboren worden sein und Blumen sollen gesprossen sein, als er seine ersten sieben Schritte in die vier Himmelrichtungen machte. Der Überlieferung zufolge wurde

DAS JAPANISCHE BLUMENFEST

In Japan nennt man Buddhas Geburtstag Hana Matsuri oder „Blumenfest". Es entstand aus einem vorbuddhistischen Fest, bei dem man mit wilden Bergblumen Geister anrief, die die Reisfelder schützten.

Zu Buddhas Geburt wird in einem Tempel ein *hanamido*, eine Blumenhalle, errichtet. Dieser mit Blumen geschmückte Schrein repräsentiert den Blumenhain in Lumbini, in dem Buddha geboren wurde. Man stellt eine Statue des jungen Buddha in einer Schale mit Wasser in die Blumenhalle und die Besucher gießen *amacha*, süßen Hortensientee, über den Buddha. Der Tee symbolisiert das reine Wasser, das Drachen bei Buddhas Geburt über ihn gegossen haben. Der aus getrockneten gekochten Hortensienblättern zubereitete Tee wird im Tempel verteilt und mit nach Hause genommen, wo ihn die Familie trinkt, da er Schutzkräfte besitzen soll. Früher wurden mit Amacha-Tinte beschriebene Spruchbänder aufgehängt, um wilde Tiere und Schlangen fernzuhalten.

das Baby dann mit Wasser gebadet, das die Götter geschickt hatten, daher badet man Statuen des kindlichen Buddha in Duftwasser oder Tee. Tag und Nacht besuchen Menschen den Tempel, bringen Almosen, meditieren oder hören den Gebeten und Lehrreden der Mönche zu.

In China ist der Tag eine Gelegenheit, Mitgefühl zu zeigen und Verdienst zu erwerben, indem man Tiere freilässt, vor allem Vögel. In den Straßen zu den Tempeln verkaufen Händler oft Käfige mit Vögeln, die auf ihre Freilassung warten. In Korea werden Tempel und Innenhöfe mit Papierlaternen erleuchtet und die Andacht wird bis in die Nacht fortgesetzt.

Zu Feiern von Buddhas Geburt wird süßer Hortensientee über eine Buddha-Statue gegossen, die im Innenhof eines japanischen Tempels in einen Blumenhain (hanamido) gestellt wurde.

Kuan-yin, Ullambana und O-Bon

Ein Frau steht kurz vor dem Werfen der Wahrsage-Stäbchen vor einem Kuan-yin-Schrein im Tempel der 10.000 Buddhas in Hongkong. Wenn man den hölzernen Behälter sanft schüttelt, fällt ein Stäbchen heraus, aus dem man dann die Weissagung ableitet. Die Prophezeiungen sollten denen Hilfestellung bieten, die Kuan-yins Hilfe suchen.

An drei Festen wird Kuan-yin gefeiert, die himmlische Bodhisattva des Mitgefühls. Sie finden am 19. Tag des zweiten, sechsten und neunten Monats statt. Der Name Kuan-yin bedeutet „die das Weinen beachtet" und basiert auf dem Sanskrit-Namen Avalokiteshvara, was „Herr, der zu Boden sieht" heißt.

Kuan-yin wird in männlicher oder weiblicher Gestalt abgebildet und erscheint in vielen Formen, als Mönch oder Nonne, als Weise oder Lehrer eines anderen Glaubens. Kuan-yin kann zu einem bestimmten Zeitpunkt als Vision auftauchen und verschwindet, wenn sie das Leid derer, die ihre Hilfe erbeten haben, gelindert hat. Kuan-yin (Kannon in Japan) ist eine Gestalt tiefer persönlicher Andacht und eine der beliebtesten der himmlischen Bodhisattvas, die Buddhas werden sollen, aber ihre Erlösung aufschieben, bis

alle Wesen erlöst sind. (Im nördlichen Buddhismus gilt die Linie der Dalai Lamas von Tibet als Manifestationen von Avalokiteshvara.)

Kuan-yin gilt als Beschützerin derer, die in Stürmen gefangen sind, da sie die Elemente kontrollieren kann. Sie hilft Frauen mit Kinderwunsch und Studenten bei Examen. Kranke wenden sich an sie und man bringt sie mit Erscheinungen und Wunderheilungen in Verbindung. Bei Festen erhält sie besondere Opfer, wie Speisen, Weihrauch, Blumen und Spenden für den Druck von Andachtsbüchern.

Ahnen und Geister

Mit dem Ullambana-Fest, das auf den 15. Tag des siebten Monats fällt, werden die Ahnen geehrt und das Leiden unerlöster Geister gelindert. Die wörtliche Bedeutung von Ullambana ist „kopfüber hängen" und bedeutet schlimmes Leiden.

Zum Fest besuchen die Familien die Friedhöfe, wo sie die Gräber säubern und Blumen, Speisen und Weihrauch bringen. Manchmal wird am Grab eine Mahlzeit eingenommen, als symbolische Vereinigung der Lebenden und der Toten. In China geht es bei diesem Festtag hauptsächlich um die ruhelosen Geister jener Toten, die keine angemessene Bestattung erhalten haben; er wird Chung Yuan genannt, „Fest der hunrigen Geister". Man glaubt, dass die Tore der Hölle am ersten Tag des siebten Monats offen stehen und gequälte Geister herauslassen, die Unfälle verursachen und Unglück bringen können. Buddhistische und taoistische Mönche vollziehen in Tempeln Gebetszeremonien und reisen in Gebiete, in denen es Unfälle oder Naturkatastrophen gibt, die eventuell auf leidende Geister hinweisen.

Respekt vor den Ahnen

In Japan heißt dieses Fest O-Bon. Es dauert drei Tage, von 13.–15. August, und wird von Buddhisten und Shintoisten begangen. An O-Bon zeigt sich der tiefe Respekt vor den Ahnen und der Glaube, dass sie noch immer starken Einfluss auf die Welt der Lebenden haben können. *Ohaka mairi*, der Friedhofsbesuch und das Anzünden der Familienlaternen, ist ein zentrales Merkmal von O-Bon.

Um das Wohlergehen der Vorfahren zu gewährleisten, werden die Gräber gereinigt, Blumen und Weihrauch aufgestellt und Laternen am Grab aufgehängt. Jede Laterne trägt ein *kamon*, ein Familienwappen, damit die Toten den Weg nach Hause finden. Buntes Feuerwerk trägt zur festlichen Atmosphäre bei, und wenn der Abend kommt, leuchten die Friedhöfe im Schein der Laternen. Wenn die Kerzen niedergebrannt sind, werden die Laternen abgenommen und heimgebracht.

Geisterschreine

Auch zu Hause bereitet man sich auf die Rückkehr der Ahnen am ersten Tag von O-Bon vor (oder Hatsubon, wie das Fest genannt wird, wenn der Verwandte erst im Jahr zuvor verstorben ist). Mit Früchten und Gemüse beladene Schreine werden vor dem buddhistischen Schrein aufgestellt und ein Mönch wird eingeladen, um die Sutras zu rezitieren und so Ver-

TRADITIONELLE TÄNZE

In der abendlichen Kühle wird in lokalen Parks oder anderen offenen Plätzen oder in Tempeln ein Tanz namens *bon-odori* getanzt.

Diese Orte werden mit bunten Laternen dekoriert. In leichte Baumwoll-Sommerkimonos gekleidet bewegen sich die Tänzer in einem großen Kreis rund um die Trommler oder Musiker. Jede Region hat ihren eigenen bon-odori, der Bewegungen enthält, die an die regionalen Charakteristika, wie Flüsse oder Berge, oder lokale Berufe, wie Minenarbeiter oder Bauern, erinnert. Man nimmt an, dass diese Tänze aus vorbuddhistischer Zeit stammen und in das O-Bon-Fest integriert wurden.

dienst auf die Toten zu übertragen. Um die Toten zurückzuleiten, werden die Wege gesäubert und eine *mukae-bi*, eine „Willkommens-Flamme", wird vor dem Haus entzündet, oder gleich ein ganzes Lagerfeuer, um das Gebiet zu erleuchten.

Viele Menschen halten während O-Bon vegetarische Diät oder essen die Lieblingsspeise ihrer toten Verwandten. Wenn das Fest zu Ende geht, wird das *okuri-bi*, das „Lebewohl-Feuer", für die Geister angezündet und man lässt kleine Laternen von Flüssen davontragen.

Frauen und Kinder im yukata (Sommer-Kimono) tanzen den bon-odori am Abend eines O-Bon-Festes im Kreis in einem nahe gelegenen Park.

Der Kalender des nördlichen Buddhismus

Ein Vater feiert mit seinem Sohn das tibetische Neujahrsfest in der Nähe des Bodnath Stupa im Tal von Kathmandu, Nepal.

Nördlichen Buddhismus findet man in Tibet, der Mongolei, Teilen Chinas und in den Himalaya-Regionen von Nepal, Bhutan und Indien. Es gibt auch kleine Enklaven in den russischen Republiken Tuwa, Burjatien und Kalmückien.

Der Festkalender folgt dem tibetischen Mondkalender mit zwölf Mondmonaten, wobei Neujahr auf den ersten Tag des ersten Mondmonats fällt. Bevor der Kalender im Jahr 1027 systematisiert wurde, begann das neue Jahr mit der Blüte des Aprikosenbaums. Heute sind die Feiern auf den Neumondtag des ersten Monats festgelegt. Im tibetischen Kalender beginnt jeder Monat mit einem Neumond, wodurch der Vollmond stets auf den 15. Tag fällt. Alle drei Jahre wird zur Anpassung an den Sonnenkalender ein Schaltmonat einfügt.

Unterdrückung und Wiederaufleben

Tibet hat traditionell einen sehr reichen und gerne zelebrierten Festkalender. Doch nach der Unterdrückung des tibetischen Buddhismus und der Flucht des Dalai Lama nach dem Einmarsch Chinas in Tibet wurden solche öffentlichen Feiern verboten. Zu Beginn der 80er-Jahre wurde das Religionsverbot etwas gelockert und kleine Feste zugelassen. Heute werden die Traditionen des tibetischen Buddhismus durch eine weit verstreute tibetische Gemeinde im Exil in Nordindien, Nepal, Europa und Nordamerika bewahrt.

Verbreitung des Tibetischen Buddhismus

Der Buddhismus wurde Mitte des 7. Jahrhunderts von Indien aus in Tibet eingeführt und etablierte sich Ende des 8. Jahrhunderts unter dem Einfluss des späteren indischen Lehrers Padmasambhava. Später wurde der tibetsche Buddhismus auch in die Himalaya-Königreiche Bhutan, Ladakh und Sikkim gebracht, wobei die letzten beiden heute zu Indien gehören.

Das Sherpa-Volk im Nordosten von Nepal ist ein tibetisches Volk. Seit der chinesischen Invasion siedelten sich viele tibetische Flüchtlinge in Netpal oder anderen Himalaya-Regionen an. Im 16. Jahrhundert etablierte sich der tibetische Buddhismus auch in der Mongolei, wobei er im mongolischen Reich schon viel früher einführt worden war. Durch die Mongolen erreichte der tibetische Buddhismus die asiatischen Nomadenvölker in Gebieten, die heute Teil Russlands sind.

TIBETISCHER KALENDER

Die folgende Liste umfasst die wichtigsten Feste des tibetischen Jahres. Die meisten davon werden auch in anderen Regionen des tibetischen Buddhismus gefeiert, wenn auch vielleicht unter anderem Namen. Jedes Land, jede Region kennt auch eigene Feste, z. B. für den Frühlingsbeginn oder den Erntedank; für gesunden Viehbestand; um den Gründer einer Sekte oder eine lokale Gottheit, die mit einem Kloster assoziiert wird, zu feiern.

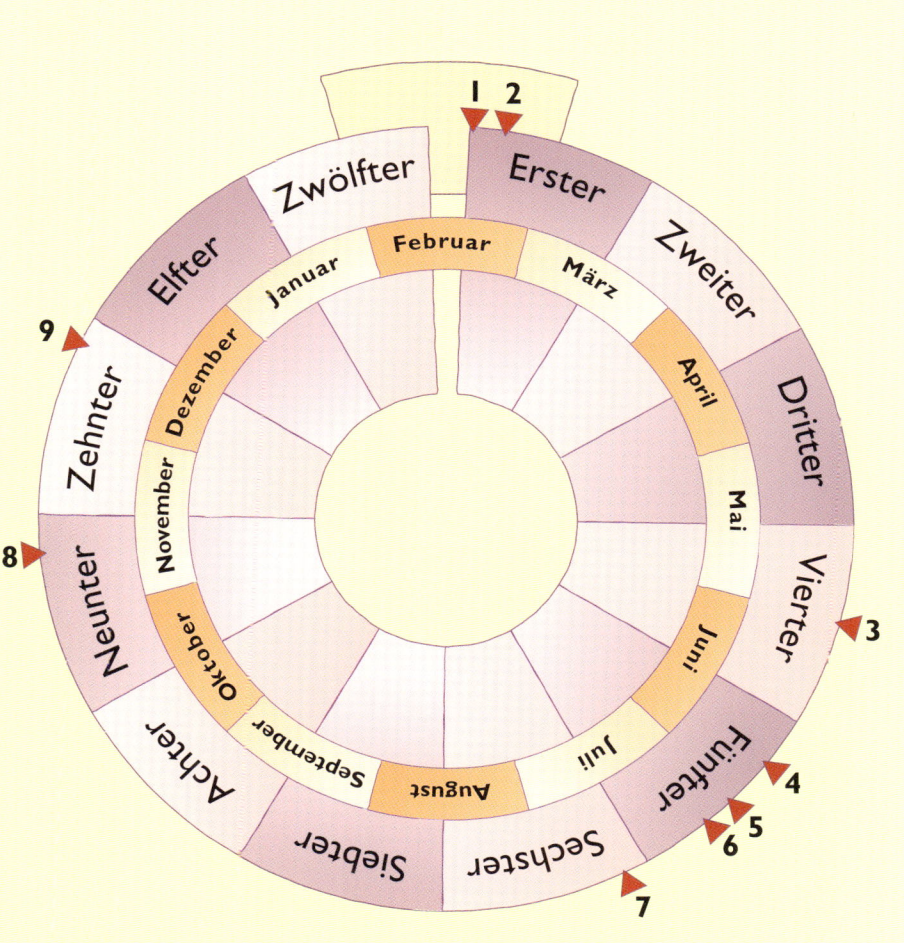

1 LOSAR (TIBETISCHES NEUJAHRSFEST)

Das tibetische Jahr beginnt Mitte bis Ende Februar. Die Vorbereitungen beginnen mehrere Wochen vorher: das Haus wird geputzt, Speisen zubereitet und spezielle Unterhaltung geplant. Die Feierlichkeiten beginnen als Neujahrstag und dauern einige Wochen in den ersten Mondmonat hinein.

2 MONLAM CHENMO

Das „Große Gebetsfest" Monlam Chenmo zu Ehren von Buddhas Lehren beginnt am 4. Tag des ersten Mondmonats. Die Hauptzeremonie findet im Jokhang-Kloster in Lhasa statt, wo sich Lamas (Lehrer), Mönche und Pilger zu Vorträgen und Diskussionen einfinden. Am 15. Tag des Monlam Chenmo findet das „Butterlampenfest" statt, bei dem in den Klöstern große Skulpturen aus Butter zur Schau gestellt werden.

3 SAKA DAWA

Buddhas Geburt, Erleuchtung und Übergang in das Nirwana fallen auf den 15. Tag des vierten Lunarmonats. Nach zweiwöchigem Fasten und Beten ist dies ein Tag des Feierns. Die Menschen gehen in die Klöster, um dort große Ausstellungen mit bunten buddhistischen Malereien zu besuchen und zu sehen, wie Lamas den traditionellen Maskentanz aufführen.

4 GEBURTSTAG VON GURU RINPOCHE

Das am zehnten Tag des fünften Mondmonats gefeierte Fest erinnert an den indischen Lehrer Padmasambhava, der im 8. Jahrhundert n. u. Z. die buddhistischen Lehren in Tibet verbreitete.

5 RAUCHOPFERTAG

Am 15. Tag des fünften tibetischen Monats zieht man Gebetsfahnen auf Hügeln auf und entzündet Weihrauch und Freudenfeuer, zum Gedenken an die Fertigstellung des Klosters Samye. Die Geister, die den Bau lange Zeit behindert hatten, wurden letztlich besänftigt, als Guru Rinpoche den Reinigungsritus vollzog und Wacholderkraut verbrannte.

6 GEBURTSTAG DES DALAI LAMA

Das am 6. Juli gefeierte Fest ist nahezu ebenso beliebt wie der Rauchopfertag. Man verbrennt Weihrauch in großen Feuern auf Gipfeln, in Tempeln und in Klöstern und betet für ein langes Leben des Dalai Lama.

7 CHOKOR DUECHEN

Dieses Fest am vierten Tag des sechsten Mondmonats erinnert an Buddhas erste Lehrrede nach seiner Erleuchtung. Man hört und meditiert über Buddhas Lehren zu Hause oder im Tempel.

8 LHABAB DUECHEN

Ein Tag und eine Nacht des strengen Fastens und Betens am 22. Tag des neunten Monats markiert Buddhas Rückkehr aus dem Himmel, nachdem er seiner Mutter seine Lehren überbracht hatte.

9 NGACHO CHENMO

Der 25. Tag des zehnten Mondmonats ist ein Fest des Lichts, an dem Tsongkhapa, des Begründers der Gelug-Schule des tibetischen Buddhismus, gedacht wird.

Britische Mönche der Neuen-Kadampa-Schule des Tibetischen Buddhismus halten Andacht vor einem Buddha-Schrein in Yorkshire, UK.

Gutor, Losar und Monlam Chenmo

L osar, das tibetische Neujahrsfest, ist eines der spektakulärsten Feste im tibetischen Kalender. Die Feiern dauern den ganzen ersten Monat Choturdawa an. Die Vorbereitungszeit für die Neujahrsfeierlichkeiten nennt man Gutor. Auf Losar folgt Monlam Chenmo (Großes Gebetsfest), dessen Höhepunkt das Butterlampenfest ist.

Die Vorbereitungen für das Neujahrsfest beginnen Anfang des zwölften Monats. Die Menschen stellen Festmähler zusammen und vergewissern sich, dass Kostüme und Unterhaltung bereit sind. Man zieht Gerstenkeimlinge in kleinen Töpfen, die man dann als Opfer für eine gute Ernte vor Buddha-Schreine stellt.

Junge Darsteller in einer tibetischen Oper, mit der die Pilger zu den Losar-Feierlichkeiten ebenso unterhalten werden wie mit Puppentheater und traditionellen Tänzen.

Mitte des Monats bereitet man zu Hause in Butter gebackene Krapfen zu, die man in den verschiedensten Formen modelliert, von Kornähren bis zu Blumen.

Vor dem neuen Jahr

Das Gutor-Fest findet in den letzten drei Tagen vor Neujahr statt, wobei alle negativen Aspekte symbolisch hinweggefegt werden sollen. Am 29. Tag werden die Häuser sorgfältig gereinigt und aller Schmutz beseitigt. Neue Teppiche werden ausgelegt oder Bilder aufgehängt. Man malt acht Glück verheißende Symbole auf die zentrale Küchenwand und pinselt mit Kalk ein Hakenkreuz – ein antikes Glückssymbol aus dem frühen Buddhismus – an die Eingangstür.

Tibetische Mönche führen zum Losar-Fest eine Prozession rund um den Stupa von Bodnath an. Bodnath wurde für die vielen Tibeter, die in Nepal Zuflucht suchten, zu einem wichtigen religiösen Zentrum.

Am Abend verteilt die Familie Mehl-klöße, genannt *gutu*, und erhält Besuch von Mönchen, die in Tracht gekleidet sind. Während die Mönche singen und spezielle Rituale vollziehen, entzünden Familienmitglieder Knallfrösche oder Fackeln und ziehen unter lauten Rufen rund um das Haus, um Pech bringende Geister zu vertreiben.

Am 30. Tag werden kunstvolle Kornhaufen, die die Mönche in den Klöstern als Opfergaben errichtet haben, auf öffentliche Plätze gebracht und verbrannt, um negative Kräfte des alten Jahres zu vertreiben und das neue Jahr zu reinigen. An diesem Abend legt man vor Buddha-Statuen Speiseopfer nieder, darunter Weizenfladen, Obst und Butter.

Neujahrstag

Am Neujahrstag stehen alle früh auf, um dem Buddha Ehre zu erweisen und die erste rituelle Mahlzeit des Jahres gemeinsam einzunehmen. Manche Familien besuchen Lehrer oder hohe Lamas in ihren Klöstern und Tempeln, doch viele bleiben am ersten Tag von Losar zu Hause. Am zweiten Tag beginnt man mit den Besuchen bei Verwandten und Freunden. In jeder Gemeinde gibt es ein großes Fest mit Feuerwerk, maskierten Tänzern, Opernvorstellungen, Ringen, Pferderennen oder Bogenschießen.

Das Große Gebetsfest

Monlam Chenmo, das Große Gebetsfest, ehrt den Buddha Shakyamuni. Es findet am 4. Tag des ersten Mondmonats im Kloster Jokhang in Lhasa statt. Tausende Mönche, Lamas und Pilger kommen, um an Vorträgen, Diskussionen und Gebeten teilzunehmen oder zuzuhören. Besucher bringen Gaben, darunter Butter und Lampen, in das Kloster. Die festliche Stimmung, die mit Losar begann, setzt sich bei Monlam Chemno fort, mit Puppentheater, Tänzen oder tibetischen Opern, die auf buddhistischen Geschichten beruhen. Höhepunkt von Monlam

GERSTE, BUTTER UND GINSENG

Wenn Neujahr näher rückt, wird in allen Haushalten ein *droso chemar* vorbereitet – ein Behälter, der mit Gerstenkörnern, geröstetem Gerstenmehl und wildem Ginseng gefüllt ist.

Dieser wird mit Gerstenähren oder bunten Butterstreifen geschmückt. Manchmal setzt man einen bunten Schafskopf aus Butter obenauf.

Droso chemar steht für den Wunsch nach reicher Ernte, Wohlstand und gesundem Vieh, und der Inhalt wird frühmorgens am Neujahrstag verzehrt. Das älteste Familienmitglied bietet den Behälter allen anderen an, die daraus nehmen, zu Ehren des Himmels ein paar Körner in die Luft werfen und den Rest essen.

Die Festlichkeiten werden mit verschiedenen Getreide- und Buttergerichten fortgesetzt, die man mit Gerstenbier und heißer Birnensuppe hinunterspült.

Chenmo ist das Butterlampenfest, das am 15. Tag des ersten Mondmonats stattfindet. Tag und Nacht besichtigen die Pilger die gewaltigen, geschmückten und von Butterlampen umgebenen Butterskulpturen, die in und rund um die Klöster angefertigt wurden.

Die Vorträge und Gebete im Zusammenhang mit Monlam Chenmo werden im Kloster Jokhang bis zum 25. Tag des ersten Mondmonats fortgesetzt, dann feiert man eine Zeremonie zu Ehren von Maitreya, dem Buddha der Zukunft.

TIBETISCHE NEUJAHRSKRAPFEN

Mehl, Käse, Honig und Salz vermischen. Wenn die Mischung zu klebrig ist, Mehl zugeben, bis eine teigige Konsistenz erreicht ist. Teig zu kleinen, mit Mehl bestäubten Kugeln rollen und langsam goldbraun herausbacken.

ZUTATEN

$\frac{1}{2}$ Tasse Gerstenmehl (wenn kein Gerstenmehl verfügbar ist, kann Weizenmehl genommen werden)
1 Tasse geriebener Käse
4 Esslöffel Honig
1 Prise Salz
Butter zum Herausbacken

Saka Dawa, Rauchopfertag und die zwei Duechen

DER „KOSTBARE LEHRER"

Den Namen Guru Rinpoche, was „kostbarer Lehrer" bedeutet, erhielt der indische Lehrer Padmasambhava, der den tibetischen Buddhismus etablierte. Alle Tibeter begehen am zehnten Tag des fünften Mondmonats seinen Geburtstag. Üblicherweise besucht man an diesem Tag Tempel oder Klöster, bringt Speisen und Kerzen, meditiert und lauscht den Gebeten der Mönche. Es ist auch eine Zeit des Feierns, Tanzens und Geschichtenerzählens.

Für die Anhänger der Nyingma-Tradition hat der Tag eine spezielle Bedeutung; sie widmen Guru Rinpoche kunstvolle Gebete, die fast den ganzen Tag dauern. Die Nyingma-Schule, eine der vier Hauptschulen des tibetischen Buddhismus, führt ihre Wurzeln auf Guru Rinpoche zurück.

D as Saka-Dawa-Fest am 15. Tag des vierten Monats, findet zu Ehren von Buddhas Geburt, Erleuchtung und Übergang in das Nirwana statt. Da dieser Tag so heilig ist, gilt der ganze Monat als Glück verheißend und trägt den Namen Saka Dawa.

Die Zeit vom ersten bis zum 15. Tag von Saka Dawa ist für alle Tibeter eine Zeit des Fastens und Betens. Man schränkt seine sonstigen Aktivitäten ein, um Tempel und Klöster zu besuchen, Gaben zu bringen oder Gruppen von Mönchen oder Nonnen zum Essen zu sich nach Hause einzuladen – manchmal sogar 20 bis 30. Während solcher Besuche rezitieren die Mönche die gesamten Lehren Buddhas, die als die 108 Bände des *bKa'-'gyur* in das Tibetische übersetzt wurden. Alle anwesenden Mönche beteiligen sich am Rezitieren; wenn es also viele sind, sind sie vielleicht an einem Tag fertig, wenn es wenige sind, kann es acht oder neun Tage dauern, bis sie fertig sind.

Fasten und Gebet

In diesen 15 Tagen essen die Menschen bestimmte Speisen nicht, vor allem kein Fleisch, und halten eine spezielle Art des Fastens ein, genannt Nyumgne. Dabei isst man abwechselnd an einem Tag gar nichts und am nächsten nur eine Mahlzeit. Saka Dawa ist auch als Zeit des Rückzugs beliebt. Gruppen von etwa zehn Leuten können sich zusammentun, zwei Mönche oder Nonnen einladen und dann zehn Tage lang gemeinsam fasten und beten.

Am 15. Tag, dem Saka-Dawa-Tag, sind die Klöster überfüllt, da die Menschen Kerzen und Speisen bringen, den Gebeten der Mönche lauschen, deren traditionelle Maskentänze bewundern und buddhistische Malereien ansehen. Das Fasten wird gebrochen und der Tag mit einem vegetarischen Mahl gefeiert.

Rauchopfertag

Eines der lebhaftesten und beliebtesten Feste des Jahres, der Rauchopfertag an alle Gottheiten der Welt, fällt auf den 15. Tag des fünften Monats. Man gedenkt der erfolgreichen Fertigstellung des Klosters Samye in Lhasa, nachdem Guru Rinpoche, der große Lehrer des tibetischen Buddhismus, die Geister, die den Bau behindert hatten, unterworfen hatte.

Auf Hügeln werden Freudenfeuer entzündet und man verbrennt Weihrauch als Opfer an alle Gottheiten und Geister. Den ganzen Morgen zieht duftender Rauch durch die Täler. Das Gebiet um die Feuer wird mit blauen, weißen, roten, grünen und gelben Gebetsfahnen geschmückt, die Himmel, Wolken, Feuer, Wasser und Erde symbolisieren. Am Nachmittag kehren die Menschen in die Täler zurück und treffen sich in Parks, um mit Picknicks, Singen, Tanzen und Geschichten unter freiem Himmel zu feiern.

Lehrreden und Besinnung

Am vierten Tag des sechsten Mondmonats wird mit Chokor Duechen Buddhas erste Rede nach seiner Erleuchtung gefeiert. An diesem Tag wird Buddhas Lehrreden gedacht. „Chokor" bedeutet „das Dharma-Rad drehen", was bedeutet, dass dieser Tag der Weitergabe der traditionellen Lehren Buddhas über viele Generationen dient.

Daher besteht die Hauptaktivität an diesem Tag darin, sich zu versammeln und den Reden erfahrener Mönche zu lauschen. Klöster organisieren große Versammlungen, wo man Vorträge hört und dabei fastet. Bei den Menschen zu Hause finden ähnliche Treffen in kleinerem Rahmen statt. An diesem Tag wird weniger gefeiert, sondern ernsthaft über den Dharma nachgedacht – über die Wahrheit von Buddhas Lehren.

Eine ruhige Angelegenheit

Mit dem Fest Lhabab Duechen gedenkt man Buddhas Rückkehr aus dem Himmel, nachdem er seine Lehren an seine Mutter weitergegeben hatte. Es fällt auf den 22. Tag des neunten Mondmonats, wobei die wichtigste Aufgabe der Gläubigen strenges Fasten ist, das am Vortag um 4.30 Uhr beginnt und zu Mittag endet.

Nach dem Mittagessen fastet man insgesamt 36 Stunden bis zum Morgen des folgenden Tages. Diese Art des Fastens ist bei Tibetern weit verbreitet und kann sogar das Trinken von Wasser betreffen, auch wenn sich Kranke und Schwache nicht so streng enthalten müssen. In der Zeit des Fastens finden Prozessionen, Gebete und Andacht statt. Lhabab Duechen kann eine anstrengende und intensive Zeit sein. Mit diesem Tag ist kein Festmahl verbunden.

MONGOLISCHER OBO

Obos (oder Owoos) sind Schreine, die man in der gesamten Mongolei findet. Oft sind sie die einzigen hilfreichen Wegweiser bei der Navigation durch die offene Steppe.

Obos sind Steinhaufen, die verziert sind mit buddhistischen Gebetsfahnen, Papierschnipseln, auf die Bitten geschrieben sind, Krücken oder Schienen, die für die Heilung von Gliedmaßen stehen, Fotos von Verstorbenen oder von Passanten hinterlegten Gaben.

Obos spiegeln buddhistische und schamanistische Traditionen wider. Sie stehen an Orten, wo ein buddhistischer Heiliger gelehrt oder wo eine Geburt oder ein bedeutendes historisches Ereignis stattgefunden haben soll oder an einer Stelle, wo angeblich ein mächtiger Geist herrscht. Obo-Feste variieren je nach Ort und dessen Geschichte. Viele Menschen versammeln sich an einem Obo, um das Ende des Winters zu feiern oder um Regen, erfolgreiche Jagd oder gesundes Vieh zu beten. Wenn buddhistische Mönche Sutras rezitiert haben und Gaben am Obo niedergelegt wurden, feiert die Gemeinschaft mit einem Festmahl und es gibt Demonstrationen von Reitkunst und Bogenschießen.

Mönche rezitieren Sutras neben einem Obo, der die Grenze einer heiligen Stätte in Arhangai, Mongolei, kennzeichnet.

FESTE DER SIKHS

Die Religion der Sikhs entstand im 15. Jahrhundert im Punjab, einer Region, die heute die Grenze zwischen Indien und Pakistan bildet. Guru Nanak war Hindu in einem Umfeld, das zwischen Hinduismus und Islam gespalten war. Er reagierte auf die Formalismen beider Religionen und lehrte die persönliche Verehrung eines formlosen und unfassbaren Gottes – Waheguru oder „wunderbarer Lehrer". Er reiste durch ganz Indien, zog viele Schüler an (Sikh bedeutet auf Punjabi „Schüler"), die ihre eigene religiöse Praxis entwickelten, und gründete einzelne Gemeinden mit dem Schwerpunkt auf Gleichheit und sozialer Hingabe.

Der Sikhismus lehrt die Wichtigkeit von aktivem Einsatz im Kampf für die Schwachen und Unterdrückten. Hier, bei der Feier von Guru Nanaks Geburtstag, ziehen Mitglieder der Khalsa-Bruderschaft mit Fahnen durch die Straßen.

Nachfolge der Gurus

Auf Guru Nanak, den ersten Sikh-Guru, folgten neun weitere lebende Gurus, bis 1708 die Sammlung der Sikh-Schriften als Guru für die gesamte Zukunft eingerichtet wurde. Sikhs verehren ihre Schriften, das Guru Granth Sahib, wie einen lebendigen Lehrer.

Sikhs in aller Welt und Feiern

Weltweit leben 15 Millionen Sikhs, die meisten davon in Indien, vor allem im Punjab. Doch Sikhs sind in alle Teile der Welt emigriert und es gibt namhafte Gemeinden in Großbritannien, den USA und Kanada und kleinere in Ostafrika, Europa, Malaysia, Indonesien, Australien und Neuseeland. Dazu kommen einige Konvertiten, vor allem in den USA.

Feste der Sikhs heißen *gurpurb* – Guru-Gedenktage. Alle werden in ähnlicher Form gefeiert, doch die Lesungen und Hymnen unterscheiden sich voneinander. Zu jedem Sikh-Fest gehören die Lesung der Schriften und Essen. In den 48 Stunden vor einem Fest lesen abwechselnde Vorleser das Guru Granth Sahib von vorn bis hinten laut vor. Am Ende des Gottesdienstes erhalten alle Gläubigen ein wenig Karah Parshad, die süße heilige Speise der Sikhs, und während des ganzen Fests erhalten alle Besucher kostenlose Speisen, ganz gleich, ob sie religiös sind oder nicht. In Indien müssen manche *gurdwaras* (Tempel) bei Festen Mahlzeiten für tausende Besucher bereitstellen.

Sikhs waren einst gleichmäßiger auf Indien verteilt, doch die Unruhen bei der Unabhängigkeit des Landes und der Teilung 1947 und jüngere Spannungen mit der indischen Regierung sorgen für wachsende Konzentration von Sikhs im Punjab.

Pilger überqueren die Brücke von Amritsar, um den Goldenen Tempel zu besuchen, den Harimandir, wo der Guru Granth Sahib aufbewahrt wird.

Sikh-Zahlen in Indien
9–11 Millionen
625.000–650.000
350.000–400.000
275.000–300.000
100.000–110.000

Lehren und Gottesdienst

Guru Nanak, der Begründer des Sikh-Glaubens, wurde 1469 in Tawalpindi im Punjabgebiet des heutigen Pakistan geboren. Bei seiner Geburt wurde vorhergesagt, er werde Gott loben und viele andere darin unterrichten.

Viele Geschichten ranken sich um Nanaks Kindheit. Als er als junger Mann für einen muslimischen Verwalter arbeitete, beeindruckte er alle mit seiner Weisheit und seinem Wissen. Eines Tages fand man Nanaks Kleider am Ufer des Flusses, wo er meditiert hatte, und fürchtete, er sei ertrunken. Nach drei Tagen kehrte Nanak zurück und schwieg einen Tag lang. Seine ersten Worte waren: „Es gibt weder Hindu noch Moslem; wessen Pfad soll ich folgen? Ich folge Gottes Pfad. Gott ist weder Hindu noch Moslem und der Weg, dem ich folge, ist Gottes."

Nanak gab seine Arbeit auf und begann ein Leben des Reisens und Lehrens. Er wurde als „Guru Nanak" bekannt

und lehrte das unbeschreibbare Wunder Gottes und die Leere äußerer Rituale. Er bekämpfte das hinduistische Kastensystem, bestand darauf, dass all seine Nachfolger gleich waren und alle nötigen Arbeiten teilten. Sie wurden als Sikhs (Schüler) bekannt und richteten Gemeinden in vielen Teilen Indiens ein.

Die Gurus

Statt einen seiner Söhne zu seinem Nachfolger zu machen, unterstrich Guru Nanak das Prinzip der Gleichheit, das er gelehrt hatte, in dem er einen Mann namens Lehna als nächsten Führer auswählte, der ihm besonders treu ergeben war. Guru Nanak nannte ihn Angad, das heißt „Teil von mir".

Insgesamt hatte Guru Nanak neun Nachfolger, Jeder wurde von seinem Vorgänger ernannt. Guru Gobind Singh, der letzte der neun, starb 1708. Er erklärte, dass die Sammlung von Hymnen und Gedichten, die viele Gurus und andere fromme Menschen verfasst hatten, von nun an der Guru der Sikhs sein sollte. Dieses Buch, der Guru Granth Sahib, dient Sikhs als Ratgeber und Inspiration wie früher die lebenden Gurus. Die Geburtstage, Todestage und Tage der Ernennung dieser Gurus, die *gurpurbs*, werden als kleinere oder größere Feste gefeiert.

Der Gurdwara

Ein Sikh-Tempel wird als Gurdwara bezeichnet – „Tor zum Guru". Er dient als Gemeindezentrum und Ort des Gebets, doch in erster Linie als Heimat des Guru Granth Sahib, des Buches, das als lebender Guru gilt. Wo möglich und vor allem in Indien ist der Gurdwara den ganzen Tag zum Beten geöffnet. Außerdem gibt es regelmäßige Gottesdienste, in Indien oft zweimal täglich, in anderen Ländern an einem passenden Tag – in Europa und den USA ist dies meist ein Sonntag.

Die Gemeinde sitzt im Schneidersitz am Boden. Im Sikhismus gibt es keine

Wenn sie zur Feier eines Festes in den Gurdwara gehen, bringen Sikhs Nahrung oder Geld als Beitrag zum Langar, dem gemeinschaftlichen Mahl mit. Neben dem Gebet können sie auch in der Küche arbeiten oder Essen austeilen.

Sobald der Guru Granth Sahib geöffnet ist, sitzt zumindest ein Sikh stets dabei, wie ein Schüler bei einem lebenden Guru.

Priester. Jeder kann eine Predigt halten und aus der Schrift lesen, obgleich auch ein *granthi* (Leser) eingesetzt werden kann, um der Gemeinde zu helfen.

Dem Beispiel Guru Nanaks folgend ist das Singen von Hymnen ein wichtiger Teil des Gottesdienstes. Jede Hymne im Guru Granth Sahib hat ihre traditionelle Melodie, die eine Gruppe Musiker oder die ganze Gemeinde singen können. Singen gilt als Beruhigung für den Geist und Nahrung für die Seele.

ÄUSSERE KENNZEICHEN EINES SIKH

Alle männlichen Sikhs tragen fünf Zeichen ihres Glaubens. Alle beginnen in Punjabi mit einem „K", sie sind also als die „fünf K's" bekannt. Sie kennzeichnen den Träger als vollwertiges Mitglied der Khalsa, der Bruderschaft, die beim Baisakhi-Fest gegründet wurde. Die fünf K's sind:

KESCH: ungeschnittene Haare. Gläubige Sikhs schneiden niemals ihre Haare oder ihren Bart.

KANGHA: ein Holzkamm fürs Haar.

KARA: ein eiserner Armreif, dessen Material für Stärke und dessen Form für einen Gott und eine Wahrheit ohne Anfang und Ende steht.

KIRPAN: ein kleiner Dolch, der die Sikhs daran erinnert, gegen Unterdrückung jeder Art zu kämpfen.

KACHERA: kurze Hosen, und das in einer Zeit, in der Männer meist Roben trugen. Die Hose steht für die Bereitschaft, in den Kampf zu ziehen.

Fast alles Sikhs tragen einen Turban. Er gehört nicht zu den fünf K's, man trägt ihn zum Schutz der Haare und zur möglichst weiten Angleichung an Guru Gobind Singh. Er ist ein sichtbares Zeichen für das Bekenntnis zum Sikhismus.

Sikhs sollen auf Drogen jeder Art verzichten (außer Medizin), auch auf Kaffee und Alkohol, und viele essen kein Fleisch.

Das Konzept des *sewa* (Dienst) ist wesentlich für den Sikhismus. Viele Sikhs dienen auf irgendeine Weise allen Mitgliedern der Gemeinschaft, in der sie leben. Die Durchführung niedriger und unangenehmer Arbeiten für andere ist eines ihrer höchsten Ideale.

BEKENNTNIS ZUM GLAUBEN

Die Baisakhi-Versammlung legte 1699 den Grundstein für den Sikhismus in seiner heutigen Form. Viele Rituale und Glaubensinhalte der Sikhs werden das ganz Jahr über gelebt, sind aber zu Baisakhi besonders wichtig.

NISHAN SAHIB
Die Fahne der Sikhs, Nishan Sahib, steht bei jedem gurdwara und in vielen Häusern. Zu Baisakhi wird der Mast gewaschen und die Fahne mit Liedern und Freude erneuert.

KARAH PARSHAD
Die heilige Speise der Sikhs aus Mehl, Grieß, Zucker und Butter wird gekocht, mit einem Khanda umgerührt, wobei man bestimmte Gebete spricht. Am Ende jeder Zeremon erhält jeder Gläubige etwas von dieser Süße Gottes.

GURU GOBIND SINGH
Guru Gobind Singh, der letzte Guru und Gründer der Khalsa, sagte den Sikhs: „Seid wie ich." Sein Widerstand gegen Verfolgung und Unrecht ist für alle Sikhs ein Vorbild.

AMRIT
Wasser und Zucker werden mit dem Khanda, dem traditionellen Sikh-Schwert, zu Amrit verrührt. Zu Baisakhi trinkt jeder, der der Khalsa beitritt, etwas Amrit und sein Haar und seine Augen werden damit besprengt.

VEGETARISCHE SPEISEN
Bei Sikh-Festen ist das Essen für alle Gäste gratis, ob sie nun Sikhs sind oder nicht. Die Speisen sind alle vegetarisch, sodass unabhängig vom Glauben alle davon essen können.

Zeiten und Jahreszeiten

AKHAND PATH
Alle Feste der Sikhs werden mit der ununterbrochenen Lesung des Guru Granth Sahib durch mehrere Leser gefeiert, die sich nach zwei bis drei Stunden abwechseln. Die komplette Lesung dauert rund 48 Stunden und endet am Tag des Festes, wobei sich alle für die letzten fünf Seiten versammeln.

D er ursprüngliche Sikh-Kalender, den einige bis heute verwenden, basierte auf einem hinduistischen Mondkalender (siehe Seite 87). Drei große Feste, Baisakhi, Divali und Hola Mohalla (Holi) gehen auf Hindu-Feste mit ähnlichem Namen und am gleichen Tag zurück. Doch viele Sikhs störte es, dass sie keinen Kalender hatten, der auf ihrem eigenen Glauben basierte.

Nanakshahi, ein reformierter Kalender, wurde 1999, 300 Jahre nach der Gründung der Khalsa eingeführt. Er basiert auf einem Sonnenjahr mit einem Schalttag alle vier Jahre. Die Jahreszählung des Nanakshahi beginnt mit der Geburt von Guru Nanak im Jahr 1469.

Hola Mohalla wird vor allem in Anandpur in Indien gefeiert, mit Prozessionen und Darstellungen der eigenen Geschicklichkeit.

DER KALENDER DER SIKHS
Gezeigt ist der Nanakshahi-Kalender. Das Datum von Festen, die auf dem Mondkalender basieren, kann bis zu zwei Wochen abweichen.

1 HOLA MOHALLA (1. CHET)
Datum schwankt mit dem Mondkalender. Gefeiert vor allem in Anandpur mit Spielen und Wettkämpfen in Kampfkünsten.

2 TOD VON GURU HARGOBIND (6. CHET)

3 BAISAKHI (1. VAISAKH)
Gründungstag der Khalsa. An diesem Tag finden Aufnahmen in die Khalsa statt.

4 TOD VON GURU ANGAD; TOD VON GURU HAR KRISHAN (3. VAISAKH)

5 GEBURT VON GURU ANGAD ; GEBURT VON GURU TEGH BAHADUR (5. VAISAKH)

6 GEBURT VON GURU ARJAN (19. VAISAKH)

7 GEBURT VON GURU AMAR DAS (9. JETH)

8 MARTYRIUM VON GURU ARJAN (2. HARH)
Guru Arjan war der erste Sikh-Märtyrer; er wurde mit heißem Sand und Wasser zu Tode gefoltert. Passanten erhalten zum Gedenken an das Ereignis Erfrischungsgetränke.

9 GEBURT VON GURU HARGOBIND (21. HARH)

10 GEBURT VON GURU HAR KRISHAN (8. SAWAN)

11 INSTALLATION DES GURU GRANTH SAHIB IM GOLDENEN TEMPEL (17. BHADON)
Guru Arjan, der die Sammlung von Hymnen angeregt hatte, installierte das Werk im Goldenen Tempel im Amritsar.

12 TOD VON GURU AMAR UND GURU RAM DAS (2. ASU)

13 TOD VON GURU NANAK (8. ASU)

14 GEBURT VON GURU RAM DAS (25. ASU)

15 DIVALI (BIS ZUM 2. KATIK)
Viertägiges Fest, nach dem Mondkalender angesetzt. Die Feier der Befreiung des sechsten Guru, Guru Hargobind, und 52 seiner Mitgefangenen, die seine Gewandquasten berührten.

16 INSTALLATION DES GURU GRANTH SAHIB ALS EWIGER GURU; TOD VON GURU HAR RAI (6. KATIK)

Calendar wheel labels:
Chet, Vaisakh, Jeth, Harh, Sawan, Bhadon, Asu, Katik, Maghar, Poh, Magh, Phagan

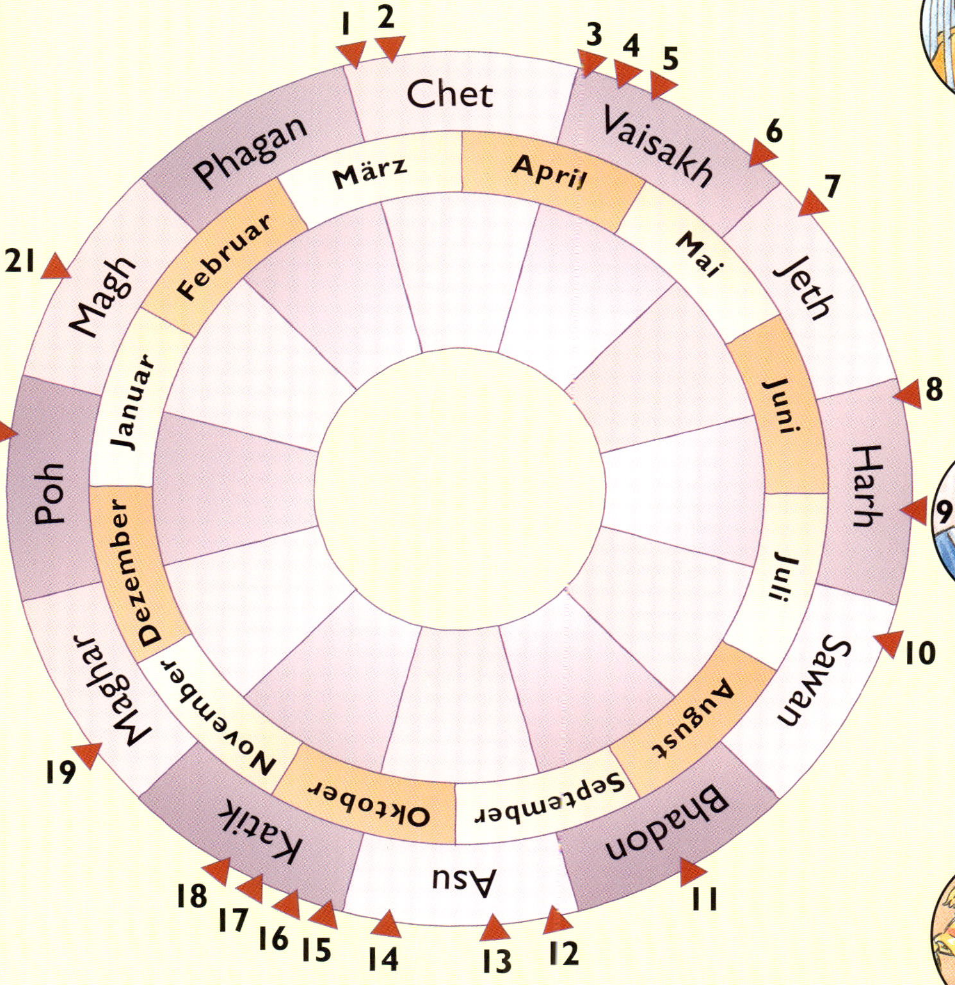

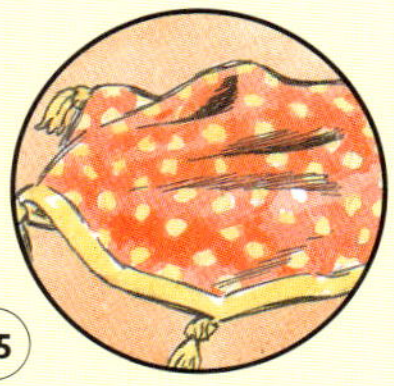

März, April, Mai, Juni, Juli, August, September, Oktober, November, Dezember, Januar, Februar

Numbers: 1 2 3 4 5 6 7 8 9 10 11 12 13 14 15 16 17 18 19 20 21

17 TOD VON GURU GOBIND SINGH (7. KATIK)

18 GEBURT VON GURU NANAK (VOLLMOND IM KATIK)
Berechnet nach dem Mondkalender und nicht im neuen Kalender fixiert. Obgleich die Quellen für Guru Nanaks Geburt am 1. Vaisakh sprechen, behielt man das traditionelle Datum bei.

19 MARTYRIUM VON GURU TEGH BAHADUR (11. MAGHAR)

20 GEBURT VON GURU GOBIND SINGH (23. POH)
Der letzte lebende Guru, der die Khalsa gründete und den Guru Granth Sahib für die Sikhs als Guru für alle Zeiten einrichtete.

21 GEBURT VON GURU HAR RAI (19. MAGH)

BAISAKHI

1699 suchte in Anandpur der Führer der Sikhs, Guru Gobind Rai, einen Freiwilligen, der bereit war, sein Leben zu opfern, um den Sikh-Glauben zu verteidigen, der unter Bedrohung stand. Der Guru nahm den tapferen Mann mit in sein Zelt und kam mit blutbeflecktem Schwert allein wieder heraus.

Vier weitere Freiwillige folgten nacheinander, jeder bereit, sein Leben zu geben. Dann zog Guru Gobind die Tür des Zelts zurück und gab den Blick auf die fünf Männer frei, die in safrangelbe Roben gekleidet waren, Turbane trugen und Schwerter hielten. Diese Männer hießen nun die Panj Pyare – die fünf Geliebten – wegen ihrer Hingabe. Um zu zeigen, dass Sickhs keine Angst mehr hatten, zu ihrem Glauben zu stehen, erklärte Guru Gobind, alle Männer sollten den Namen Singh („Löwe") tragen und alle Frauen den Namen Kaur („Prinzessin"). Er selbst heißt nun Guru Gobind Singh und die Bruderschaft der Sikhs, die mit den fünf Geliebten begann, ist die Khalsa.

Hola Mohalla, Divali und Gurpurbs

Guru Nanaks Geburtstag feiert man in Anandpur mit einer Prozession, angeführt von fünf Sikhs (die Panj Pyare), und dem Guru Granth Sahib.

Die Geburt von Guru Nanak, dem Gründer und ersten Guru des Sikhismus, wird traditionell bei Vollmond im Mondmonat Katik gefeiert. Diese Praxis wird unter dem neuen Kalender beibehalten, auch wenn viele glauben, dies sei nicht sein wahres Geburtsdatum. Die Geschichten seiner Geburt und Kindheit zeigen, dass er kein gewöhnliches Kind war. Er weinte nicht, als er geboren wurde, sondern lächelte mit unvergleichlicher Süße. Ihm wurde prophezeit, er werde Gott preisen und andere dasselbe lehren, und schon sehr früh zeigte er eine Weisheit, die seine Lehrer und seine Familie erstaunten.

Die Feiern zu Guru Nanaks Geburt dauern oft drei Tage, der Höhepunkt ist am Vollmondtag. Prozessionen, die Männer anführen, die die fünf Geliebten darstellen, und bei denen der Guru Granth Sahib auf einer Plattform getragen wird,

ziehen mit Musikern und Sängern durch die Straßen. Wie zu Divali sind Häuser, Läden und Straßen erleuchtet und der goldene Tempel in Amritsar strahlt in buntem Licht. Am letzten Tag öffnen die Gurdwaras sehr früh, sodass Familien hier den ganzen Tag mit Gebet, Gesang, und Essen feiernd verbringen können.

Martyrium

Guru Arjan war der fünfte Guru des Sikhismus und ein großartiger Prediger und Führer. Er sammelte und komponierte die Hymnen des Guru Granth Sahib, baute den goldenen Tempel von Amritsar und bekehrte viele Menschen.

Als Arjan 1581 Guru wurde, stand der damalige Kaiser Akbar den Sikhs tolerant, ja wohlgesinnt gegenüber. Doch nach seinem Tod wurde sein Sohn Jehangir Kaiser. Guru Arjan beleidigte ihn, indem er seinem Bruder und Rivalen Nahrung und Schutz gab. Arjan wurde zu Jehangir befohlen und ernannte seinen Sohn Hargobind zum nächsten Guru, da er mit seiner Hinrichtung rechnete.

Jehangir schalt Arjan wegen der Hilfe für seinen Feind, befahl ihm, die Worte des Guru Granth Sahib zu ändern und eine hohe Strafe zu zahlen. Arjan weigerte sich und wurde mit rot glühendem Sand und kochendem Wasser zu Tode gefoltert. Dabei blieb er wunderbar ruhig, sagte nur „Der Kessel wird wieder kalt" und „Gott ist die Stärke der Schwachen".

Im Gedenken an Guru Arjans Tod veranstalten die Sikhs eine Prozession und Gebete, teilen Fruchtsaft oder *sharbat*, ein gesüßtes Milchgetränk aus und laden Passanten ein, sich „Im Namen des Gurus" zu erfrischen.

Religionsfreiheit

Nach dem Tod seines Vaters baute Guru Hargobind die zahlenmäßige und militärische Stärke der Singhs weiter aus. Bald hielt Kaiser Jehangir auch ihn für eine Bedrohung und nahm ihn mit einigen Hindu-Herrschern in Fort Gwalior gefangen.

Nachdem es darauf zu heftigen Unruhen kam, ließ sich Jehangir überzeugen, Guru Hargobinds Freilassung anzuordnen.

Guru Hargobind weigerte sich, das Fort ohne seine Mitgefangenen zu verlassen. Um das Gesicht zu wahren, boten Jehangirs Offiziere einen Kpmpromiss an. Sie sagten, er könne das Fort mit so vielen der Hindu-Herrscher verlassen, wie sich an ihm festhalten konnten, wenn er den engen Ausgang des Forts passierte, und dachten, das hieße, dass nur ein oder zwei andere gehen könnten. Doch Guru Hargobind ließ einen Umhang mit vielen langen Quasten anfertigen und verließ das Fort mit 52 seiner Mitgefangenen, die sich an seinem Gewand festhielten.

Bei seiner Rückkehr nach Amritsar zündeten die Menschen zur Begrüßung Lichter an. Heute erinnert Divali an das Ereignis. Gefeiert wird es mit Lampen und Feuerwerk als Fest der Religionsfreiheit. Überall auf der Welt entzünden Sikhs Öllampen zu Hause, in Läden und Büros, und der Goldene Tempel wird von tausenden bunten Lichtern erleuchtet.

Druck mit Szenen aus dem Leben von Guru Arjan. Im Bild oben links arbeitet er am Guru Granth Sahib; das Bild unten links zeigt sein Martyrium.

HOLA MOHALLA

Hola Mohalla beruht auf dem Hindufest Holi, welches von vielen Sikhs gefeiert wurde.

Guru Gobind Singh, der Gründer der Khalsa, wollte dem Fest einen stärkeren Sikh-Charakter geben und veranstaltete 1700 in Anandpur im Punjab einen großen Markt mit Sport, Spielen und Kampfkünsten. Das weibliche Wort „Holi" verwandelte er in das männliche „Hola Mohalla".

Das Fest wird bis heute gefeiert. Es dauert drei Tage und lockt tausende Menschen nach Anandpur. Guru Gobind Singhs Tapferkeit wird gepriesen, Lieder werden gesungen. Doch der eigentliche Höhepunkt sind die Wettbewerbe in Kampfünsten wie Bogenschießen, Reiten und Schwertkampf. Nihangs – Sikhs, die in kleinen Gruppen leben und sich der Kampfkunst widmen, spielen dabei die Hauptrolle.

Viele Gurdwaras in aller Welt veranstalten Feiern und sportliche Wettbewerbe in kleinerem Rahmen, begleitet von Reden über den Schutz der Schwachen und das Eintreten für Gerechtigkeit.

Zur Schau gestellte Schwertkunst beim Fest Hola Mohalla in Anandpur.

公元一九九六农历丙子年

四处治水·李兴陶洼印	正月小	二月大	三月小	四月大	五月大	六月小	七月大	八月小	九月大	十月大	十一月小	十二月小
	初一雨水 十六惊蛰	初二春分 十七清明	初三谷雨 十八立夏	初五小满 二十芒种	初六夏至 廿二小暑	初七大暑 廿三立秋	初十处暑 廿五白露	十一秋分 廿六寒露	十二霜降 廿七立冬	十二小雪 廿七大雪	十一冬至 廿六小寒	十二大寒 廿七立春

TAOISTISCHE FESTE

Der Taoismus ist nach dem chinesischen Wort für Straße oder Weg benannt. Das Tao ist der moralische Weg, in Übereinstimmung mit alten Traditionen und Werten zu leben, doch das Tao ist auch der Ursprung aller Dinge, der „Ursprung des Einen". Das Tao ist die schöpferische kosmische Kraft in der natürlichen Ordnung des Universums.

Im 2. Jahrhundert n. Chr. waren verschiedene chinesische Volksreligionen zur „Religion des Tao" verschmolzen. Im 6. oder 7. Jahrhundert hatte das Tao drei Hauptformen angenommen: das Tao als absolute Quelle jeder Existenz; das Tao als Lehrer auf dem Weg, verkörpert durch den Weisen Laotse, und das Tao als geschriebenes Wort in dem klassischen Text des Tao te king.

Taoismus heute

Buddhismus und Konfuzianismus waren in China verbreitet, doch der Taoismus war bis zur Machtergreifung der Komministen 1949 im Volk die verbreitetste Form der Religion. Die Kulturrevolution (1966–1976), ein dramatischer Angriff auf alles, was in China Tradition hatte, hätte den Taoismus fast ausgelöscht, doch in letzter Zeit hat er sich stetig und eindrucksvoll erholt.

Der Taoismus des Volkes verbindet auch weiterhin viele taoistische Elemente wie Wahrsagung, das Streben nach Unsterblichkeit, Exorzismen, die Verehrung von Schutzgottheiten und den Glauben an Erlöserfiguren aus der buddhistischen Tradition wie den Bodhisattva Kuan Yin. Taoistische Riten markieren die Geburt, die Heirat oder den Tod, und taoistische Rituale sollen die „hungrigen Geister" oder „rastlosen Seelen" besänftigen oder die himmlischen und irdischen Mächte ausgleichen und für Harmonie sorgen.

Taoistische Mönche kehren an ihre traditionellen Wirkungsstätten zurück, auf die heiligen Berge oder in die großen taoistischen Schulen. Hier werden die meditativen und esoterischen Praktiken der taoistischen Tradition gelehrt und die alte Schriften studiert. Die heiligen Berge des Taoismus sind das Rückgrat des Glaubens, und die Wiederbelebung der tausenden Tempel auf ihnen ist eine langsamer, für die Erholung des Taoismus aber lebenswichtiger Prozess.

Das Tao – Ursprung des Lebens

O bgleich der Taoismus lehrt, dass alles Leben vom Tao kommt, glauben viele Taoisten auch an ein reiches Pantheon von Göttern, die alle Aspekte des Lebens beeinflussen.

Besonders auf dem Land haben fast alle chinesischen Gemeinden einen Tempel für den lokalen Gott, einen Schrein für den Stadtgott und Hausschreine für den Erdgott. Zusätzlich gibt es zu Hause einen Ahnenschrein für die Verehrung von Großeltern und Eltern. Neben Fotos der Vorfahren kann hier auch eine kleine Statue von Kuan-Yin stehen, einer Figur aus der buddhistischen Tradition, die als Göttin der Gnade gilt, und eine Statue eines beliebten taoistischen Gottes wie Kuan-ti, der Gott des Reichtums, oder Lu Tung-pin, der Gott der Gesundheit.

Während der Kulturrevolution in China wurden mehr als 90 Prozent der Statuen und Gemälde in Tempeln und Schreinen zerstört und viele der Götter, die mit dem alten kaiserlichen System verbunden wurden, nicht ersetzt. Seit der Reparatur von Tempeln und Entstehung neuer Schreine werden Götter, die mit der Familie, Gesundheit und Reichtum zu tun haben, besonders verehrt.

Yin und Yang

Das Tao ist der Ursprung alles Lebens, Yin und Yang sind die kosmischen Kräfte, die das Leben formen und ausbalancieren. Sie kämpfen ständig um die Oberherrschaft. Doch da jedes den Keim des anderen in sich trägt, sind sie stets im Fluss und diese Spannung erzeugt Leben.

Yin ist weiblich, kühl und fließend, die Kraft des Mondes und des Regens, der

Seite aus dem chinesischen Almanach mit dem Küchengott und seiner Frau und den „Gelenken und Atemzügen" des Jahres.

Nahrung und Kälte. Yang ist männlich, schwer und heiß, die Kraft der Sonne und des Feuers, der Dürre und Hitze.

Das beste Beispiel für den Wechsel von Yin und Yang ist der Wechsel der Jahreszeiten. Yin steigt, wenn der Winter naht und erreicht seinen Höhepunkt in der Kälte des Winters. Im Frühling lässt es nach und Yang beginnt seinen Aufstieg bis zur glühenden Sommerhitze.

Yin und Yang sind keine Götter oder göttliche Kräfte. Sie sind rein natürliche Kräfte, geschaffen aus der Leere, die zu Beginn der Zeit herrschte.

Taoisten zünden Kerzen in einem Tempel in Xian an.

DIE LEBENSENERGIE

Chi ist der lebensspendende Atem, die Energie, die alles Lebendige bewegt. Es ist ständig in Fluss, nimmt auf und gibt ab im Zyklus der Jahreszeiten, der Tageszeiten, in der Landschaft und in jedem lebenden Wesen. Das Chi ist die Energie, die die Erde durchströmt und unsere Körper. Wo es frei und sanft fließen kann, entsteht positive Energie. Wo das Chi gestört oder blockiert wird, kann sich negative Energie niederlassen und zerfallen.

Der Taoismus lehrt, dass jede Person in sich alles Chi trägt, das sie je haben wird. Das Streben nach Unsterblichkeit, eine alte Tradition im Taoismus, ist eine Form, dieses Chi zu bewahren. Das Erhalten des sanften Chi-Flusses und der Ausgleich zwischen Yin und Yang sind die zentralen Ziele der chinesischen Medizin und stehen hinter allen Diagnosen und Verschreibungen.

Zeiten und Jahreszeiten

DER CHINESISCHE ALMANACH
Der T'ung Shu ist der alljährliche chinesische Almanach mit astrologischen und astronomischen Daten zu jedem Tag. Seine genauen Tafeln verwenden viele Chinesen für die Festlegung günstiger Tage für Hochzeiten, die Eröffnung eines Geschäfts, das Antreten einer Reise, einen Umzug oder andere persönliche Entscheidungen.

Die erste Erwähnung eins jährlichen Kalenders ist mehr als 4000 Jahre alt. Damals ließ Kaiser Yao seine Astronomen einen Kalender berechnen, der die Jahreszeiten angeben sollte, sodass sein Volk wissen würde, wann es Zeit zum Säen und zum Ernten ist. Bald kamen Daten zum Wahrsagen von Staatsangelegenheiten hinzu und er diente dazu, das astrologische Glück des Kaisers zu berechnen. Zum Wahrsagen für eine einzelne Person kam es jedoch erstmals erst im 1. Jahrhundert v. Chr.

Der chinesische Festkalender richtet sich nach einem Mondkalender mit zwölf Monaten, deren jeder etwas länger ist als $29^1/_2$ Tage. Damit die Monate mit ganzen Tagen enden, werden sechs „kleine Monate" mit 29 Tagen eingefügt, was insgesamt 354 Tage ergibt. Gelegentlich verändert sich die Länge des Jahres, es kann also sieben kleine Monate geben (ergibt 353 Tage) oder sieben große Monate, was 355 Tage im Jahr ergibt. Insgesamt ist das chinesische Mondjahr zehn bis zwölf Tage kürzer als das Sonnenjahr. Daher wird etwa alle drei Jahre ein Schaltmonat in den Monddalender eingefügt.

Das Bauernjahr

Der Sonnenkalender wird traditionell von Bauern verwendet. Er wird in 24 Abschnitte geteilt, die „24 Gelenke und Atemzüge" des Jahres, von denen jeder gut zwei Wochen dauert. Die Daten der einzelnen Abschnitte können ein wenig variieren.

Die erste Phase – Li Ch'un (Frühlingsanfang) – beginnt um den 5. Februar und die letzte –Ta Han (Große Kälte) – beginnt etwa am 21. Januar.

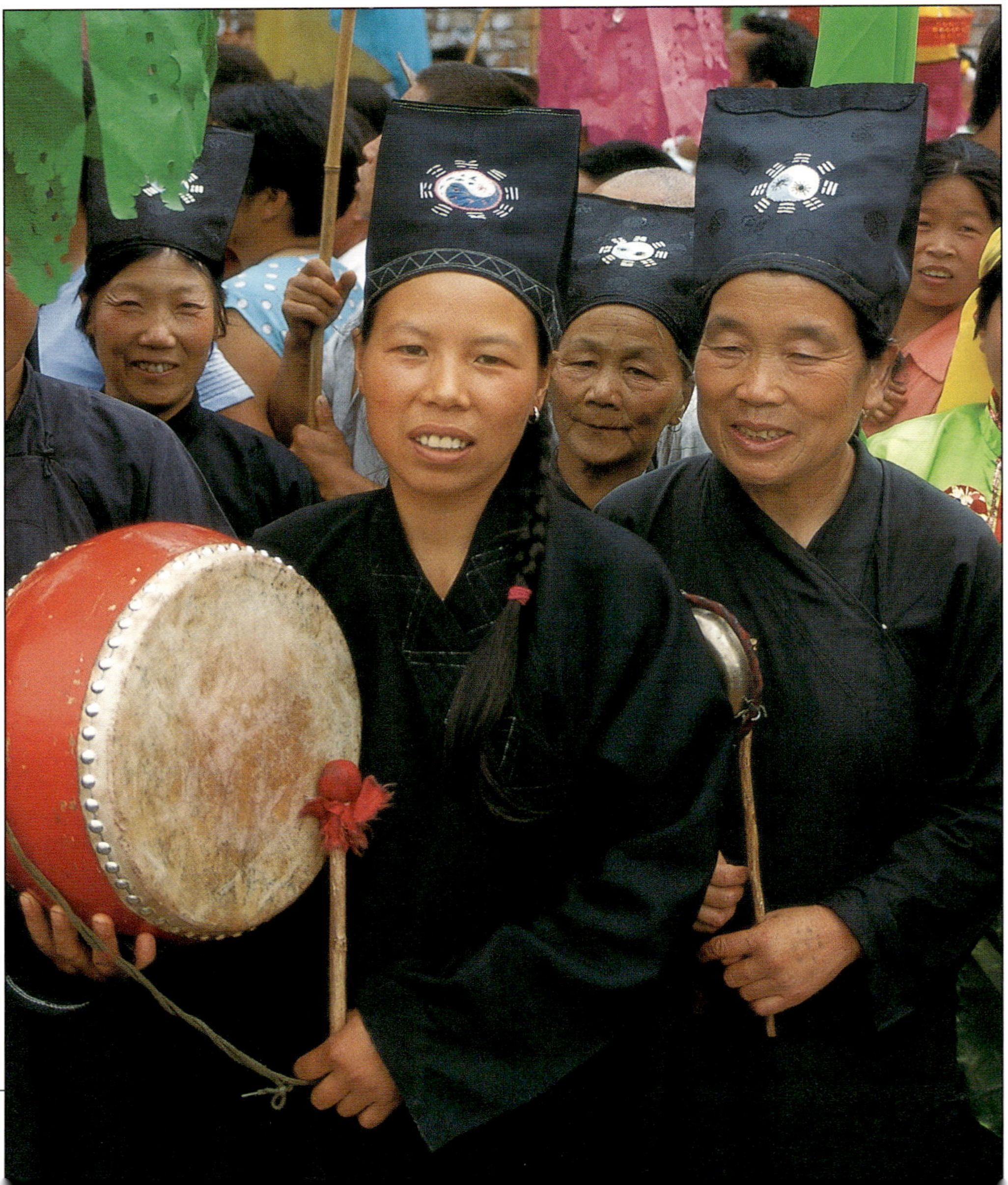

Taoistische Nonnen nehmen an der Seite von Musikern, Akrobaten und der Ortsbevölkerung an einer Prozession zur Neueröffnung eines Tempels für einen Stadtgott in der Provinz Shaanxi teil.

DER KALENDER UND SEINE FESTE

Große Feste wie chinesisches Neujahr oder Ch'ing Ming feiert man in ganz China. Doch dazu kommen hunderte kleiner Feste für lokale Gottheiten, Helden, historische Ereignisse oder heilige Plätze.

1 NEUJAHR (1. TAG DES ERSTEN MONDMONATS)
Beim wichtigsten Fest des chinesischen Kalenders kehrt man Pech und Fehler des letzten Jahres symbolisch fort und bereitet sich auf die Begrüßung des Glücks vor, das das neue Jahr bringt. Man hängt im Haus Amulette auf, zündet Feuerwerke an, um die bösen Geister zu vertreiben, lässt sich im Tempel die Zukunft vorhersagen, bereitet köstliche Festessen und tauscht Geschenke aus.

2 GEBURTSTAG VON T'U-TI KUNG, DEM ERDGOTT (2. TAG DES ZWEITEN MONDMONATS)
Schreine für den Erdgott – der jedes Haus, Dorf, Feld und jeden Laden schützt – sind in China verbreitet. Sein Schrein wird mit Glück bringendem rotem Papier, Kerzen, Räucherwerk und Speiseopfern erneuert.

3 CHING MING (4. ODER 5. APRIL)
Das Totengedenkfest; man besucht und reinigt die Gräber, deponiert Geschenke, verbrennt Räucherstäbchen und Totengeld und nimmt am Grab ein gemeinsames Mahl ein.

4 DRACHENBOOTFEST (5. TAG DES 5. MONDMONATS)
An diesem Tag finden Rennen langer, geschmückter Boote mit Drachenköpfen am Bug statt. Das in Süd- und Zentralchina beliebte Fest erinnert an den Selbstmord eines ehrenhaften Hofbeamten im 3. Jahrhundert v. Chr.

5 GEBURTSTAG VON KUAN-TI (13. TAG DES 5. MONDMONATS)
Der Schrein des Kriegsgottes erhält Opfergaben. Kuan-ti verkörpert Treue, Mut und Stärke und ist auch der Patron von Restaurants, Läden und Geschäftsleuten.

6 FEST DER HUNGRIGEN GEISTER (15. TAG DES 7. MONDMONATS)
Das Fest besänftigt die „hungrigen Geister", die Seelen von Menschen, die ohne ordentliches Begräbnis starben, um sie daran zu hindern, Lebenden Ärger zu machen.

7 MONDFEST ODER MITTHERBSTFEST (15. TAG DES 8. MONDMONATS)
Mit Räucherwerk und Laternenumzügen feiert man die Schönheit des Herbstvollmonds. Traditionell werden nun auch Hochzeiten arrangiert und Verlobungen verkündet.

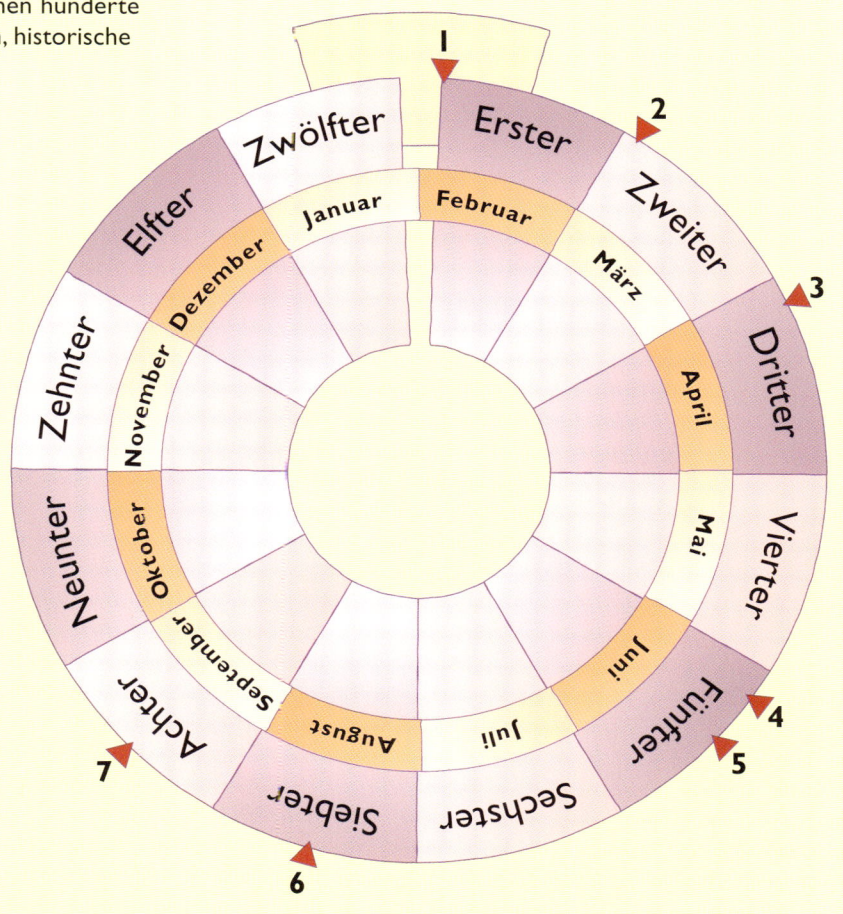

HIMMLISCHE STÄMME UND IRDISCHE ZWEIGE

Chinesische Zeitrechnung kennt 60-Jahres-Zyklen, eine Folge der Verbindung astologischer Elemente, der himmlischen Stämme und irdischen Zweige. Bekannt sind sie bei uns als Elemente und Tiere.

Es gibt zehn himmlische Stämme und zwölf irdische Zweige. Jedes Jahr wird als Paar daraus beschrieben, der Zyklus beginnt mit dem ersten von beiden, dann dem zweiten und so fort. Es gibt 60 verschiedene Kombinationen in 60 Jahren, dann beginnt ein neuer Zyklus.

Der chinesische Name eines Jahres basiert auf diesen Kombinationen. 2005 war z. B. Yi Yu – Yi ist der himmlische Stamm (Holz/Yin), Yu der irdische Zweig (Hahn).

Neujahr, Ching Ming und das Drachenbootfest

Neujahr, das wichtigste Fest des chinesischen Jahres, ist ein Fest der Erneuerung, zu dem die Familien zusammenkommen. An den letzten Tagen des alten Jahres werden die Häuser geputzt und mit dem Schmutz und Staub auch Enttäuschungen und Fehler hinausgekehrt. An diesen Tagen bezahlt man Schulden, versöhnt sich und erwidert Gefallen, um nur ja kein Unglück ins neue Jahr hineinzutragen.

Der Küchengott

Am 23. Tag des zwölften Monats werden Papierbilder des Küchengottes abgenommen und symbolisch verbrannt, um seinen Geist zu befreien. Man glaubt, der Küchengott habe die Familie beschützt, ihre Stärken und Schwächen beobachtet und muss nun dem Jadekaiser im Himmel Bericht erstatten. Vor dem Verbrennen opfert man dem Küchengott Räucherwerk und bestreicht seine Lippen mit Honig, Zucker oder Süßwein, damit sein Bericht über die Familie süß wird. Am Neujahrstag kehrt er in die Familie zurück, es werden neue Bilder an die Wand gehängt und er fängt von Neuem an zu beobachten.

Das Festmahl, das die Familie am letzten Abend des Jahres gemeinsam einnimmt, ist meist vegetarisch und enthält Speisen von symbolischer Bedeutung wie der Acht-Schätze-Pudding, ein Gebäck aus klebrigem Reis mit Nüssen, Rosinen und Datteln. Die „Schätze" sollen der Familie Glück, Gesundheit, Reichtum und ein langes Leben bringen.

Glücksbringer und symbolische Gaben

Bei Anbruch des Neujahrstages wird Feuerwerk abgeschossen, um böse Geister zu vertreiben, die nun umherwandern. Traditionsgemäß soll an den ersten Tages des Jahres niemand arbeiten oder kochen, Messer werden weggeräumt, damit niemand in das neue Glück hineinschneidet. Wörter wie „Krankheit", „Verlust" oder „Tod" werden vermieden, da sie als böses Omen gelten, und auch ähnlich klingende Wörter werden nicht verwendet.

Zu den Neujahrsgeschenken der Kinder gehört „Glücksgeld" in roten Umschlägen mit Bildern eines Pfirsichbaums oder einer Pinie (Symbole für ein langes

DAS MITTHERBST- ODER MONDFEST

Beim Mittherbstfest feiert man die Schönheit und das Leuchten des Herbstmondes. Wegen der starken Yin-Qualität des Mondes wird es traditionell mit Frauen verbunden. Vor das Haus wird ein Tisch mit runden Früchten wie Äpfeln, Granatäpfeln, Pfirsichen und „Mondkuchen", Tee, Wein und „Geistergeld" gestellt.

Heute ist dieses Fest nicht mehr so verbreitet wie früher, wird aber noch oft mit einem gemeinsamen Mahl und einem Spaziergang durch einen Park als Familienfest gefeiert, wo Laternen und Kerzen angezündet werden und mit Räucherwerk der Vollmond begrüßt wird.

Ein Drache tanzt und schlängelt sich durch die Masse, die in Manchester das neue Jahr begrüßt. Begleitet von Feuerwerk, Trommeln und Zimbeln lehrt der Drache allen bösen Geistern das Fürchten und bringt Glück.

Leben), ein Karpfen (Symbol des Erfolgs) oder mit den chinesischen Buchstaben für Glück und Wohlstand.

Vorfahren und Helden

Ching Ming ist eines der 24 „Gelenke und Atemzüge", die das Sonnenjahr gliedern. Der Name bedeutet klar und hell und das Fest bezeichnet die jährliche Reinigung der Familiengräber, bei der man Inschriften erneuert und den Vorfahren frische Opfergaben in Form von Essen, Räucherwerk und Kerzen bringt. Die Familie kann sich zu einem Picknick am Grab niederlassen und hinterlässt zum Zeichen, dass dieses Grab besucht wurde, beim Aufbruch kleine Papiergaben unter einem Stein.

Der Monat des Drachen

Der fünfte Monat des chinesischen Jahres ist traditionell mit dem Drachen verbunden, und der fünfte Tag des fünften Monats gilt als besonderer Krafttag. An diesem Tag finden Drachenbootrennen mit langen, schmalen Booten statt, deren Bug und Heck als Kopf und Schwanz eines Drachen geschnitzt und bemalt sind.

Das Ereignis erinnert an Chu Yuen, einen hohen Beamten, der sich nach erlittenem Unrecht ertränkte, um auf die korrupte Regierung aufmerksam zu machen. Als die Fische seine Leiche fressen wollten, stiegen die Bewohner des Ortes in die Boote und warfen Reis ins Wasser, um sie zu vertreiben. Der Reis lebt als die beliebteste Speise dieses Festes weiter, gedämpfte Reisbällchen mit Erdnüssen, Bohnen, gekochtem Fleisch oder eingelegten Eiern, umhüllt von Bambusblättern und mit Bast verschnürt.

Bei einem Fest der hungrigen Geister in Hongkong überwacht ein riesiges Papierbild von Tai Si Wong das Geschehen und berichtet dem Jadekaiser davon. Sind die Papiergaben für die Toten verbrannt, wird auch er angezündet und tritt so seine Reise in den Himmel an.

DAS FEST DER HUNGRIGEN GEISTER

Im siebten Monat sind die Tore der Unterwelt offen, um den ruhelosen Geistern der Toten zu ermöglichen, die Erde zu durchstreifen.

Dies sind die „hungrigen Geister", die Geister all jener, die kein ordentliches Begräbnis erhalten haben: die keine Opfer in Form von Essen oder Papierkleidung, -häusern -autos oder Geistergeld erhalten haben, die bei einem Begräbnis traditionell verbrannt werden, um die Toten mit allem zu versorgen, was sie zum Überleben in der nächsten Welt brauchen.

Da den hungrigen Geistern dieser Respekt versagt blieb, sind sie böse und gefährlich. Das Fest der hungrigen Geister ist ihnen gewidmet, um ihren Zorn zu stillen und sie dazu zu bewegen, friedlich für ein weiteres Jahr in die Unterwelt zurückzukehren.

ZOROASTRISCHE FESTE

Die zoroastrische Religion ist nach ihrem Propheten Zarathustra (griechisch Zoroaster) benannt. Zarathrustra lebte zwischen 1400 und 1200 v. Chr. in Persien; er gilt als der erste Stifter einer prophetischen Religion, die auf der Enthüllung göttlicher Wahrheiten beruht.

Seine Lehren wurden zunächst von Priestern auswendig gelernt und mündlich weitergegeben. Viele Jahrhunderte später wurden sie unter Verwendung eines eigens entwickelten Alphabets niedergeschrieben. Das Ergebnis, das Avesta, enthält 17 Gesänge oder Gathas, die von Zarathustra selbst stammen sollen, sowie eine Sammlung späterer Gesänge, Gebete und Liturgien.

Im 6. Jahrhundert v. Chr. wurde der Zoroastrismus Staatsreligion des Perserreichs. Sein Einfluss wurde zurückgedrängt, als Alexander der Große Persien eroberte und später, im 7. Jahrhundert n. Chr., durch die muslimischen Araber.

Ein zoroastrischer Priester in einem Feuertempel in Isfahan im Iran

Im neunten Jahrhundert führte die Unterdrückung der zoroastrischen Gemeinde dazu, dass viele Anhänger nach Indien flohen. Heute gibt es weltweit weniger als eine halbe Million Zorosastrier, die meisten leben in Indien, wo sie Parsen heißen.

Gut gegen Böse

Der Zoroastrismus kreist um den kosmischen Dualismus zwischen Gut und Böse. Ahura Mazda, der Schöpfer des Lebens, kämpft gegen Angra Mainyu (neupersisch Ahriman), die zerstörerische Macht. Jeder Akt menschlicher Gier, des Hasses oder des Bösen schwächt Ahura Mazda, doch wenn menschliche Wesen Gutes tun, wird Ahura Mazda gestärkt.

Zoroastrier glauben, sie können durch korrektes Handeln und Rituale die Balance in diesem kosmischen, dualistischen Streit beeinflussen. Praktisch bedeutet das Einsatz zum Wohle der Gesellschaft im Großen z. B. durch Mitarbeit in medizinischen oder Bildungsorganisationen. Nach dem Tod, so glauben Zoroastrier, kommt die Seele zur Brücke des Gerichts. Überwiegen schlechte Taten, wird sie zu einem Ort der Folter geführt; überwiegen gute Taten, wird sie ins Paradies geführt.

Nowruz

Nowruz, der Neujahrstag, ist das größte Fest im zoroastrischen Jahr. Man feiert die Erschaffung des Feuers – ein Symbol der Gerechtigkeit – und hofft auf den endgültigen Triumph des Guten über das Böse. Im Fasli-Kalender – einem der drei zorastrischen Kalender – findet Nowruz am 21. März zur Frühlingstagundnachtgleiche statt. In den alten Qadimi- und Shahanshahi-Kalendern findet das Fest im Juli bzw. im August statt.

Tage vorher beginnen die Vorbereitungen, die Häuser werden geputzt, neue Kleidung genäht. An den letzten fünf Tagen des alten Jahres wird das Fest aller Seelen mit Gesängen Zarasthrustras gefeiert, um die Seelen der Toten einzuladen.

SIEBEN JAHRESZEITENFESTE

Gahambars sind Jahreszeitenfeste und stellen sechs der sieben Hauptfeste dar, die Zarathrustra zu Ehren von Ahura Mazda und den Amesha Spentas („heilige Unsterbliche") einrichtete. Ein siebtes Fest – Nowruz – markiert den Anfang eines neuen Jahres. Die Amesha Spentas spiegeln sich in den sieben Schöpfungen der Welt und schützen sie zugleich.

Feste und die „Sieben Schöpfungen"

1 MAIDHYOIZAREM
   (Mittfrühling) Himmel
2 MAIDHYOSHEM
   (Mittsommer) Wasser
3 PAITISHHAYEM
   (Getreideernte) Erde
4 AYATHREM
   (Rückkehr der Herden) Pflanzen
5 MAIDHYAREM
   (Mittwinter) Vieh
6 HANASPATHMAEDAEM
   (Alle Seelen) Menschen
7 NOWRUZ
   (Neujahr) Feuer

Nowruz ist ein fröhliches Fest, man betet in den Feuertempeln für das Wohlergehen der Familie und Gemeinschaft, tauscht Geschenke aus, ruft Freunde und Verwandte an und genießt Festessen.

Die Neujahrstafel

Ein sauberes weißes Tischtuch bedeckt den Familientisch, verschiedene Speisen und symbolische Gegenstände liegen darauf: eine Kopie der Gathas, eine angezündete Lampe, bemalte Eier (Produktivität), Fische in einem Glas (Leben), eine Silbermünze (Reichtum), Bohnen- oder Weizensprossen (Wohlstand) und Süßigkeiten und Rosenwasser (Freude).

Sieben der Speisen beginnen im Persischen mit „s" und sieben weitere mit „Sh", darunter Wein, Zucker, Milch, Sirup, Honig, Konfekt und Süßigkeiten. Sie verkörpern die „Sieben Schöpfungen" des Zoroastrismus und begrüßen den Frühling.

Der Neujahrsgruß lautet „Mögest du bei der Zerenomie mit uns sein und mögest du gerecht sein." Vor dem Festmahl sollen Gäste in einen Spiegel lächeln, der auf dem Tisch liegt und ihr Lächeln für das ganze Jahr einfängt. Dann sollen Sie sich die Silbermünze ansehen, auf dass sie das ganze neue Jahr über mit Wohlstand gesegnet seien.

DIE DREI ZOROASTRISCHEN KALENDER

Der altpersische Kalender hatte 12 Monate zu je 30 Tagen. Im 3. Jahrhundert n. Chr. wurden an das Ende jedes Jahres fünf Tage angehängt. Der Kalender erlebte weitere Reformen, um ihn im Verhältnis zu den Jahreszeiten zu stabilisieren. Heute sind drei zoroastrische Kalender in Verwendung:

Fasli („jahreszeitlich") 365 Tage im Jahr, alle 4 Jahre ein Schalttag.

Shahanshahi (oder Shenshai) 360 Tage, getreu dem alten religiösen Kalender, von Zeit zu Zeit wird zur Anpassung ein zusätzlicher Monat eingefügt.

Qadimi („alt") wurde im 18. Jahrhundert von jenen übernommen, die glaubten, der iranische Kalender verkörpere eine ältere Tradition. Der Qadimi ist gegenüber dem Shahanshahi einen Monat voraus.

SHINTO-FESTE

Shinto, der „Weg der Kami", ist die Urreligion Japans. *Kami* sind die heiligen und geheimnisvollen Mächte überall im Himmel und auf Erden. Es können die Geister in Bergen, in Tieren, Bäumen oder Meeren sein. Es können die Schutzgeister von Fischern, Bauern oder anderen Gruppen sein. Es können die Schutzpatrone von Dörfern, Familien oder der gesamten Nation sein. Für die Japaner sind Kami überall im Alltag präsent. Verehrt werden sie in Shinto-Schreinen oder *jinja*.

Viele Feste markieren den Lauf der Jahreszeiten und sind Fruchtbarkeitsfeste. Das Fest „Betrachten des Herbstmondes", das am 15. Tag des achten Monats des Mondkalenders stattfindet, ist der Schönheit und Helligkeit des Vollmondes gewidmet. Ende April bis Ende Juni finden Reisanbaufeste statt, um den Kami der Reispflanzen anzurufen. Wenngleich der Reisanbau heute weitgehend maschinell erfolgt, haben sich viele Opferrituale erhalten.

Vier Feste – Neujahr, O-Bon, Frühlings- und Herbsttagundnachtgleiche – ehren die Ahnen, deren Frieden und Wohlergehen direkt das Glück und die Gesundheit der Familie und der Gemeinschaft beeinflussen soll. Ursprünglich war Neujahr ein Fest für die Ahnen zu Hause, doch heute liegt das Schwergewicht auf dem gemeinsamen Besuch der größeren Schreine und Tempel.

Ein Brunnen unter einem Tori (Tor) auf dem Gelände eines Shinto-Tempels

Das japanische Jahr wird in vier Jahreszeiten gegliedert: Frühling, Sommer, Herbst und Winter. Bereits vor der Einführung des gregorianischen Kalenders 1872 verwendeten die Bauern neben dem Mondkalender das solare Datumssystem *nijushi sekki*, um im Rhythmus mit den Jahreszeiten zu bleiben. Das Jahr wurde in 24 Perioden zu je 15 oder 16 Tagen gegliedert, der erste Tag jeder Periode hat einen beschreibenden Namen. Risshun („Frühlingsanfang") gilt als erster Frühlingstag.

Neujahrsfeiern

Im Shintoismus gilt jedes Jahr als Einheit und alle Schulden sollten bezahlt und alle Aufgaben erfüllt werden, bevor man in ein neues Jahr startet. Beim Kommen eines neuen Jahres sind die Kami mit neuem Leben erfüllt; dies ist die beste Zeit, um ihren Segen zu bitten.

Der 25.–28. Dezember ist die Zeit des *mochi-tsuki*, des traditionellen Reisstampfens für die Zubereitung von *mochi* (Reiskuchen). Manche legt man als Opfergaben vor den Hausschrein, die anderen, die symbolisch Reis-Kami enthalten, werden über das neue Jahr gegessen.

Der letzte Tag des Jahres ist der *omisoka*. Zuvor wurden alle Häuser geputzt, alle Angelegenheiten geregelt und die *osechi ryori* vorbereitet, Schachteln mit Speisen wie Fisch und Gemüsescheiben in süßem Essig, die währen der ersten drei Tage des neuen Jahres (*Oshogatsu*) gegessen werden.

Zu *omisoka* hängt man beiderseits des Hauseingangs Pinienschmuck (*kadomatsu*) auf, um das Glück willkommen zu heißen, und ein *shimenawa* (ein mit Papierstreifen gespicktes Strohband) über den Haupteingang, damit keine bösen Geister hereinkommen. Millionen Menschen reisen zu Oshogatsu zu Shinto-Tempeln und -Schreinen, um gleich zu Jahresanfang um Gesundheit und Wohlstand für sich und ihre Familie in den kommenden Monaten zu beten.

Puppen und Blumen

Am 3. März feiert man Hina Matsuri – das Puppenfest. Kostbar gekleidete Puppen werden zu Hause auf einer eigens aufgebauten Plattform ausgestellt. Ursprünglich wurden einfache Stroh- oder Papierpuppen neben Babies aufgestellt, um Krankheiten fernzuhalten, und am 3. Tag des dritten Mondmonats ließ man sie stromabwärts schwimmen und jede Krankheit mitnehmen. Hina Matsuri ist heute „Tag der Mädchen" und ist eine Zeit des Gebets um Schutz, Gesundheit und Glück junger Mädchen.

Am 8. April feiert man Hana Matsuri, das Blumenfest, die Geburt Buddhas. Das Fest erinnert auch an die Zeit, als wilde Bergblumen zum Schutz des Kami der Reisfelder gepflückt wurden.

Zu Ehren der Vorfahren

Zu Higan besucht man Familiengräber, reinigt sie und legt Blumen, Speisen und Räucherwerk als Gaben nieder. Das Fest findet zweimal jährlich an den sieben Tagen rings um die Frühlingstagundnachtgleiche am 20. oder 21. März statt und erneut zur Herbsttagundnachtgleiche am 23. oder 24. September.

Higan fällt im Frühling in Südjapan mit der Kirschblüte zusammen. Die Kirschblüte ist ein Symbol für Reinheit und Schlichtheit und ihre Blütezeit von März bis Anfang Mai lockt Tausende zum Picknicken unter den Bäumen.

> **O-BON-FEST**
> Vom 13. bis 15. August wird das den Ahnen gewidmete O-Bon-Fest gefeiert. Zu dieser Zeit, so glaubt man, kehren die Geister der Ahnen in das Haus der Familie zurück, wo sie begrüßt und geehrt werden. Man zündet Feuer an, um die Geister zu leiten, hängt Laternen auf, legt Speisen und Blumen vor den Ahnenschreinen nieder und feiert Gedenkgottesdienste für sie. Gegen Ende des Festes facht man die Feuer erneut an, um sie bis zu ihrer Wiederkunft im nächsten Jahr zu verabschieden. (Vergleiche die ausführlichere Beschreibung auf Seite 122/123.)

Eines der kunstvoll geschmückten Flöße, die beim Gion Matsuri durch die Straßen von Kyoto gezogen werden. Das Fest wurde 869 n. Chr. zur Bekämpfung einer Epidemie gestiftet, die die alte Hauptstadt bedrohte.

JAINA-FESTE

Jaina bedeutet „Anhänger des Jina" oder „spiritueller Sieger" – jemand, dessen Seele die Begierden überwunden und ihre Bindung an die physische Welt gelöst hat. Jina ist der Ehrentitel der Jainas für die 24 *tirthankaras*: große Lehrer, die zeigten, dass normale Menschen physische Grenzen überwinden können, sodass ihre Seele einen reinen Zustand, frei von Wiedergeburt, erreichen kann. Tirthankara bedeutet Brückenbauer, ein Hinweis auf die Rolle als Führer und Vorbild für jene, die dasselbe Ziel haben.

Reise zur Erleuchtung

Jainas glauben, dass jedes Lebewesen eine ewige Seele hat, die von einem Leben ins nächste wandert. Gebunden ist sie durch Karma, das sich durch Neid, Leidenschaften, Verrat oder Hass an die Seele bindet. Wenn sie sich von diesen karmischen Fesseln befreien kann, wird sie wahrhaft frei. Der spirituelle Weg zur Befreiung der Seele wird nicht von einem Gott, göttlicher Macht oder Aktivität bestimmt. Jeder ist für seinen Weg zur Erleuchtung selbst verantwortlich, die Jinas dienen ihm dabei als Vorbild.

Puja-Opfer zu Füßen einer Jaina-Statue

Der Jainismus beginnt mit dem großen Lehrer Mahavira (599 bis 527 v. Chr.). Jainas glauben, dass das Universum ewig ist und die Zeit in Zyklen von Jahrmillionen vergeht. In jedem Zyklus gibt es eine Phase des Aufstiegs, in der sich menschliches Verhalten und das Leben entwickeln; und eine Phase des Niedergangs, in der Wissen und Verhalten zurückgehen. Mahavira war der letzte von 24 Tirthankaras, die im jetzigen Zyklus lebten, der als Phase des Niedergangs gilt.

Nach dem Tod Mahaviras bildeten sich innerhalb der Jaina zwei Gruppen. Sie unterscheiden sich hinsichtlich Fragen der Schriften, der Rolle von Frauen, der Kleidung und der Askese. Die Digambaras meinen, jemand, der sich von allen irdischen Bindungen gelöst hat, sollte nackt gehen. Die Shvetambaras sagen, Mahaviras Lehren verlangen das nicht und das Tragen eines schlichten weißen Gewandes sei ausreichend, um Abkehr von der Welt zu zeigen. Gemeinsam ist beiden das Gelübde der *ahimsa* – Gewaltlosigkeit – als Weg, die Seele nicht nur von Akten der Gewalt gegenüber allem Lebendigen zu trennen, sondern auch vom Gefühl der Aggression. Das Praktizieren von *ahimsa* ist wesentlich für die endgültige Befreiung der Seele.

Zeitplan der Feste

Das jainisitische religiöse Jahr folgt den Monaten des alten indischen Sanskrit-Kalenders, den die Hindus verwenden. Jeder Monat besteht aus 30 *tithis* oder Mondtagen, die etwa $29^{1}/_{2}$ Sonnentagen entsprechen. *Krsnapaksha*, die dunklen 14 Tage in in jedem Monat beginnen mit dem Vollmond, auf sie folgt die helle Monatshälfte oder *suklapaksha*, die mit dem Neumond beginnt.

Die Hauptfeste der Jainas sind mit wichtigen Ereignissen im Leben der Tirthankaras verbunden, insbesondere mit dem Leben von Rshabha, dem ersten Tirthankara, Parshva, dem 23., und

MEDITATION UND BEKENNTNIS

Das Paryushana-Fest beruht auf der Tradition, dass Mönche und Nonnen während der Regenzeit, die etwa vier Monate anhält, an einem Ort bleiben, mindestens jedoch siebzig Tage lang.

Paryushana muss bis zum 5. Tag der hellen Hälfte des Bhadrapad beginnen. Laien der Shvetambaras feiern es acht Tage lang, Laien der Digambaras dagegen zwei Tage länger.

Das Ende der Regenzeit gibt Mitgliedern der Laiengemeinde die Gelegenheit, ihren Glauben zu erneuern, Lesungen und Kommentare zu Schriften zu hören und gemeinsam mit der Klostergemeinschaft selbst auferlegten Verzicht zu üben.

Neben dem Fasten und Lernen ist dies eine Zeit für den Einzelnen, sich mit einer Meditationsform namens *pratikramana* – soviel wie „Rückwendung" – auf seine spirituelle Entwicklung zu konzentrieren. Dazu gehört das Nachdenken über Verfehlungen in der Vergangenheit bis hin zu Samvatsari, dem letzten Tag des Festes, an dem die Laien ihre Missetaten einander und der Klostergemeinschaft bekennen.

Mahavira, dem 24. und letzten Tirthankara. In jedem Monat gibt es einige Fastentage. Der bekannteste fällt auf den dritten Tag der hellen Hälfte des Monats Vaisakha und feiert das erste Mal, dass Rshabha Almosen erhielt. Das wichtigste Fest für die meisten Jainas ist jedoch Paryushana – eine Phase des Rückzugs, des Studiums und der Reflektion, die im Monat Bhadrapad (August–September) gefeiert wird.

Eine Frau bei der frühmorgendlichen Puja vor der Statue eines Tirthankara in einem Jaina-Tempel in Khajuraho. Dieses Ritual hilft, den Geist auf die Lösung von der materiellen Welt zu konzentrieren und die Fesseln des Karma zu lösen.

BAHAI-FESTE

Der Bahai-Glaube entstand Mitte des 19. Jahrhunderts im heutigen Iran. Er basiert auf der Überzeugung, dass der 1817 als Mirza Husayn Ali geborene Mann der Prophet war, den Gott in unsere heutige Zeit sandte. Heute heißt er Baha'u'llah, der „Ruhm Gottes". Ihm ging ein Mann voraus, der auch seine Prophetenschaft vorhersagte, der Bab – „das Tor" – für Schiiten ein Tor, durch das Gott mit der Menschheit spricht. Nach heftiger Verfolgung seiner Person und seiner Gefolgschaft wurde der Bab 1850 erschossen. Einer seiner treuesten Anhänger war Mirza Husayn Ali, den er Baha'u'llah, „Ruhm Gottes" nannte. Dieser entstammte einer einflussreichen persischen Moslemfamilie. Baha'u'llah war ein produktiver Autor und seine Texte galten als Offenbarung Gottes. Nach seinem Tod 1892 wurde sein Sohn Abdu'l Baha zum Interpreten der Schriften seines Vaters ernannt.

Der Glaube und seine Anhänger

Bahai glauben an einen Gott, Schöpfer aller Dinge, der sich zu verschiedenen Zeiten durch unterschiedliche Propheten geoffenbart hat. Die heiligen Texte von Krishna, Moses, Buddha, Jesus und Mohammed waren für ihre jeweilige Zeit wichtig, wobei jede Enthüllung von der nächsten in dem Maße übertroffen wird, wie sich die Menschheit, die grundsätzlich gut ist, religiös und sozial entwickelt.

Heute leben in aller Welt 5 Millionen Bahai. Im Iran wurde der Glaube heftig verfolgt und obgleich Bahai iranischer Herkunft bis heute zahlreich sind, stammen die meisten Gläubigen heute aus anderen Ländern und ihre Traditionen und Riten hängen vom lokalen Kontext ab.

Eingang zum Grab von Baha'u'llah in Haifa in Israel

N ach der Hinrichtung des Bab wurde Baha'u'llah inhaftiert. In der Haft hatte er ein mystisches Erlebnis, das ihm zeigte, dass er der Prophet war, den der Bab angekündigt hatte. Auch nach seiner Freilassung erzählte Baha'u'llah bis 1863 niemandem von seinem Erlebnis. Damals lebte er im Exil in Bagdad und sollte vor den osmanischen Behörden in Konstantinopel erscheinen. Vor der Abreise verbrachte er zwölf Tage in einem großen Garten bei seinem Haus, wo sich viele Babis (Anhänger des Bab) um ihn versammelten. Nun eröffnete er einigen seiner engsten Vertrauten seine Sendung.

Bahai feiern diese zwölf Tage als Fest Ridvan, besonders den ersten, an dem Baha'u'llah im Garten ankam, den neunten, als seine Familie zu ihm stieß, und den zwölften, als er nach Konstantinopel aufbrach. Dort stand Baha'u'llah unter Hausarrest, bis er mit seiner Familie 1868 nach Akkon im heutigen Israel verbannt wurde. Hier setzte Baha'u'llah seine schriftstellerische Tätigkeit fort und der Bahai-

Glaube verbreitete sich in aller Welt. Abdu'l Bahas Leben und Taten feiern die Bahai am Tag des Bündnisses (4. Qawl). Sie glauben, dass Vater und Sohn nach ihrem Tod in den Himmel aufstiegen.

FEIERN UND FASTEN

Bahai leben nach einem Kalender, den der Bab eingeführt hat. Er umfasst 19 Monate zu je 19 Tagen, was ein Jahr von 361 Tagen ergibt. Die meisten Feste kreisen um das Leben von Bab, Baha'u'llah und Abdu'l Baha. Bahai-Jahre zählen ab der Erklärung des Bab. An höheren Festtagen arbeiten Bahai nicht, sondern feiern rings um die Welt auf unterschiedliche Weise.

Naw Ruz ist ein sehr altes persisches Fest und manche Traditionen wie grüne Sprossen auf einem Teller werden bis heute von iranischen Bahai gepflegt. Das Fest, das zur Zeit der Frühlingstagundnachtgleiche stattfindet, beendet die Fastenzeit von Ala mit Feiern und Freude.

Im Monat Ala verzichten erwachsene Bahai während des Tages auf Essen und Trinken. Die Schalttage sind eine Zeit der Geschenke,

Gastfreundschaft und des Feierns.

Im Ridvan wählt jede Gemeinde für dieses Jahr ihren Vorstand. Am ersten Tag jedes Monats tritt die lokale Gemeinde für das Neunzehntagefest zusammen, oft im Hause eines Mitglieds. Es ist ein Abend, der mit Gebet und Andacht beginnt, dann die Angelegenheiten der Gemeinde demokratisch behandelt und mit einem Festessen und Spielen endet.

DER BAHAI-KALENDER MIT SEINEN 19 MONATEN

1 NAW-RUZ – NEUJAHR (1. BAHA)

2 RIDVAN (13. JALAL BIS 5. JAMAl)

3 JAHRESTAG DER ERKLÄRUNG DES BAB (7 AZAMAT)

4 HINSCHEIDEN VON BAHA'U'LLAH (13. AZAMAT)

5 MARTYRIUM DES BAB (16. RAHMAT)

6 GEBURTSTAG DES BAB (5. ILM)

7 GEBURTSTAG VON BAHA'U'LLAH (12 QUDRAT)

8 SCHALTTAGE

9 FASTENZEIT IM MONAT ALA

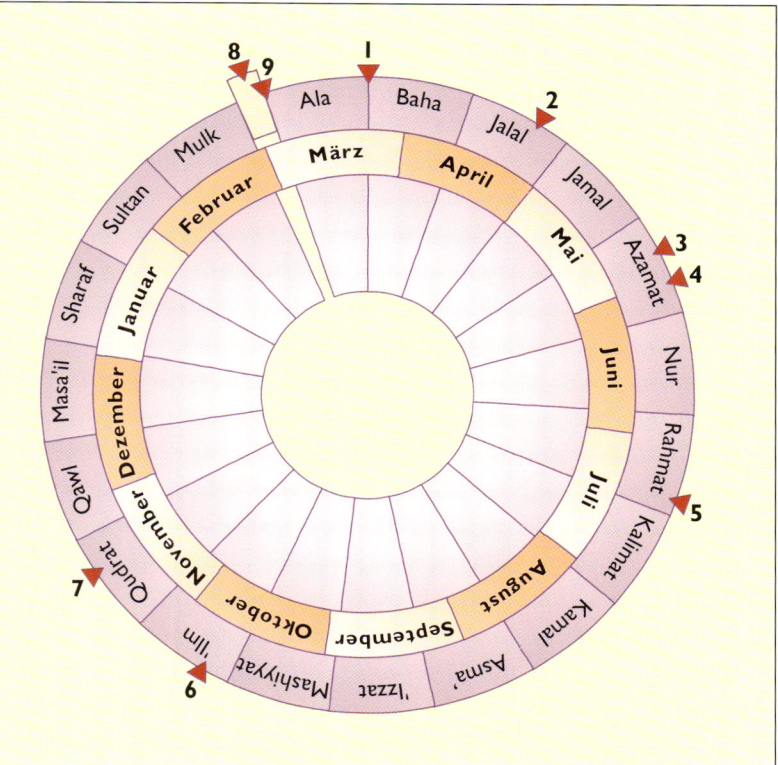

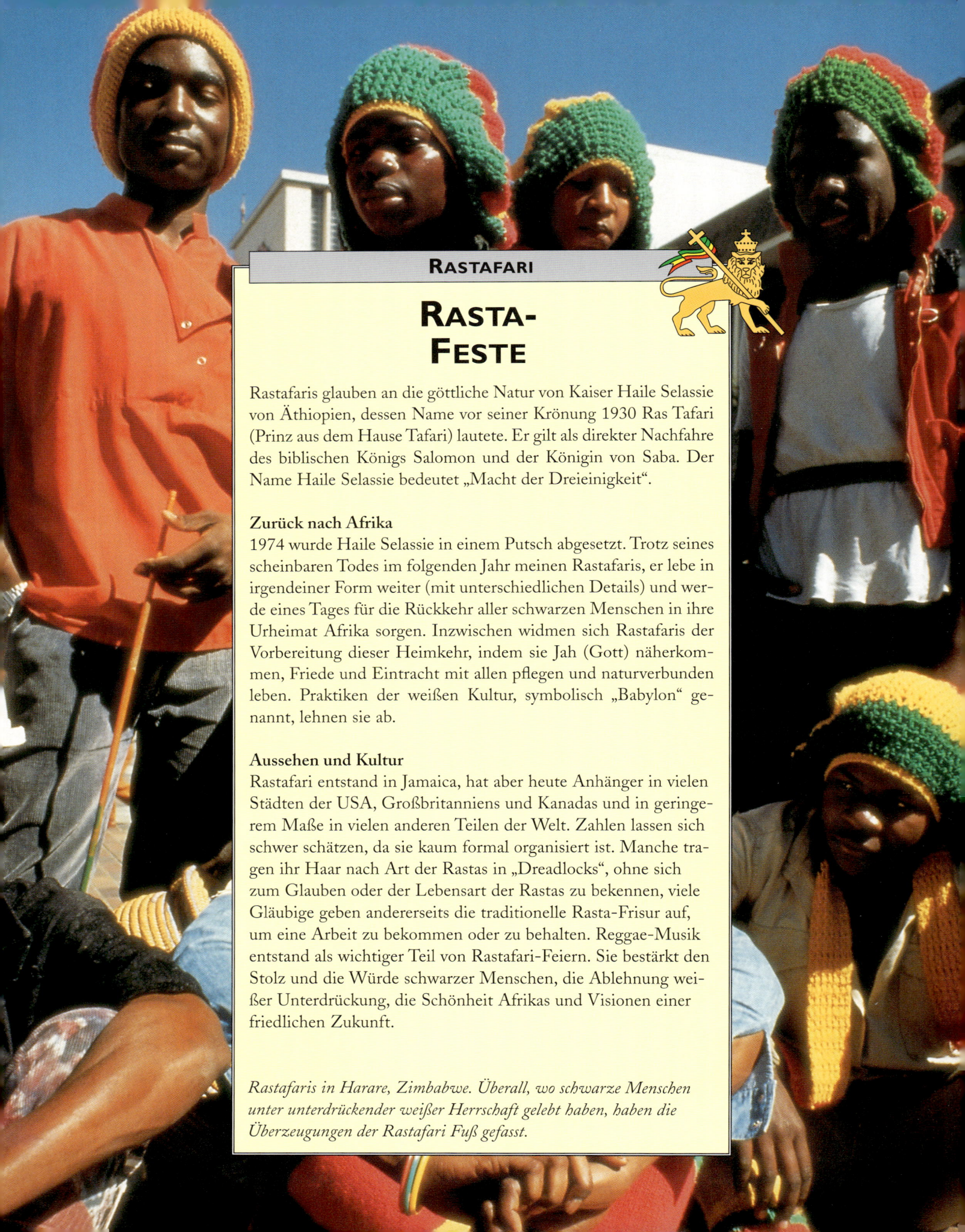

RASTA-FESTE

Rastafaris glauben an die göttliche Natur von Kaiser Haile Selassie von Äthiopien, dessen Name vor seiner Krönung 1930 Ras Tafari (Prinz aus dem Hause Tafari) lautete. Er gilt als direkter Nachfahre des biblischen Königs Salomon und der Königin von Saba. Der Name Haile Selassie bedeutet „Macht der Dreieinigkeit".

Zurück nach Afrika

1974 wurde Haile Selassie in einem Putsch abgesetzt. Trotz seines scheinbaren Todes im folgenden Jahr meinen Rastafaris, er lebe in irgendeiner Form weiter (mit unterschiedlichen Details) und werde eines Tages für die Rückkehr aller schwarzen Menschen in ihre Urheimat Afrika sorgen. Inzwischen widmen sich Rastafaris der Vorbereitung dieser Heimkehr, indem sie Jah (Gott) näherkommen, Friede und Eintracht mit allen pflegen und naturverbunden leben. Praktiken der weißen Kultur, symbolisch „Babylon" genannt, lehnen sie ab.

Aussehen und Kultur

Rastafari entstand in Jamaica, hat aber heute Anhänger in vielen Städten der USA, Großbritanniens und Kanadas und in geringerem Maße in vielen anderen Teilen der Welt. Zahlen lassen sich schwer schätzen, da sie kaum formal organisiert ist. Manche tragen ihr Haar nach Art der Rastas in „Dreadlocks", ohne sich zum Glauben oder der Lebensart der Rastas zu bekennen, viele Gläubige geben andererseits die traditionelle Rasta-Frisur auf, um eine Arbeit zu bekommen oder zu behalten. Reggae-Musik entstand als wichtiger Teil von Rastafari-Feiern. Sie bestärkt den Stolz und die Würde schwarzer Menschen, die Ablehnung weißer Unterdrückung, die Schönheit Afrikas und Visionen einer friedlichen Zukunft.

Rastafaris in Harare, Zimbabwe. Überall, wo schwarze Menschen unter unterdrückender weißer Herrschaft gelebt haben, haben die Überzeugungen der Rastafari Fuß gefasst.

ie meisten Rastafari-Gruppen treffen sich wöchentlich zu Gebet und Studium und monatlich zu größeren Treffen mit Gebeten und Psalmen, die mit Gesang und Trommeln bis in die Nacht hinein dauern.

Zu einer mehrtägigen Nyabingi-Zeremonie kommen Gläubige aus größerem Umkreis zum Singen, Trommeln, Beten und Tanzen, gemeinsamen Verzehr vegetarischer Speisen und zum Rauchen von Ganja (Marihuana).

Anlässe für ein Nyabingi liefert der julianische Kalender der äthiopischen orthodoxen Kirche, zu der die Rastafari enge Verbindungen hat. Äthiopisches Neujahr wird am 11. September und Weihnachten am 7. Januar gefeiert. Weitere Anlässe wie Haile Selassies Geburtstag (23. Juli) und der Jahrestag seiner Krönung (2. November) sind auf die Rastafari-Gemeinschaft beschränkt. Auch einflussreicher Propheten und Lehrer kann gedacht werden, doch es gibt keinen offiziellen Festkalender.

Rastafaris lesen in der Bibel. Rastas legen großen Wert auf individuelle Bibelstudien und -auslegung.

Symbolik

Rastafaris haben eine besondere Sprache, mit der sie ihre Überzeugungen ausdrücken und sich von den Kulturen um sie herum absetzen. Wenn sie untereinander von sich selbst in der ersten Person sprechen, sagen sie „I and I". Das verkörpert die Einheit aller Menschen guten Willens und der Menschen mit Jah (Gott). Um diese Symbolik zu verstärken, werden weitere Wörter um die Silbe „I" bereichert. So ist ein Nyabingi bisweilen ein „Issemble" (statt „assemble", Zusammenkunft).

Die Farben der Rasta sind rot, gold und grün. Rot steht für das Blut von Märtyrern und anderen als Folge der Unterdrückung durch Weiße; gold steht für den Reichtum Äthiopiens und grün für seine Vegetation.

Bei den Rastafari lassen Männer oft ihr Haar lang wachsen; sie drehen es in Dreadlocks. Sie waschen ihr Haar in reinem Wasser, kämmen es aber nicht. Langes Haar gilt nicht nur als Symbol schwarzen Stolzes, es befolgt auch einen Vers der Bibel (Leviticus 21,5), der das Schneiden des Haares verbietet.

DIE „HOLY PIBY"

Rastafaris verwenden die gleichen Schriften wie Juden und Christen, interpretieren sie jedoch anders. Manche verwenden die englische King-James-Bibel, jedoch mit Vorsicht, weil sie von Weißen übersetzt wurde. Die meisten verwenden die Holy Piby, eine Version, die als Übersetzung aus dem Amharischen gilt (der Sprache Äthiopiens).

DAS HEILIGE KRAUT

Die Verwendung von Ganja, einer Art Marihuana, ist wesentlicher Teil des religiösen Lebens von Rastafaris. Während sie die Einnahme anderer Drogen einschließlich Kaffee verbieten, beziehen Sie die in der Bibel genannten „Kräuter" auf den rituellen Gebrauch von Ganja. Sie verwenden Ganja nicht in der Freizeit, aber bei allen größeren Feiern zur Verstärkung des Gefühls von Friede und Gemeinschaft, als Medidationshilfe und zur Einleitung religiöser Visionen.

Die Zukunft der Feste

Feste scheinen eines der beständigsten Elemente der Religion zu sein und ihre Zentralität, ist der Grundstock vieler Glauben. Doch immer häufiger werden sie aus Gründen gefeiert, die wenig oder nichts mit ihrem ursprünglichen Sinn zu tun haben. Die christliche Bevölkerung Japans beträgt unter 3 Prozent, doch Weihnachten ist in Japan ein Riesenereignis – beliebt, verbreitet und kommerziell lukrativ. Für viele ist es ein Winterfest, das zum Einkaufen, Essen, Freundetreffen und zur Freude einlädt.

In Großbritannien „feiern" Schulen regelmäßig chinesisches Neujahr und Divali. Für manche Schulen spiegelt das die ethnische und religiöse Mischung der Schüler, doch meist wurden diese Feste aufgenommen, weil sie sich für Klassenzimmer eignen, bunt, lebendig und zugänglich sind. Zugleich nehmen Künstlerfeste, gastronomische Feste, Straßenfeste und viele andere Ereignisse zu, die Menschen mit gleichen Interessen und Freuden verbinden.

Während alle Religionen ihre großen Feste noch haben, sind viele kleinere Feste ausgestorben. In Großbritannien z. B. war Whitsun (Pfingsten) ein wichtiges Fest und staatlicher Feiertag. Pfingstmärsche und Pfingstmärkte waren besonders in Nordengland beliebt. Doch in den letzten 50 Jahren verlor dieses Fest für die Menschen an Bedeutung. Gleichzeitig werden viele neue Feste geschaffen. Allein die Zeit wird zeigen, ob sie in der Volkskultur verankert werden – das ausschlaggebende Kriterium für ihren Erfolg. Wenn wir sie nicht irgendwie benötigen, werden sie keine Wurzeln schlagen.

Internationale Wochen mit so unterschiedlichen Themen wie Bergen, Flüchtlingen, Frauen und Kindern versuchen ebenfalls, die Tradition von Festen aufzubauen, und immer mehr versuchen internationale Organisationen, Feste und Feiern zu schaffen. Diese können sehr wohl die Aufmerksamkeit auf wichtige Themen lenken, doch oft belehren sie, statt zu unterhalten. Allen großen religiösen Festen ist dagegen gemeinsam, dass sie primär unterhalten.

Einige der neueren Feste, deren Schwerpunkt auf Unterhaltung liegt, scheinen dagegen primär dazu da zu sein, Menschen zum Geldausgeben zu bewegen. Vatertag, Großmuttertag und so weiter sind kommerzielle Erfindungen, auch wenn sie in einer Kultur, in der Familien zerfallen, an Bedeutung gewinnen mögen. Ist es also Kommerz oder Bedürfnis, was diese neuen Feste antreibt? Noch ist das schwer zu entscheiden.

Im Mittelalter hatte ein durchschnittliches christliches Land wie Italien bis zu hundert heilige Tage oder Feiertage. Heute werden in den meisten Kulturen weit weniger Feste gefeiert, doch die kürzeren Arbeitswochen geben den Menschen mehr freie Zeit für andere Formen der Erholung. Vielleicht ist das Aufkommen neuer Feste ein Anzeichen dafür, dass in einer Zeit zunehmend flexiblerer Arbeitszeitgestaltung heute ein größeres Bedürfnis als in den letzten Jahrhunderten danach besteht, feste Zeiten zum Zelebrieren, Fasten und Feiern, und zum Gebet und Nachdenken zur Verfügung zu haben.

Das Bedürfnis zu feiern nimmt offenbar zu. Immer mehr Menschen interessieren sich für Geschichte, Rituale, Nahrung, Kleidung und Theater von Festen, von denen einige die Grenzen ihrer Kultur und Religion überschritten haben und nun zum weltweiten Unterhaltungsprogramm gehören. Dabei kann ihr ursprünglicher Sinn verloren gehen. Doch auch wenn andere Gemeinschaften diesen großartigen alten Festen eine neue Bedeutung geben, die mit der ursprünglichen nichts zu tun hat, funktionieren sie vielleicht genauso – sie liefern eine Zeit zum Nachdenken und zum Vergnügen.

2001 trafen sich Mitglieder von elf Religionen mit dem World Wildlife Fund for Nature im Kathmandu-Tal, Nepal. Sie feierten eine Reihe von Umweltprojekten, die von Glaubensgemeinschaften in aller Welt entwickelt und betrieben wurden.

Glossar zum Thema Feste

Da die meisten Feste religiös sind, sind die Einträge wie folgt den einzelnen Religionen zugeordnet: [B] = Buddhismus; [C] = Christentum; [H] = Hinduismus; [I] = Islam; [Ja] = Jainismus; [Ju] = Judentum; [R] = Rastafari; [S] = Sikhismus; [Sh] = Shintoismus; [T] = Taoismus; [gen.] = generell.

Ahimsa [H, Ja] das Prinzip der Gewaltlosigkeit
Akhand path [S] mehrtägige Lesung des Guru Granth Sahib
Allah [I] das arabische Wort für Gott
Amrit [S] gesüßtes Wasser, verwendet bei der Aufnahme in die Khalsa
Apostel [C] einer der ersten Anhänger Jesu, beauftragt, seine Botschaft zu predigen
Arti (H) Licht, das einer Gottheit bei der Puja in einer besonderen Lampe unter Gebeten entzündet wird
Aschkenasi [Ju] nordeuropäische Tradition des Judentums
Atman [H] persönlicher, individueller Geist oder Seele
Auferstehung [C] Rückkehr ins Leben, besonders Jesu Auferstehung von den Toten, wird zu Ostern gefeiert
Aum (H) die heilige Silbe, den Schriften zufolge der erste Klang, aus dem das Universum geschaffen wurde
Avatar [H] eine der Inkarnationen eines Gottes, vor allem von Vishnu

Bekenntnis [C] eine Form des Christentums
Bhakti [H] liebevolle Hingabe an eine Gottheit
Bodhisattva [B] ein Wesen, das ein Buddha werden soll; ein Bodhisattva hilft anderen mitfühlend und wird so selbst weise.
Brahman [H] die Energie, die das Universum trägt, die Weltenseele
Brahmane [H] ein Mitglied der höchsten Kaste, oft ein Priester oder Lehrer
Bundeslade [Ju] der Thoraschrank in einer Synagoge. In biblischen Zeiten wurden die Steinplatten des Gesetzes in einer besonderen Lade oder Kiste mit Transportstangen befördert

Dhamma siehe Dharma
Dharma [B, H] die natürlichen unveränderlichen Gesetze, die das Universum tragen; im Hinduismus Gesetz oder soziale Pflicht; im Buddhismus die Lehren und die Wahrheit der Welt
Diva [H] eine kleine Lampe, meist aus Ton, mit Docht, die Öl oder Ghee verbrennt

Erleuchtung [B] der Zustand des Bewusstwerdens oder -seins der wahren Natur des Seins und die Erkenntnis des Weges zur Beendigung des Leidens
Evangelium [C] einer der vier Berichte über das Leben Jesu im Neuen Testament
Exodus [Ju, C] der Auszug der Israeliten aus der Sklaverei in Ägypten und ihre Reise ins Gelobte Land, wie im Buch Exodus der Bibel beschrieben
Exorzismus [gen.] Vertreibung oder Befriedung von Geistern oder bösen Seelen

fünf Ks [S] die fünf Abzeichen ihres Glaubens, die alle männlichen Sikhs tragen: Kes, ungeschnittenes Haar; Kangha, ein Kamm; Kada, ein Stahlarmband; Kirpan, ein Dolch; Kachera, weite Unterhosen

Granthi [S] jemand, der die Schriften der Sikhs und ihren Glauben studiert hat
Gregorianischer Kalender [gen.] der Kalender Papst Gregors XIII. von 1582, heute der Standardkalender der gesamten wesstlichen Welt
Gurdwara [S] Gebetsort der Sikhs
Gurpurb [S] ein Fest anlässlich des Geburts- oder Todestages eines Gurus der Sikhs
Guru [B, H, S] ein religiöser Lehrer
Guru Granth Sahib [S] das heilige Buch der Sikhs, das als lebendiger Guru gilt

Hadith [I] die Worte des Propheten Mohammed, eine Leitschnur für muslimiches Leben
Hadsch [I] Pilgerfahrt nach Mekka
Hedschra [I] die Reise Mohammeds von Mekka nach Medina 622, wo er den ersten islamischen Staat gründete
Himmelfahrt [C] Jesu Aufstieg in den Himmel vierzig Tage nach seiner Auferstehung

Imam [I] Vorbeter und Lehrer einer muslimischen Gemeinde
Inkarnation [C, H, B, Ja, S] Fleischwerdung: im Christentum das irdische Leben Gottes als Jesus; im Hinduismus die irdischen Leben Vishnus; in anderen Religionen eines der zahlreichen Leben eines Individuums

Jah [R] das Rasta-Wort für Gott
Jina [Ja] Eroberer, der Titel, den Jains 24 großen Lehrern gegeben haben

155

Julianischer Kalender [gen.] der Kalender, den Caesar einführte, Vorläufer des gregorianischen Kalenders; immer noch von einigen Religionen verwendet

Kaaba [I] das Haus Gottes in Mekka, ein würfelförmiger Bau, das Zentrum des muslimischen Gebets

Kami [Sh] Geister, die in der natürlichen Welt in heiligen Dingen und Symbolen vorkommen; oder göttliche Wesen

Kanon [gen.] eine Sammlung von Texten, welche die als authentisch geltenden Schriften umfasst

Karma [B, H, Ja] die gesammelten Folgen des Handelns in diesem und vorigen Leben; das Gesetz von Ursache und Wirkung

Khalsa [S] die Gemeinschaft bekennender Sikhs, bereit, ihren Glauben zu verteidigen und die Schwachen zu schützen

Koran [I] das heilige Buch der Moslems, enthält die Offenbarungen des Propheten Mohammed

Kreuzigung [C] meist der Tod Jesu durch Annageln an ein Kreuz; übliche Hinrichtungsform der Römer

Laien [gen.] Mitglieder einer religiösen Gemeinschaft; Gläubige, die nicht zum Priester geweiht sind oder als Mönche oder Nonne leben

Lama [B] im tibetischen Buddhismus ein religiöser Lehrer

Langar [S] das Mahl, das allen Anwesenden angeboten wird, wenn sich Sikhs zum Gebet treffen

Lingam (H) phallische Darstellung des Gottes Schiwa, die Form, in der er am häufigsten verehrt wird

Mahayana [B] nördliche und östliche Version des Buddhismus

Mantra [B, H, Ja] Worte, die meditativ oder als Gebet wiederholt werden

Menora [Ju] Leuchter oder Kandelaber. Das traditionelle Symbol des Judentums ist ein siebenarmiger Leuchter, der an jenen im Tempel erinnert. Beim Chanukkafest wird eine neunarmiger Leuchter benutzt.

Mischna [Ju] Zusammenstellung von Urteilen und Diskussionen von Rabbis als Interpretationshilfe der Thora aus dem 2. Jahrhundert n. Chr.

Moksha [H, Ja] Befreiung aus dem Zyklus der Wiedergeburt

Moschee [I] Muslimisches Gebäude für Gottesdienste

Nirwana [B] Befreiung vom Gesetz des Karma; ein Zustand höchsten Friedens und der Befreiung vom Leiden

Nyabingi [R] Rastafari-Treffen zum Singen und Gebet

Om siehe **Aum**

Orthodox [C, Ju] im Christentum die Kirchen des oströmischen Reiches; im Judentum die Tradition, die an einer strikten, wörtlichen Auslegung des jüdischen Gesetzes festhält

Pantheon [gen.] mehrere Götter eines Glaubens oder Glaubenssystems

Prashad (H) Speiseopfer, die beim Tempel oder Schrein geweiht und dann den anwesenden Gläubigen angeboten werden

Prophet [Ju, C, I] ein Mann oder eine Frau, der oder die als Botschafter Gottes handelt, in Worten oder Taten

Puja [B, H, Ja] der Akt der Anbetung oder des Opferns

Rabbi [Ju] hebräisch für „Lehrer". Ein Rabbi leitet den Gottesdienst und das Studium in einer Synagoge

Rakhi [H] ein Band oder Faden, den man als Schutz ums Handgelenk trägt

Rangoli [H] Muster aus buntem Puder, Reis oder Sand, die bei Festen ausgelegt werden

Reinkarnation [H, B, Ja, S] Wiedergeburt in einem anderen Körper oder anderer Form

Reliquie [gen.] Teil des Körpers einer heiligen Person, wird von den Gläubigen verehrt

Sabbat [Ju] der siebte Tag der Woche, an dem nicht gearbeitet wird. Der Sabbat dient nur zum Feiern und Ruhen.

Samsara [H, Ja] der endlose Zyklus aus Tod und Wiedergeburt

Sangha [B] die Gemeinschaft buddhistischer Mönche und Nonnen

Schahada [I] Bekenntnis, das den zentralen Glaubensinhalt des Islam zusammenfasst

Scharia [I] das muslimische Rechtssystem

Schema [Ju] die ersten und wichtigsten Worte der zehn Gebote, das „Höre, Israel!", nach dem ersten Wort „schema" = „höre" auf Hebräisch.

Schiiten [I] die kleinere der beiden Gruppen des Islam, benannt nach den „Partisanen" von Mohammeds Schwiegersohn Ali

Schiwaismus [H] Verehrung Schiwas als höchstem Gott

Sepharden [Ju] Tradition des Judentums, die rund ums Mitttelmeer entstand

Sewa [S] das Prinzip, anderen zu dienen

Stupa [B] glockenförmiges Gebilde, meist bei einem Tempel, das Reliquien enthält

Sukkah [Ju] eine Laubhütte, die für das Laubhüttenfest Sukkot errichtet wird

Sunna [I] die Taten des Propheten Mohammed, sorg-fältig festgehalten und als Anleitung muslimischen Lebens verwendet

Sunniten [I] die größte Untergruppe des Islam

Sutra [B] eine Lehraussage, die vom historischen Buddha selbst stammen soll; oft benannt nach dem Überlieferungsort, der Person, an die sie sich wendet oder ihrem Thema

Sutta siehe **Sutra**

Synagoge [Ju] Jüdisches Haus zum Beten, Studium und für die Gemeinde

Talmud [Ju] eine Zusammenstellung von Urteilen und Diskussionen von Rabbis zur Interpretation der Thora, entstanden im 6. Jahrhundert n. Chr.

Tao [T] die schöpferische kosmische Kraft, die sich in der natürlichen Ordnung des Universums zeigt

Testament [C] „Zeugnis". Christen teilen die Bibel in zwei Testamente, das Alte (das Zeugnis der jüdischen Propheten) und das Neue (die Zeugnisse zum Leben Jesu).

Theravada [B] „Lehren der Ältesten", die südlichste Tradition des Buddhismus in Sri Lanka und Südostasien

Thora [Ju] das Gesetz. Das Wort bezeichnet Gottes ewiges Gesetz, für die besonderen Gesetze wie die Gebote, die Moses auf dem Berge Sinai erhielt und die ersten fünf Bücher der Bibel, die diese Gesetze enthalten

Tirthankara [Ja] „Brückenbauer", Titel für Menschen, die sich von der Wiedergeburt befreit haben und anderen Wege zu diesem Ziel vorleben

Tripitaka [B] „Drei Körbe", die drei Kategorien der Texte des Theravada-Buddhismus

Ummah [I] die weltweite Gemeinschaft der Muslime

Uposatha [B] durch Mondphasen regulierter Tag bestimmter religiöser Bräuche

Vaishnavit [H] Anhänger des Vishnu in einer seiner Formen, oft als Krishna

Veden [H, Ja] die ältesten Sanskrit-Schriften

Vinaya [B] eine von drei Gruppen buddhistischer Texte, betreffend die Bildung der Sangha und ihres Verhaltenscodex

Zakat [I] Wohlfahrtssteuer, die alle Muslime proportional zu ihrem Einkommen entrichten

Zodiakus [gen.] der scheinbare Weg der Sonne vor dem Hintergrund der Fixsterne im Laufe des Jahres; eingeteilt in Tierkreiszeichen als gliedernde Einheit

LITERATUR UND WEBSITES

Smart, Ninian , The World's Religions 2. Aufl. 1998, Cambridge University Press; ISBN: 0521637481

Zaehner , R.C. (Editor), The Hutchinson Encyclopedia of Living Faiths, überarb. Auflage 1997, Helicon; ISBN: 1859862187

The New Penguin Handbook of Living Religions 2. Aufl. 2000, Penguin Books; ISBN: 0140514805

Bowker, John (Hrsg.), The Concise Oxford Dictionary of World Religions abridged and updated edition, 2000, Oxford Paperbacks; ISBN: 0192800949

Hinnells, John R. (Editor), The Penguin Dictionary of Religions, Penguin, 1984; ISBN 0140511067

Breuilly, O'Brien and Palmer, Religions of the World, Macdonald Young Books, 1997

HILFREICHE WEBSITES

Bahai
http://www.bahai.de
http://www.bahai.at

Buddhismus
http://www.buddhismus-austria.at
http://www.buddhismu.de

Christentum
http://www.ekd.de
http://www.katholische-kirche.de
http://www.katholisch.at
http//:www.kokid.de
http://www.kirche.at
http://www.kirchen.at

Hinduismus
http://www.hindunet.org

Islam
http://www.islam.org

Judentum
http://virtualjerusalem.com

Rastafari
da sich die Informationen im Web rasch ändern, empfehlen wir den Einsatz einer Suchmaschine

Sikhismus
www.sikh-religion.de

Mehrere Religionen:
http://www.feste-der-religionen.de/ (folgen Sie den Links zu den einzelnen Religionen)

Register